[redacted] [redacted]

FFWTMAN HOFF

Cerddi
Richard Hughes
Cefnllanfair

Golygwyd gan
NESTA LLOYD

Cyhoeddiadau Barddas 1998

Argraffiad cyntaf – 1998

ISBN 1 900437 27 9

Y mae Cyhoeddiadau Barddas yn gweithio gyda chefnogaeth ariannol Cyngor Celfyddydau Cymru, a chyhoeddwyd y gyfrol hon gyda chymorth y Cyngor.

Cyhoeddwyd gan Gyhoeddiadau Barddas
Argraffwyd gan Wasg Dinefwr, Llandybïe, Sir Gaerfyrddin

CYNNWYS

Rhagair vii
Byrfoddau ix
Rhagymadrodd xi

1. [Y Bardd a'i Gariad] 3
2. [Ymddiddan y Bardd a'r Eos] 6
3. [Ymddiddan rhwng Mab isel a Merch gyfoethog] 9
4. [Cyfoeth Calon] 13
5. [Cwynfan Serch] 15
6. Carol Cariad 17
7. 'To the tune of Walsingham' 19
8. Cerdd cwynfan gŵr ifanc fod ei gariad yn ei wrthod 21
9. [Carol ymddiddan hen ŵr a sawdwr] 23
10. Byd y Bugail 27
11. [Owen Gwyn a'r Cobler] 28
12. [Cerdd Hela] 30
13. [Pennill Telyn] 30
14. [Hiraeth am Bwllheli] 31
15. [I Gadwaladr Cesail] 31
16. I Siôn Galgarth pan aeth yn faeli Pwllheli 31
17. Pan losgodd ei gal gan Saesnes 31
18. I gachdy Siôn Galgarth 31
19. [I Ned Fychan] 32
20. I hosanau botymog. 32
21. [I gwch ynys Enlli] 32
22. Pan oedd yn gla' lesg yn Ffrainc 32
23. [I Thomas Prys] 32
24. [I Rys Cain] 33
25. I Siôn Cain 33
26. [I Twm Tegid] 34
27. Englynion i Forgan y crydd 34
28. [I Siôn Salesbury] 34
29. Ar farwolaeth y Frenhines Elizabeth 37
30. Englynion o waith Richard Hughes pan oedd y gwn powdr Treson 37

31. [Englyn i Moses Powell] 38
32. Englynion o waith Risiart Hughes dros Risiart Robertes i ddanfon at Harry Jones gyda chalennig 38
33. Englynion dros Ellis Sutton am alw meistres Powel yn hen 39
34. I Robert Morgan 39
35. Englyn unodl union 40
36. Cymro pan oedd yng ngharchar yn Llundain 40
37. I gwest yn Amwythig: dros Wil Wmffreys 40
38. [I Robert Wiliam, Caergybi] 40
39. I ferch a gipiasai ei bwrs ef 41
40. I Dafarnwraig anonest 41
41. [Meddwl am ferch] 41
42. [Englynion i ferched] 42
43. Englynion Dau Syniad 42
44. [Meurig] 43
45. [Y Gwran derr] 43
46. [Y Pistol] 43
47. [Tybaco] 43
48. I Sbectol 44
49. 'In Nomine Iesu' 44
50. [Y Tri Gelyn] 44
51. Ar garreg fedd 45
52. [Cerdd] 45

Atodiad 1: Cerddi i Richard Hughes 47

1. [I Richard Hughes], gan Rys Wyn o'r Graeanog 49
2. [I Richard Hughes], gan Gadwaladr Cesail 49
3. I ofyn bwa a saeth dros Huw Llwyd, Cynfal, gan Risiart Phylip 50
4. I Huw Bodwrda a Richard Hughes a hwy'n gleifion, gan Siôn Cain 53
5. Englynion i Richard Hughes yn holi am Gapten Salesbury, gan Ieuan Llwyd Sieffre 55
6. Galar am Risiart Hughes, gan Hugh Roberts 57
7. Marwnad Richard Hughes, Cefnllanfair, gan Gruffydd Phylip 60
8. [Dideitl] 63

Atodiad 2: Cerddi gwrthodedig 67

Nodiadau ar y Cerddi 71

Nodiadau ar Atodiad 1 121

RHAGAIR

Wrth gyflwyno'r gyfrol hon i'r darllenwyr, pleser yw cael diolch i'r bobl a fu'n gymorth i ddod â hi i olau dydd. Fel arfer bu staff Adran y Llawysgrifau yn y Llyfrgell Genedlaethol yn gymorth hawdd ei gael ar bob achlysur, a bûm ar ofyn staff y ddwy adran arall, sef Llyfrau Print a Mapiau a Phrintiau, lawer tro, yn ogystal. Diolch yn fawr iddynt i gyd.

Bu aelodau o staff llyfrgelloedd eraill yn gymwynasgar dros ben hefyd, yng Nghaerdydd, Rhydychen a Llundain. Hoffwn ddiolch yn arbennig i Tomos Roberts, Archifydd Coleg Bangor, am anfon llungopïau i mi ac arbed sawl siwrne i'r gogledd.

Buasai'r nodiadau ar eiriau yn llawer teneuach heb help parod staff *Geiriadur Prifysgol Cymru*, yn enwedig lle'r oedd geiriau'n dechrau ag 'S' ac ymlaen yn y cwestiwn! Diolch iddynt i gyd.

Y mae nifer o unigolion, hefyd, yr hoffwn ddiolch iddynt am gymwynasau ymarferol, ac am drafod problemau gyda mi, yn arbennig Mary Burdett-Jones, Morfydd Davies, Daniel Huws ac Arwel Jones. Traddodwyd rhannau o'r rhagymadrodd ar ffurf darlithoedd i Gymdeithas Hanes Sir Gaernarfon a Chymdeithas Hanes Dyffryn Nantlle ac yr wyf yn ddiolchgar iawn i deuluoedd Trefor Owen a Dilwyn Williams am eu croeso a'u lletygarwch ar yr achlysuron hynny.

Yn olaf, hoffwn ddiolch i Alan Llwyd a Chymdeithas Barddas am gytuno i gyhoeddi *Ffwtman Hoff*, ac i Alan yn arbennig am ei gefnogaeth a'i amynedd pan fu ond y dim i mi roi'r ffidil yn y to, droeon. Darllenodd y gyfrol drwyddi a chywiro aml i gamgymeriad. Arnaf i y mae'r bai am unrhyw frychau a erys. Unwaith eto, pleser oedd cael cyd-weithio gydag Eddie John a Gwasg Dinefwr; diolch iddynt i gyd am eu gwaith trylwyr a glân ar y gyfrol derfynol.

Penrhyn Gŵyr
Tachwedd 1998 *Nesta Lloyd*

BYRFODDAU

amr.	amrywiad(au).
APDG	*Aspects of the Poetry of Dafydd ap Gwilym*, Rachel Bromwich, Cardiff, 1986.
Arch. Camb.	*Archaeologia Cambrensis.*
arg.	argraffiad.
BBAGB	*Blodeugerdd Barddas o'r Ail Ganrif ar Bymtheg*, gol. Nesta Lloyd, Llandybïe, 1993.
B	*Bwletin y Bwrdd Gwybodau Celtaidd.*
BywC	*Y Bywgraffiadur Cymreig hyd 1940*, London, 1953.
CRC	*Canu Rhydd Cynnar*, gol. T. H. Parry-Williams, Caerdydd, 1932.
CerRC	*Cerddi Rhydd Cynnar*, gol. D. Lloyd-Jenkins, Llandysul, d.d.
CLl	*Cynfeirdd Lleyn: 1500-1800*, gol. J. Jones (Myrddin Fardd), Pwllheli, 1905.
CLlC	*Cymdeithas Llên Cymru*, gol. J. H. Davies, i-vi, Caerdydd, 1900-5.
CLlGC	*Cylchgrawn Llyfrgell Genedlaethol Cymru.*
CSPD	*Calendar of State Papers Domestic*, London, 1856-
DGIA	*Dafydd ap Gwilym: Influences and Analogues*, H. M. Edwards, Oxford, 1996.
DD	*Dictionarium Duplex*, John Davies, London, 1632.
DCR	*Dulliau'r Canu Rhydd, 1500-1650*, Brinley Rees, Caerdydd, 1952.
Developments	*Developments in Love Poetry in Irish, Welsh and Scottish Gaelic before 1650*, H. J. T. O'Sullivan, traethawd M.Litt. anghyhoeddedig, Prifysgol Glasgow, 1976.
EHR	*English Historical Review.*
engh./enghau	enghraifft/enghreifftiau.
e.e.	er enghraifft.
GA	*Geiriadur yr Academi*, gol. B. Griffiths a D. G. Jones, Caerdydd, 1995.
GBC	*Gweledigaetheu y Bardd Cwsc*, gol. Aneirin Lewis, ail arg., Caerdydd 1976.
GDG1	*Gwaith Dafydd ap Gwilym*, gol. Thomas Parry, arg. cyntaf, Caerdydd, 1952.

GPC	*Geiriadur Prifysgol Cymru*, Caerdydd, 1950–.
Guide	*A Guide to Welsh Literature c. 1350-1700*, gol. R. G. Gruffydd, Cardiff, 1997.
Handlist	*Handlist of Manuscripts in the National Library of Wales*, Aberystwyth, 1943–.
HMC	*Historical Manuscripts Commission: Salisbury Manuscripits*, London, 1883–.
HS	Hen Saesneg.
Ifans, *Wiliam Bodwrda*	Dafydd Ifans, *Bywyd a Gwaith Wiliam Bodwrda (1593-1660) o Aberdaron*, Traethawd Ph.D. anghyhoeddedig Prifysgol Cymru, 1974.
Jones, *Cynwal*	R. Lewis Jones, *Gwaith Wiliam Cynwal*, Traethawd M.A anghyhoeddedig Prifysgol Cymru, 1969.
JWBS	*The Journal of the Welsh Bibliographical Society*, 1910–.
llsgr./au	llawysgrif/-au.
LlB. Ych.	*Llawysgrifau Ychwanegol y Llyfrgell Brydeinig.*
LLGC. Ych.	*Llawysgrifau Ychwanegol Llyfrgell Genedlaethol Cymru.*
LlC	*Llên Cymru*, Caerdydd, 1950–.
Marotti, *Manuscript*	Arthur F. Marotti, *Manuscript, Print, and the Renaissance Lyric*, Ithaca and London, 1995.
Mynegai	*Mynegai Cyfrifiadurol i farddoniaeth Gymraeg.*
neg.	negydd.
OBWV	*The Oxford Book of Welsh Verse*, gol. Thomas Parry, Oxford, 1962.
OED	*Oxford English Dictionary*.
PACF	*The Pedigrees of Anglesey and Caernarvonshire Families*, gol. J. E. Griffiths.
Phillips, *Noddwyr*	*Noddwyr y Beirdd yn Llŷn*, Elizabeth Mavis Phillips, Traethawd M.A. anghyhoeddedig Prifysgol Cymru, Aberystwyth, 1973.
Recovery	*Recovery, Reorientation and Reformation Wales: c.1415-1642*, Glanmor Williams, Oxford, 1987.
Reformation	*Wales and the Reformation*, Glanmor Williams, Oxford, 1997.
S.	Saesneg.
SC.	Saesneg Canol.
taf.	tafodiaith/tafodieithol.
TCHsDd	*Trafodion Cymdeithas Hanes Sir Ddinbych.*
TCHsG	*Trafodion Cymdeithas Hanes Sir Gaernarfon.*
Traf. Cymm.	*Trafodion Anrhydeddus Gymdeithas y Cymmrodorion,* 1892–.
YB	*Ysgrifau Beirniadol*, gol. J. E. C. Williams, Dinbych, 1965–.

RHAGYMADRODD

Os edrychir yn *Y Bywgraffiadur* neu'r *Cydymaith*, neu yn y geiriaduron bywgraffyddol a gyhoeddwyd yn y ganrif ddiwethaf, fe welir nad yw dyddiad geni Richard Hughes yn cael ei gofnodi. Y mae'n bosibl, fodd bynnag, fod blwyddyn ei eni wedi ei hysgrifennu ar ymyl copi o'r farwnad a ganodd Gruffydd Phylip iddo. Cynganeddodd y bardd flwyddyn ei farw yn y dull arferol:[1]

> Pan aeth Huws, hael bennaeth sad,
> Pwy nis gŵyr? poenus gariad;
> Dau wythgant, gwarant gwirier,
> A dau naw, oed Mab Duw Nêr.

sef 1618, ond misoedd cyntaf 1619 yn ôl cyfrif heddiw. Ysgrifennodd y copïydd y dyddiad mewn ffigurau ar ymyl y ddalen; yn ddiweddarach, ac mewn inc gwannach, ychwanegwyd y dyddiad 1565 o dan 1618 a'r rhif 53, fel hyn,

$$\begin{array}{r} 1618 \\ \underline{1565} \\ 53 \end{array}$$

sy'n awgrymu fod y copïydd yn credu mai ym 1565 y ganed Hughes, a'i fod yn 53 pan fu farw.[2] Nid oes dim yn annhebygol yn hyn gan ei fod yn cydfynd â phopeth sy'n wybyddus am yrfa Richard Hughes, ac oni ddaw tystiolaeth amgen i'r golwg nid oes rheswm i beidio â'i dderbyn fel dyddiad ei eni.

---

1. Ceir copi o'r cywydd yn Atodiad 1, rhif 7.
2. Ceir y cywydd yn llsgr. LlGC. Ych. 18 B, 19, yn llaw David Ellis a'i copïodd cyn 1789, gw. *NLW Catalogue Add. MSS*, 50. Ar David Ellis (1736-95), clerigwr, ysgolhaig a chopïydd llsgrau gw. *BywC*, 192; ychwanegwyd y dyddiad 1565 mewn inc llwytach gan Gutyn Peris (1769-1838), gw. *BywC*, 976.

Richard oedd yr ail o bump o fechgyn ac wyth o enethod a anwyd i Huw ap Rhisiart, ac Annes ferch Robert, ei wraig. Cartref y teulu oedd Cefnllanfair, ym mhlwyf Llanbedrog, sir Gaernarfon. Nid oedd teulu Cefnllanfair yn rheng flaenaf uchelwyr Llŷn yn y cyfnod, ond yr oeddynt yn perthyn i amryw o'r teuluoedd a oedd yn dod yn fwyfwy dylanwadol yn ail hanner yr unfed ganrif ar bymtheg.[3] Disgynnai ei dad, Huw ap Rhisiart, o lwyth y tri Llywarch – Llywarch Hwlbwrch, Llywarch Goch a Llywarch Fychan ac o gyndeidiau Trygarn ym mhlwyf Bryncroes.[4] Ei fam oedd Annest, ferch Siôn ap Madog, Bodfel; priododd un o'i chwiorydd â Hywel ab Owen, Cefntreflaeth, ac un arall i deulu Castellmarch. Priododd Huw ap Rhisiart ag Annes ferch Robert ap Hywel, Saethon; mam Annes oedd Elizabeth, ferch Siôn Bodwrda.[5] Yr oedd dwy nain Richard Hughes, felly, yn hanfod o ddau o deuluoedd pwysicaf Llŷn yn y cyfnod ac nid oes amheuaeth na fu cysylltiadau Bodfel a Bodwrdda o help i Richard drwy gydol ei fywyd.

Yn ôl y dystiolaeth farddol yr oedd ei dad, Huw ap Rhisiart, yn ŵr tal o gorffolaeth: 'Mawr yw dy gorff, Morda' gwŷr,/Uwchlaw pawb, wych lew pybyr' chwedl Wiliam Cynwal,[6] ac nid rhyfedd iddo felly ymuno â'r fyddin yn ei ieuenctid. Meddai Cynwal eto,[7] 'Milwr wyd, o'r gwayw melyn,/Ym mwstr llu, rymuster Llŷn', a'i gyrch 'fel Arthur Fawr/Arth drwy dwrf wrth dorri dart/Neu wayw pres, Huw ap Rhisiart'. Yn ei farwnad iddo geilw Siôn Phylip ef yn, 'Cwrtiwr hen', ac o gofio am yrfa'i ail fab y mae'n demtasiwn meddwl iddo yntau dreulio amser yn y llys brenhinol, ond nid oes unrhyw dystiolaeth annibynnol i hynny. Mae digon o dystiolaeth, fodd bynnag, i'r croeso a ddylifai i'r beirdd ar aelwyd Cefnllanfair. Meddai Huw Pennant,[8] 'A'r wledd yng Nghefnllanfair lys/Oedd wledd i Wynedd ynys'; yn ôl Huw Machno,[9] 'Gwae feirdd, iawn gof rwydd annwyl,/Am a welynt, gynt, bob gŵyl', ar ôl marw Huw ac Annes.

---

3. J. G. Jones, 'Cyfraith a threfn yn sir Gaernarfon c. 1600-1640', *TCHsG*, 47 (1986), 27-70.
4. Phillips, *Noddwyr*, 83.
5. Griffiths, *PACF*, 224.
6. Jones, *Cynwal*, 15-18.
7. *ibid.*
8. Mostyn 145, 221.
9. *ibid.*, 237.

Ond nid y beirdd yn unig a ddioddefodd pan fu farw Huw yn 1590 ac Annes yn 1592; yr oedd y plasau bychain hyn yn 'Noddfa i'r gweiniaid . . . ac yn fendith i fil o Dai bâch, o'u hamgylch', fel y tystiodd Ellis Wynne ganrif yn ddiweddarach,[10] ac yr oedd colli 'hwswi' fel Annes yn gallu bod yn drychineb i dlodion ardal gyfan. Meddai Siôn Phylip:[11]

Aeth i'r bedd, annedd einioes,
Llawer rhodd â'i llaw a'i rhoes;
Aeth bonedd wrth ddibennu,
Aeth cynheiliaeth llawnfaeth llu;
Aeth hwswïaeth oes haeach,
Hwswi hael well, rasol iach,
Aeth, aeth haelddyn ddoeth o'i thai
Aeth Annes lle'r perthynai
At wiwdduw . . .

Yr un oedd barn ei frawd, Rhisiart Phylip, yn ei farwnad ef i Annes,[12] 'Llys agored, lles gwirion,/A gadwai Huw gyda hon', meddai ac ategir ei eiriau ef gan Huw Machno:[13]

Pan gofier holl haelder hon,
Hir taladwy i'r tlodion,
Ac amled ymwared oedd
Seigiau Annes a'i gwinoedd.

Yr un oedd tystiolaeth Huw Pennant yntau,[14] 'Gwae o'i dwyn drwy gŵyn ar goedd/Gweiniaid am faeth a gwinoedd'. Ond gan Wiliam Cynwal yn ei gywydd moliant i Huw ap Rhisiart y ceir y disgrifiad mwyaf estynedig o haelioni Cefnllanfair, yn enwedig i wŷr wrth gerdd; meddai Cynwal.[15]

Rhodiais Bowys, dawnus daith,
Deau, Gwynedd deugeinwaith,

---

10. *Gweledigaetheu y Bardd Cwsc*, gol. Aneirin Lewis (Caerdydd, 1976), 13-14.
11. *ibid.*, 230-1.
12. Phillips, *Noddwyr*, 92.
13. *ibid.*, 92.
14. Mostyn 145, 232.
15. Jones, *Cynwal*, 16.

Ni wn ŵr, hyn a wiriwyd,
A roes fwy i'r oes o fwyd.
I'ch tyrrau brics uwch tor bron,
Daw'r bobl fel i dŵr Bablon;
I'ch neuadd ni chiniewych,
Dibrin wyd, heb rannu ych,
A'th ddiod fir o'th ddaed fydd,
Llŷn a wnâi fel llanw newydd.
Dianael wyd o winoedd,
Dy ryw a'th waed, diwarth oedd.

Rhaid cofio, wrth gwrs, fod canmol nawdd a chroeso teulu yn rhan ddisgwyliedig o fawl a marwnad bardd a diau bod yn rhaid anwybyddu peth o'r gorawenu; ar y llaw arall yr oedd rhai llysoedd yn amlwg yn ffefrynnau gan y beirdd a cheir yr argraff, yn gam neu'n gymwys, fod Cefnllanfair yn oes Huw ac Annes ymhlith plasau mwyaf croesawgar Llŷn. Nid yw'r tŷ presennol yng Nghefnllanfair yn rhoi unrhyw awgrym o bwysigrwydd y cartref gynt; y tebygolrwydd yw ei fod yn blas bychan ar yr un patrwm â'r tai bonedd eraill ym mhlwyf Llanbedrog sef Penyberth a'r Wernfawr.[16]

Yr oedd rheswm arall am boblogrwydd Cefnllanfair o bosibl, sef y ffaith fod Huw ap Rhisiart yn fardd yn canu ar ei fwyd ei hun ac yn dipyn o awdurdod ar y grefft farddol yn ogystal, yn ôl pob hanes. Pwysleisia'r beirdd ei ddwy rôl fel noddwr ac fel bardd. Meddai Machno:[17]

Y gerdd fwys gwyraidd ddifái
Awenyddol a naddai;
Canu'i hun, cyn hy iawnwych,
Talu am ganu, ŵr gwych.

a Wiliam Cynwal:[18]

Doeth wyd, a phawb aed i'th ôl,
Dewr a rhywiog drwy'r heol,

16. Am ddisgrifiadau o'r ddau dŷ hyn (er bod Penyberth wedi ei ddymchwel yn 1936), gw. *RCAM. Caernarvonshire*, III (West), (London, 1964), 36-7.
17. Mostyn 145, 224.
18. Jones, *Cynwal*, 16.

A thro ar far wrth roi'r farn
Wyd ac awdur gwawd gadarn;
A'ch awen fawr, diachwyn fydd,
Parotach nag un prydydd;
Canu'ch hun, iawngun angerdd,
A thalu am ganu'r gerdd.

Canodd Cynwal englyn moliant i Huw ap Rhisiart yn ogystal â chywydd ac yn yr englyn y mae ei fawl i awen Huw yn eithriadol:[19]

Nid oes neb mor deg ei dynn – yn barod
  I buro pob englyn,
 Nid oes un bardd ail i Fyrddin
 Ond aer Cefnllanfair yn Llŷn.

Y mae pwyslais Siôn Phylip ychydig yn wahanol – dysg farddol Huw ap Rhisiart yw'r nodwedd a bwysleisir ganddo ef:[20]

Fo wnâi gerdd, fy iôn gwirddoeth,
Fo rôi er cerdd, f'eryr coeth;
Fo fu awen, lawen lwyth,
Fron hoenffriw, awen hirffrwyth.
Fo wyddai o'r gelfyddyd,
Mewn iawn gof, mwy na ni i gyd.
Cyfion oedd, ein pen cofiwr,
Cefn y ddysg, cyfiownaidd ŵr.

Cyfeiria Siôn Phylip ato fel 'pen cofiwr' a 'Cefn y ddysg', ac yr oedd gwybod yr hyn a elwid 'y tri chof' yn rhan bwysig o addysg bardd. Yr oedd Siôn Phylip yn un o raddedigion Ail Eisteddfod Caerwys, lluniodd gopi o ramadeg y beirdd yn ddiweddarach, a chredir mai efô oedd athro barddol ei frawd Rhisiart Phylip ac efallai ei feibion ei hun, sef Gruffydd Phylip a Phylip Siôn Phylip; gwyddai ef yn iawn beth oedd beth ym myd cerdd dafod.[21]

O gofio am gerddi serch Richard Hughes yn ddiweddarach y mae'n ddiddorol sylwi yr ystyrid Huw ap Rhisiart yn arbenigwr ar

19. *ibid.*
20. Phillips, *Noddwyr*, 85-6.
21. *BywC*, 719.

garu ac ar ganu serch, fel y tystiodd Syr Roger Dafis pan anfonodd gywydd ato, . . . 'yn ceisio barn Huw ap Risiart ap Dafydd am garv':[22]

Gwyddoch amcan am garu,
Ar eiriau doeth, yr eryr du,
A phob cydran ac annerch
Ar blethau mesurau serch;
Rhai o ddethol garolwyr
A'u penillion, wychion wŷr,
A'u rhŵol ar eu helynt
Nid fal y bu garu gynt;
. . . .
Medrwch amcan ac annerch
Clymau mesurau serch.

Dengys cywydd ateb byr Huw ap Rhisiart ei fod yn gyfarwydd â'r term 'Arte Amandi' beth bynnag![23] Yn y dyfyniad uchod sonnir hefyd am 'garolwyr/A'u penillion', fel petai'r canu serch yn benodol gysylltiedig â'r canu rhydd. Galwyd cerddi rhydd Richard Hughes yn 'Garolau' ac y mae tystiolaeth Gruffydd Robert am y 'mesurau rhyddion y mae'r bobl annhechnennig, yn i arfer wrth ganu, carolau' . . .[24] yn adnabyddus.

Sonia amryw o'r beirdd am ei ddysg, ei ddoethineb a'i farn gadarn yn fwy cyffredinol, e.e. Huw Pennant:[25]

Y' mro Llŷn y Cymro llwyd,
Ystyriol, os daearwyd,
Mae eisiau mewn comisiwn,
Oes yn wir, holl synnwyr hwn.
Ei ddistaw, hardd, hwyliaw hedd
Ac ar ran y gwirionedd,
O Iesu, o darfu dydd
Hwn, y doeth, hynod ieithydd;
Oes un aer mor synhwyrol?
Nac oes, i'n oes yn ei ôl.

22. Brogyntyn 4, 59; Phillips, *Noddwyr*, 86.
23. Brogyntyn 4, 63–4.
24. *Gramadeg Cymraeg* (gol. G. J. Williams), (Caerdydd, 1939), 279.
25. Mostyn 145, 220.

Ond yr hyn a roes arbenigrwydd ar Huw ap Rhisiart oedd helynt Fforest yr Wyddfa, *cause célèbre* saithdegau ac wythdegau'r unfed ganrif ar bymtheg yng Ngwynedd. Ef oedd lladmerydd yr uchelwyr hynny a garcharwyd am wrthwynebu ymgais Iarll Leicester (ffefryn y Frenhines ar y pryd) i grafangu'n ôl y tiroedd hynny ar ymylon Fforest yr Wyddfa yr honnai ef fod yr uchelwyr wedi eu trawsfeddiannu dros genedlaethau. Mynegodd amryw o feirdd lleol, fel Cadwaladr Cesail a Morys Dwyfech[26] eu hiraeth am y carcharorion pan oeddynt yng ngharchar a chytunent oll mai Huw ap Rhisiart oedd arweinydd yr 'Wyth biler gorchestol'.[27] Ond yr oedd Huw ap Rhisiart ei hun yn fardd a chanodd yntau englynion yn croniclo ei hiraeth ei hun a'i gyd-uchelwyr, pan oeddynt yng ngharchar yn Llundain:[28]

Annerch Lŷn gennyn ganwaith – o'n carchar
    Lle'n cyrchwyd ar unwaith;
  Ni ddown trwy wg o'r mwg maith
  Drwy olud adre' eilwaith.

Tybed mai oherwydd ei fynegiant ef o'u gofid a'u safiad y gwahanwyd ef oddi wrth y lleill? Ni rwystrodd hyn ef rhag canu fodd bynnag ac enwa, 'i gymdeithion mewn karchare erill' yn ôl un glos:[29]

Annerch Huw, er Duw, ŵr duwiol, – cofus,
    Cyfaill yw o'i ganmol;
  A Thomas ireiddlas rôl,
  Glân eryr galon wrol.

Dwyn Gruffydd, cynydd, cwynais – Duw eilwaith,
    Dau Wiliam a gollais;
  Am Siors clwy fu fwy yn f'ais,
  Poen is gŵyl pan nis gwelais.

---

26. *CLl*, 182.
27. Phillips, *Noddwyr*, 89.
28. LlGC. Ych. 16 B, 263, lle ceir y teitl, '6 o Englynion pan oedd y Bardd yngharchar efo gwyr Llyn yn Llyndain yn amser Jarll Leister ynghylch y gwlltir'.
29. *ibid*, 263.

Rhaid mai at yr achos hwn y cyfeiriai Siôn Phylip yn y llinellau:[30]

O bu erlyniad ar wlad Lŷn
Ac ar Wynedd, bob gronyn;
Huw atebodd at obaith,
Dros y wlad â'i rasol iaith;
O bu ddrud y bawaidd rai
Y byd heb neb a oedai.

Un o nodweddion cywyddau marwnad oedd enwi plant yr ymadawedig yn eu trefn a gwneir hynny ym marwnadau Huw ac Annes. Yn anffodus ni ddywedir fawr ddim o bwys am Richard, ond defnyddir dau drosiad yn gyson gan y beirdd amdano, sef 'gosawg' (<SC. 'goshawk', gwyddwalch) a 'rhosyn', y ddau yn dermau canmoliaethus cyffredin gan y beirdd am filwr dewr a gŵr bonheddig urddasol; awgrymant harddwch, nerth a gosgeiddrwydd. Dymuna Huw Pennant,[31] 'I Risiart, fal aur osawg,/Iesu roed einioes y rawg', ym marwnad Huw, ac ym marwnad Annes, ddwy flynedd yn ddiweddarach,[32] 'A'r gosawg clodfawr gysur,/Yw Rhisiart a'r ddewrddart ddur'. Yr un trosiad a geir gan Risiart Phylip ym marwnad Annes,[33] 'Risiart, dewr os ar taro', sy'n awgrymu cyflymder a chywirdeb yr aderyn wrth ddisgyn ar ei brae. Cryno iawn yw Huw Machno ym marwnad Huw ap Rhisiart,[34] 'Rhisiart yn ail, yw rosyn', ond cynigia friwsionyn ychwanegol o wybodaeth ym marwnad Annes,[35] 'Ail dyn oll, clod enillawdd,/Rhisiart Huws a roes aur tawdd', gan daro nodyn a fydd yn cael ei ailadrodd droeon am y clod a ddaeth i Richard ac am ei haelioni i feirdd. Yn nwy farwnad Siôn Phylip ceir dau eithaf; ym marwnad Huw yn 1590, enwir ef yn hollol foel yn rhestr y brodyr,[36] 'Rhisiart, Siôn, gwir galon gwŷr,/ Hwmffre, Wiliam, hoff rywlwyr', ond ychwanegir un sylw diddorol am y plant yn gyffredinol, sy'n cydfynd â disgrifiadau eraill o Richard Hughes, 'Tal im yw'r teulu yma,/Tyaid teg am eu tad ta'.[37] Yn y

30. Mostyn 145, 227.
31. Mostyn 145, 221.
32. *ibid*, 233.
33. *ibid*, 235.
34. *ibid*, 224.
35. *ibid*, 238.
36. *ibid*, 226.
37. *ibid*, 227.

farwnad ddwbl a ganodd i Huw ac Annes pan fu hi farw yn 1592 ceir un sylw mwy diddorol:[38]

> Ail yw Risiart, hael rosyn,
> Eurloyn Duw, irlana' dyn;
> Cwrtiwr hy, carw tra hygar,
> Oes yn y cwrt un nis câr?

Awgryma hyn fod Richard eisoes yn gwrtiwr mor gynnar â 1592 a chyfyd hyn amryw o gwestiynau am ei yrfa na ellir eu datrys ar hyn o bryd.

Nid oes dim yn wybyddus am addysg Richard Hughes, hyd yn oed a dderbyniodd unrhyw addysg ffurfiol o gwbl. Os yw 1565 yn gywir fel dyddiad ei eni (a'r tebygrwydd yw iddo gael ei eni rywdro yn ystod y chwedegau), ni fyddai llawer o ysgolion y gallai fynd iddynt. Nid oedd Botwnnog i'w sefydlu hyd 1616 ac o ystyried fod tri ar ddeg o blant yng Nghefnllanfair mae'n annhebygol iawn y byddai arian ar gael i yrru ail fab i ysgol breswyl a fyddai ymhell o Lanbedrog. Nid ymddengys ei enw yn rhestrau'r prifysgolion nac Ysbytai'r Frawdlys, chwaith. Awgryma'i yrfa ddiweddarach mai'r llwybr a gymerodd y Richard ifanc oedd dilyn ei dad i'r fyddin. Yn ystod dau ddegawd olaf teyrnasiad Elizabeth yr oedd byddinoedd Lloegr yn ymladd ar fôr a thir bron yn ddibaid, a ffawd y rhan fwyaf o'r gwŷr ifanc a listiai oedd cael eu gyrru i ymladd brwydrau'r Frenhines yn Fflandrys neu Iwerddon. Bu Huw Llwyd Cynfal yn ymladd ar y Cyfandir os siarad o brofiad yr oedd pan ganodd:[39]

> Yn Ffrainc yr yfais yn ffraeth – win lliwgar,
>   Yn Lloegr, cawl odiaeth;
>   Yn Holand menyn helaeth,
>   Yng Nghymru, llymru a llaeth.

Yng nghanol yr wythdegau yr oedd milwyr o Gymru ym myddin Iarll Leicester yn yr Iseldiroedd – enwir Wiliam Midleton o Lansannan a aeth yno gyda Syr Philip Sidney, brawd ei noddwr, Mary,

---

38. *ibid*, 229.
39. *BBAGB*, 127.

Iarlles Penfro. Yn ddiweddarach prynodd Midleton long a chyfeirir at un o'i fordeithiau ef yn nes ymlaen.[40]

Yr oedd chwarter olaf yr unfed ganrif ar bymtheg gyda'r cyfnod mwyaf cyffrous yn hanes Prydain, pan oedd gorwelion yr hen fyd yn ymestyn a Byd Newydd yn ymagor o flaen llygaid dynion ifanc mentrus, byd a oedd yn gorlifo o aur ac arian a nwyddau drudfawr eraill yr oedd gwledydd Ewrop yn awchio amdanynt. I lawer o lanciau heb fawr o ddyfodol arall iddynt, yr oedd atynfa gwledydd tramor a'r cyfle i hwylio'r moroedd ac ymosod ar longau trysor Sbaen ar eu ffordd yn ôl o America yn llwythog o aur ac arian a gemau, yn demtasiwn fawr. Yn eu plith yr oedd rhai o uchelwyr ifanc Cymru a'r mwyaf adnabyddus ohonynt yn niwedd oes Elizabeth oedd Thomas Prys o Blasiolyn. Y mae ei gerddi hudolus ef sy'n disgrifio'i anturiaethau morwrol, weithiau gyda'i gâr, Pyrs Gruffydd, etifedd y Penrhyn, Llandygái, ac weithiau hebddo, yn haeddiannol boblogaidd. Crynhôdd hanes llawer o'i gyd-Gymry pan ddisgrifiodd ei yrfa filwrol/forwrol ef ei hun mewn cywydd:[41]

Treiglais a rhodiais ar hyd,
Tramwyais trwy 'y mywyd,
Ar hyd t'yrnasoedd ydoedd iach
A moroedd yn ddiymeiriach;
. . . .
Bûm yn Fflandras, atgas oedd,
Yn rhyfela ar filoedd;
Ac yn Siermain gain fal gŵr
Ar ympryd, gwlad yr Emprwr;
Ac yn Ffrainc ar fainc, oer f'ais,
Ac eilwaith Sbaen, mi a'i gwelais;
Ac yn Ysgotland ganwaith
Ar lled yn gweled ei gwaith;
Ac yn y Werddon onest,
Fy nghŵyn yn rhy wag fy nghest.
Ac yn flin ym min Manaw
Yn aros gwynt, drycynt draw.

40. G. A. Williams, 'Wiliam Midleton, Bonheddwr, Anturiwr a Bardd,' *TCHsDd*, 24 (1975), 74–116.

41. *BBAGB*, 144-7.

Nid oes unrhyw dystiolaeth pryd nac ymhle y cyfarfu Thomas Prys a Richard Hughes ond gallai fod yn Llundain, neu yng ngogledd Cymru. Canodd Hughes englyn i Brys sy'n gystal *cameo* o bersonoliaeth gymhleth y gŵr dawnus hwnnw â dim a ysgrifennwyd amdano wedyn;[42] dim ond rhywun a adwaenai Prys yn dda iawn a allai grisialu ei bersonoliaeth gyda'r fath graffter cryno. Perthyn rhyw herfeiddiwch atyniadol i wŷr y genhedlaeth hon – milwyr a morwyr a welodd fwy ar bellafoedd y byd a rhyfeddodau'r cread na'r un genhedlaeth o'u blaen; yr oedd Richard Hughes yn eu hadnabod, ac yn ôl pob tebyg, yn un ohonynt.

Yr oedd gwasanaethu'r goron yn draddodiad yn nheulu Cefnllanfair fel y tystia gyrfa Huw ap Rhisiart a chyfeiria Rhisiart Phylip at gyfnod Hughes yn y fyddin:[43]

> Dy air sy bell dros y byd
> Mewn rhyfel, mae'n wir hefyd;
> Llew oeddyd yn lluydda . . .

Awgryma Gruffydd Phylip ei fod wedi crwydro dros y môr a'i fod wedi dysgu ieithoedd tramor, 'Calon doethion da ieithoedd' meddai, a:[44]

> Ni bu fab fwy'i gydnabod
> O Ewrop glaer, ddi-drip glod;
> Ulyses dan law Iesu,
> Hector tros fôr, mentrus fu.
> Dim nid oedd drwy ieithoedd draw
> Doeth rwyddwalch, dieithr iddaw.

I Hugh Roberts, yr ail o'i farwnadwyr, yr oedd yn 'ieithwr glanfwyn'.[45] Canodd Hughes un englyn, meddir, 'pan oedd yn gla' lesg yn Ffrainc'.[46] Gan ei bod yn annhebygol iddo dderbyn addysg ffurfiol, teithio i wledydd tramor oedd yr unig ffordd i rywun fel Richard ddysgu ieithoedd yn y cyfnod.

---

42. Gw. rhif 23.
43. Gw. Atodiad 1, rhif 3, 40-3.
44. Gw. Atodiad 1, rhif 7, 97-102.
45. Gw. Atodiad 1, rhif 6, 58.
46. Gw. rhif 22.

Gellid disgwyl iddo, hefyd, ymladd yn Iwerddon. Oherwydd bod arfordir gogledd Cymru mor hir a chyda chynifer o draethau a chilfachau diarffordd, arswydai'r llywodraeth yn gyson rhag i'r Sbaenwyr Pabyddol ddefnyddio Iwerddon fel troedle i ymosod ar Loegr *via* Cymru nad oedd ei Phrotestaniaeth wedi ei sefydlu'n ddwfn yng nghalonnau'r bobl, o bell ffordd.[47] O 1569, pan gododd Ieirll y Gogledd mewn gwrthryfel, bu ymdrechion cyson i godi arian a milwyr i wrthsefyll ymosodiad posibl o Iwerddon, ac yr oedd siroedd yr arfodir (gan gynnwys sir Gaernarfon) yn rheng flaenaf y mwstwr – cyfeiriodd Wiliam Cynwal at ran Huw ap Rhisiart ym 'mwstwr llu'.[48] Yr oedd capteiniaid o Gymry yn amlwg ym myddinoedd y Frenhines yn yr Iseldiroedd, yn ogystal, fel y tystia hanes Wiliam Midleton. Gellid disgwyl, felly, i lanc ifanc o Lŷn nad oedd dim i'w gadw gartref fynd i grwydro'r byd i wella'i stad; yn anffodus, dyfalu'n unig a ellir gan nad oes tystiolaeth ddogfennol i hynny. Gallasai fod wedi treulio peth amser yn Iwerddon pan oedd pryder mawr yn y blynyddoedd yn union o flaen yr Armada yn 1588 neu yn ystod y nawdegau cynnar pan ddwysaodd y bygwth gyda gwrthryfel Iarll Tyrone. Yr oedd capteiniaid o Gymry yn flaenllaw yn Iwerddon, ac yr oedd sir Gaernarfon yn enwedig yn dioddef:

> In a county like Caernarfonshire, with an estimated population of 15,000, if we take the adult male population to have been 3,500-4,000, something of the order of 15 per cent (600 men) were obliged to serve in Ireland.[49]

Ymhlith yr arweinwyr Cymreig yr oedd Robert Salesbury, sgweier ifanc y Rug a Bachymbyd;[50] yr oedd ef yn fab-yng-nghyfraith i Syr Henry Bagnall, un o arweinwyr y fyddin Seisnig, ac yn gyfyrder i Richard Hughes; yr oedd Catrin, nain Salesbury, yn ferch i Siôn ap Madog, Bodfel, ac felly'n chwaer i Annest, mam Huw ap Rhisiart a

---

47. Glanmor Williams, *Recovery*, 358–72; *idem*, *Wales and the Reformation* (Cardiff, 1997), 248–79.
48. '[Caernarfon] seems to have been the most heavily drawn upon for Irish levies in proportion to its population . . .', J. J. N. McGurk, 'A Survey of the demands made on the Welsh Shires to supply soldiers for the Irish War 1594–1602', *Traf. Cymm.*, 1983, 65.
49. Williams, *Recovery*, 368.
50. Ceir crynodeb o'i hanes yn P. W. Hasler, *The House of Commons, 1558-1603* (London, 1981), 334.

nain Richard Hughes, cysylltiad a allai fod o'r pwys mwyaf i fachgen a oedd â'i fryd ar ddod ymlaen yn y fyddin.[51] Yr oedd Robert Salesbury a'i frawd iau y Capten Siôn/John yn Iwerddon, ac yr oedd y Capten Siôn yn mynd i fod yn un o ffrindiau agosaf Richard Hughes hyd ei farw yn niwedd 1611. Ar y llaw arall, y mae cyfeiriad pendant Siôn Phylip yn y farwnad ddwbl i Huw ap Rhisiart ac Annes ar ei marwolaeth hi yn 1592 at Richard fel, 'Cwrtiwr hy, carw tra hygar,/ Oes yn y cwrt un nis câr?' yn awgrymu fod Richard yn gysylltiedig â'r llys yn 1592, ac felly yn gynt o lawer nag y tybiwyd.[52] Ategir hyn hefyd gan sylw Gruffydd Phylip yn ei gywydd marwnad i Richard ei hun lle y dywed ei fod 'Yn y Cwrt yn ifanc iawn', beth bynnag yw union ystyr hynny.[53] Nid oes unrhyw dystiolaeth annibynnol i ddweud ymhle na chyda phwy yr oedd Hughes yn y cyfnod hwn, yn anffodus, ac nid oes pwrpas dyfalu rhagor.

Yng ngwanwyn 1596 dychwelodd y Capten Siôn Salesbury o'r Caribî; yr oedd wedi hwylio yno yn 1595 gyda'r llynges a gynhwysai'r *Salomon Bonaventure*, llong yr oedd Wiliam Midleton yn gapten arni; daeth y fordaith hon yn enwog am mai hi oedd mordaith olaf dau o gapteiniaid mawr y Saeson, sef Drake a Hawkins.[54] Gyda'r Capten Siôn Salesbury ar y fordaith yr oedd ei gâr, y Capten Owen Salusbury, yr Holt, a Phyrs Gruffydd y Penrhyn a rhyw fil o filwyr. Yn union ar ôl dychwelyd i Gymru yng ngwanwyn 1596 bu'r Capten Siôn yn brysur yn codi milwyr yng ngogledd Cymru i fynd gydag Iarll Essex i Cadiz, yn ne Sbaen, i ymosod ar lynges y Sbaenwyr; gwyddys fod llawer o fechgyn sir Gaernarfon ar y fordaith honno pan hwyliodd y llynges ar 3 Mehefin 1596.[55] Y mae traddodiad yn

---

51. *PACF*, 224 am ach Cefnllanfair, ac 171 am ach Bodfel.
52. Mostyn 145, 229.
53. Atodiad 1, rhif 7, 68; os yn 1599 y cafodd ei apwyntio i'r llys gyntaf, prin y gellid ei alw yn 'ifanc iawn' – byddai tua'r 30 oed erbyn hynny, ac felly'n ganol oed yn ôl safonau'r unfed ganrif ar bymtheg. Ond cofier am y gwahaniaeth rhwng swyddi 'extraordinary' ac 'ordinary' a drafodir yn n.58
54. K. R. Andrews, *The Last Voyage of Drake and Hawkins*, Hackluyt Society, II, 142 (Cambridge, 1972), 92; G. A. Williams, 'Wiliam Midleton . . .,' 90. Tra llochesai'r *Salomon Bonaventure* ger ynys Escudo de Veragua ar arfordir Panama y gorffennodd Midleton ei fydryddiad o'r Salmau, G. A. Williams, *art.cit*, 92.
55. Gw. *Calendar of Wynn (of Gwydir) Papers 1515-1690*, (Aberystwyth, 1926), rhif 164, 23 Mawrth 1596 lle ceir copi o'r Comisiwn a yrrodd Essex a Howard i godi milwyr; *HMC Hatfield House*, 6, 205, '1596, May, *Preparations for the voyage to Calles*'; llsgr. Bangor Penrhos 1572 lle ceir rhestr o'r capteiniaid a hwyliodd gydag Essex. Nid yw enw Hughes yn yr un o'r rhestrau a welwyd.

dal fod Richard Hughes yn eu plith a bod englyn o'i waith yn cyfeirio at y fordaith. Cyfyd amryw o gwestiynau a rhai amheuon ynglyn â hynny[56] ond y mae'r englyn a'r fordaith wedi eu cysylltu'n anwahanadwy bellach, ac ni ellir gwadu bod y cyrch ar Cadiz yn nodweddiadol o'r math o antur y gellid disgwyl i Hughes fod arni, os oedd yn y fyddin.

Hyd yn oed os nad oedd gydag Essex yn Cadiz, erbyn diwedd y nawdegau yr oedd Hughes, fel ei gyfyrdyr y Salsbrïaid, yn un o osgordd yr Iarll, er nad oes dim yn wybyddus am ei waith na'i statws ar y pryd. Cyfeirir ato yn Chwefror 1601 fel, 'Richard Hughes, which hath been heretofore servant to the Earl of Essex'.

Y cyfeiriad pendant cyntaf ato a gadwyd, ar wahân i gerddi'r beirdd, yw'r un ym mhapurau'r Wladwriaeth, dyddiedig 1599 Dec. 21:[57]

> An anuitie of £50 p.a. which John Hedde, deceased late one of her highnes footmen had by the graunt of King Philipp and Queen Mary, graunted to Richard Hewghes one of her ma'ties footmen extraordinary from the decease of the said Hedd, during her ma. pleasure.

Am y tro cyntaf gellir lleoli Hughes yn bendant mewn man a lle, yn un o weision llys y Frenhines, ond yn ôl y cofnod nid newyddian mohono yn 1599. Ni ddywedir am ba hyd yr oedd wedi bod yn 'footman extraordinary'.[58] Nid oedd swydd ffwtman yn un arbennig o bwysig na dylanwadol yn ei hanfod – sefyll o gwmpas yn barod i fynd ar neges neu i gyfarwyddo ymwelwyr, cadw dieithriaid allan o'r ystafelloedd mewnol, ac ati, oedd rhan o'u gwaith. Ond yr oedd i ffwtman un fantais arbennig – yr oedd ym mhresenoldeb y Frenhines yn gyson[59] a hynny ar gyfnod pan olygai agosrwydd at berson y teyrn agosrwydd at brif ffynhonnell nawdd a dylanwad. Yr oedd hefyd yn swydd am oes fel y dengys achos Hedde a apwyntiwyd ddeugain mlynedd ynghynt yn ystod teyrnasiad Philip a Mary. Y

---

56. Gw. rhif 19 a'r nodiadau ar yr englyn.

57. *CSPD, 1598-1601*, 360, cclxxiii.

58. 'It may be that the *extraordinary* appointments were sometimes of the nature of grants in reversion, and that the holders looked forward to passing onto *ordinary* posts in due course.' E. K. Chambers, *The Elizabethan Stage*, (Oxford, 1923), 47.

59. Gweler mor agos at y Frenhines oedd y ffwtmyn yn y darlun yn Sherborne a drafodir isod ac a welir ar y clawr.

mae Gruffydd Phylip yn ei farwnad yn bendant fod Richard Hughes yng ngwasanaeth y brenin, 'Hyd yr awr o'r byd yr aeth', h.y. ei farwolaeth.[60]

Ond cyn i Hughes gael ei wynt ato yn ei swydd newydd, tynnwyd ef i ganol helbul a allasai fod wedi rhoi terfyn ar ei yrfa fel gwas brenhinol a'i fywyd, o bosibl, yn ddisymwth iawn. Ei berthynas â'i gyfyrder, y Capten Siôn Salesbury ac ag aelod o gangen arall o deulu dylanwadol y Salsbrïaid, sef Capten Owen Salusbury, yr Holt, oedd y catalyst.[61] Fel y gwelwyd, bu'r Salsbrïaid (a Hughes, efallai) ar antur lwyddiannus Iarll Essex i Cadiz yn haf 1596[62] a phan ddychwelodd y fintai o Sbaen yr oedd Essex ar uchelfannau'r maes, yn naw ar hugain oed, yn arwr y bobl gyffredin ac yn ffefryn yr hen Frenhines, a oedd, er ei henaint, yn dal i edrych yn ffafriol ar wŷr ifanc golygus.[63] Yr oedd Essex yng nghanol y nawdegau yn *archetype* o ŵr y Dadeni ac wedi etifeddu statws ei lystad Robert Dudley, Iarll Leicester a Syr Philip Sidney, i raddau helaeth; yr oedd yn filwr dewr ac yn arweinydd a allai ennyn teyrngarwch hyd at angau yn ei wŷr; ond yr oedd hefyd yn ŵr llys bonheddig a chlyfar a allai lunio cerdd a dawnsio'n osgeiddig i blesio'r gwragedd, a chasglodd o'i gwmpas wŷr o gyffelyb fryd yn filwyr, ysgolheigion a beirdd.[64] Ond yr oedd y drwg eisoes yn y caws, a'r Iarll, oherwydd ei drahauster,

60. Gw. Atodiad 1, rhif 7, 78.
61. Ar hanes Owen Salusbury gw. Enid Roberts, 'Ymryson y Salsbriaid 1593', *TCHsDd.*, 17 (1968), *passim.*
62. Bu'r ddau gapten, Siôn ac Owen, ar bob un o anturiaethau tramor Essex – Portugal yn 1589, Cadiz yn 1596, yr Azores yn 1597 ac Iwerddon yn 1599, sy'n awgrymu teyrngarwch eithriadol, gw. G. J. Hutson, *The military following of Robert Devereux, 2nd Earl of Essex and the rising of 1601*, Traethawd M.Litt. anghyhoeddedig, Rhydychen, 1987, 35.
63. Ar yrfa Essex yn gyffredinol gw. Robert Lacey, *Robert, Earl of Essex: an Elizabethan Icarus* (Llundain, 1971); ceir crynodeb sy'n cymryd safbwynt braidd yn wahanol at y gwrthryfel yn Lacey Baldwin Smith, *Treason in Tudor England: Politics and Paranoia* (London, 1986), 192-276.
64. Gw. Paul E. J. Hammer, 'The uses of scholarship: the secretariat of Robert Devereux, second Earl of Essex, c.1585-1601', *EHR*, 109 (1994), 26-51; *idem.*, 'Essex and Europe: evidence from confidential instructions by the Earl of Essex, 1595-6', *EHR*, 111 (1996), 357-81; ar farddoniaeth Essex gw. e.e. N. Ault, *Elizabethan Lyrics* (London, 1928), 270, 281-2; P. J. Kavanagh a James Mitchie (gol.) *The Oxford Book of Short Poems* (Oxford, 1971), rhif 52; arno fel noddwr artistiaid, gw. dadl Roy Strong mai portread o Essex yw'r *miniature* enwog gan Nicholas Hillyard, 'Young man amongst the roses', Strong, *Cult of Elizabeth*, (London, 1972), 56-83.

yn colli dylanwad lle'r oedd hanfod grym gwleidyddol;[65] erbyn diwedd y nawdegau yr oedd y Frenhines wedi blino ar ei stranciau pan na châi ei ffordd ym mhopeth ac yr oedd Essex wedi creu gelyn o wleidydd galluocaf yr oes, Robert Cecil, ail fab William Cecil, Arglwydd Burghley, a fu'n brif gynghorwr Elizabeth drwy'r rhan helaethaf o'i bywyd. Ar ôl marwolaeth Burghley yn 1598 daeth ei fab yn fwyfwy amlwg ac ymrannodd y llys yn ddwy garfan elyniaethus – carfan Essex a charfan Cecil,[66] ac yng nghanol y frwydr lysol am glust a chalon y Frenhines, gorfu i Essex, ar orchymyn y Frenhines, adael y llys yn niwedd Mawrth 1599 am Iwerddon, lle'r oedd gwrthryfel Iarll Tyrone yn bygwth gyrru'r Saeson i'r môr.[67] Aeth pethau o ddrwg i waeth yn Iwerddon a'r diwedd fu i Essex anwybyddu gorchymyn penodol y Frenhines i aros yn Iwerddon a gadael y wlad yn ddisymwth. Cyrhaeddodd Lundain ar 28 Medi 1599 a rhuthro i mewn i ystafell Elizabeth yn ei phlas yn Nonesuch yn gynnar yn y bore, cyn i'r Frenhines wisgo'r gwallt gosod fflamgoch a oedd yn gymaint rhan o'r *persona* brenhinol. Carcharwyd Essex am ychydig oherwydd ei ryfyg, ond pan ryddhawyd ef aeth ef a'i ddilynwyr ati trwy hydref a gaeaf 1600 i gynllwynio yn ei blas, Essex House, lle mae Essex Street heddiw, rhwng y Strand a Stryd y Fflyd.

Trwy'r helyntion hyn i gyd, ymhlith dilynwyr ffyddlonaf Essex yr oedd yr hen griw Cymreig a fu gydag ef yn Cadiz ac Iwerddon. Eu harweinydd oedd Syr Gelly Meyrick, stiward Essex yn ei stadau Cymreig. Ychydig cyn Nadolig 1600 yr oedd y Capten Siôn Salesbury, y Capten Owen Salusbury a'r Capten Peter Wynn mewn tŷ yn Wrecsam a oedd yn eiddo i Syr Siôn Llwyd, Bodidris (brawd-yng-nghyfraith y Capten Siôn a'r gŵr a alwyd yn 'paymaster of the

65. Y mae is-deitl bywraffiad Robert Lacey, 'an Elizabethan Icarus' yn pwysleisio uchder dyheadau a chynlluniau Essex, ond hefyd yn dangos maint ei gwymp.

66. Ar yr ymrafael yn y llys ym mlynyddoedd olaf Elizabeth gw. Penry Williams, *The Later Tudors: England 1547-1603* (Oxford, 1995), 366-76; *idem.*, 'Court and Polity under Elizabeth I', *Bulletin of the John Rylands University Library of Manchester*, 65 (1983), 259-86; am oblygiadau'r cweryl i deulu'r Salsbrïaid – cefnogai cangen Lleweni Cecil a'r Capten Siôn, Essex, gw. J. E. Neale, 'Three Elizabethan Elections', *EHR*, 46 (1931), 218-27, ac yn arbennig, A. H. Dodd, 'North Wales in the Essex Revolt of 1601', *EHR*, 59 (1944), tt. 348-70.

67. Mwstrodd y Capten Siôn 50 o wŷr sir Ddinbych a 50 o wŷr sir Gaernarfon ar gyfer Iwerddon yn gynnar yn 1599 ac Owen Salusbury 50 yr un o sir Feirionnydd a sir Drefaldwyn, gw. A. H. Dodd, 'The Earl of Essex's faction in north Wales, c.1593-1601: supplementary notes', *CLlGC*, 6 (1949-50), 190-91.

group'),[68] pan orchmynnwyd y Capten Siôn i ddychwelyd ar unwaith i Essex House:[69]

> Captain John Salusbury, being in Sir John Lloyde's house, received a letter from the Earl of Essex a fortnight before Christmas or thereabouts, and the next day he took his journey towards London, and about a week after he returned back again to Sir John Lloyde's house, and thence shortly after together with Sir John Lloyde met with the other two traitors Owen Salusbury and Wynn . . .
>
> The said John Salusbury, captain, came immediately after his coming to London to Essex House, and the next morning he rode to Northamptonshire to one parson Puleston's house . . .

O'r Nadolig ymlaen yr oeddent yn Llundain yng nghyffiniau Essex House ac yn lletya tu ôl i eglwys St. Clement's Dane,[70] ac 'in great counsel with Sir Gelly Merrick'.[71] Ar ddydd Sul, 8 Chwefror 1601, cododd Essex a'i ddilynwyr mewn gwrthryfel gan garcharu aelodau blaenllaw o'r Cyfrin Gyngor a oedd wedi dod i weld beth oedd yr holl gynnwrf a mynd a dod (meddent hwy), o gwmpas Essex House. Arweiniodd Essex ei ddilynwyr i Ddinas Llundain, i eglwys Sant Pawl yn gyntaf ac wedyn i dŷ'r Siryf Thomas Smythe yn Fenchurch St. lle y disgwyliai'r Iarll groeso mawr gan y dinasyddion. Gadawyd Owen Salusbury yn Essex House i warchod y gwystlon, yn eu plith yr Arglwydd Geidwad a Iarll Worcester, tra aeth y Capten Siôn gydag Essex i'r Ddinas. Methiant truenus fu'r gwrthryfel gan na chefnogwyd Essex gan y dinasyddion fel y disgwyliai. Arweiniodd gyrch ar osgordd y Siryf ond trechwyd ei wŷr a chael a chael fu iddynt ddianc i lawr at afon Tafwys a llusgo'n ôl i Essex House, orau y gallent. Llwyddodd y Capten Siôn i achub Arglwydd Monteagle 'who had like to have been drowned at Queenhithe but for John Salisbury' . . . medd y cofnod swyddogol.[72] Cyraeddasant yn ôl i Essex House a pharatoi i wrthsefyll gwarchae; dywedodd Owen

68. A. H. Dodd, *art.cit.*, 362.
69. *HMC Hatfield House (Salisbury) MSS*, 11, 96.
70. *ibid*, 11, 43.
71. *HMC Hatfield House (Salisbury) MSS*, 14, 173.
72. *CSPD, 1598-1601*, 575.

Salusbury wrth Syr Gelly Meyrick y byddai'n saethu'r gwystlon 'if the house were forced, he and they above would all go to God together'.[73] Ond cyn nos Owen Salusbury a laddwyd, wedi ei saethu'n farw trwy ffenestr agored gan saethydd cudd o gyffiniau Eglwys St. Clement's Dane yn y Strand.[74]

O fewn llai nag wythnos (cyn 11 Chwefror) yr oedd Robert Cecil yn gwneud ymholiadau am stori a glywsai gan ŵr o'r enw Thomas Machin am un o weision personol y Frenhines:[75]

> Richard Hughes, which hath been heretofore servant to the Earl of Essex, and now one of her Majesty's footmen, hath ever since the time of Christmas kept company with three of these principal traitors, Captain Owen Salisbury, Captain John Salisbury, and Captain Peter Wynn, never being one day absent from their lodging either at dinner or supper, whose keeping company with them all the world doth special notice of.

Ar gefn y cofnod hwn ysgrifennodd Cecil:

> He [Hughes] supped at Peter Wynn's lodging on Saturday night, which was told him by Mr. Thillon of Gray's Inn, and still carried all news he could from hence.

Rhaid mai at nos Sadwrn, 7 Chwefror, y cyfeirir, pan aeth nifer o'r cynllwynwyr (gan gynnwys Wynn), i theatr y Globe, ar ochr ddeheuol afon Tafwys, i weld perfformiad o ddrama newydd William Shakespeare, *Richard II* – drama am frenin a gollodd ei goron a'i fywyd, yn ddrwgargoelus iawn dan yr amgylchiadau. O ganlyniad daethpwyd â Richard Hughes o flaen Iarll Worcester ar ddydd Mercher, 11 Chwefror, i'w groesholi ar ei lw:[76]

---

73. *HMC Hatfield House (Salisbury) MSS*, 11, 122.

74. Ceir hanes y gwrthryfel mewn amryw fannau, e.e. Robert Lacey, *op.cit.*, 286-97; ond yr ymdriniaeth fanylaf yw'r un yn Hutson *op.cit.*, 125-60. Dylid nodi fod Ms. Hutson yn anghywir pan ddywed fod y ddau Gapten yn frodyr; nid felly, ond yr oeddynt yn perthyn o bell. Yn ôl Enid Roberts, *art.cit.*, 133, 'Cyfyrder i dad y Siôn Salsbri yr ymladdodd ag ef ydoedd [Owen Salesbury], eithr yng Nghymru mae gwaed yn cerdded ymhell: byddai'n rhwydd o fewn y naw gradd carennydd.' Yr oedd mam y Capten Siôn yn chwaer i'r Siôn Salsbri yr ymladdodd Owen ag ef yn 1593.

75. *HMC Hatfield House (Salisbury) MSS*, 11, 42.

76. *ibid*, 43.

> Being demanded when he [Richard Hughes] was last in the company of Owen Salisbury, saith that John Salisbury invited him [Hughes] to go with him to supper to a house on the back side of St. Clements, being a person's house whose name he knoweth not and had never seen before. In the way he met Owen Salisbury, who going along with him and John Salisbury, supped with them there that night, as near as he can remember about a fortnight since.
>
> No communication passed between them at supper, either privately or publicly, but of ordinary matters in his hearing.
>
> One Mr. Lee, son-in-law to the Lord Keeper, was also at supper, and Owen Salisbury and he parted after supper at Milford Lane End, and in the way thither he had no communication but of ordinary matters with any of them; but John Salisbury and he went to Essex House, where he had not stayed a quarter of an hour but Owen Salisbury came thither also.
>
> His only business in Essex House was to call his brother to bed, which he did without any stay; and between him and John and Owen Salisbury passed no communication but common speech, and Owen parted presently from him to the other company that was in the house.
>
> No speech passed between them concerning the Earl of Essex at supper time, or after in their way, or at parting.
>
> He never hath seen Owen Salisbury since.

Pan ofynnwyd iddo'n benodol a welsai John Salesbury ers y gwrthryfel atebodd Hughes:

> . . . saith they have met many times, but had no communication saving ordinary talk . . .

Mae'n anodd, onid yn amhosibl, credu aml ddatganiadau Hughes na fu unrhyw siarad rhyngddo ef a'r Salsbrïaid am Essex na'r cynllwyn, gan fod y Salsbrïaid dros eu pen a'u clustiau yn yr helbul a holl Lundain yn ferw o siarad ac ysgrifennu am y gwrthryfel.[77]

---

77. Cynhyrchodd y gwrthryfel lawer o gerddi ac o ysgrifeniadau eraill o bob math, gw. Arthur F. Marotti, *Manuscript, Print and the English Renaissance Lyric* (Cornell U.P, 1995), 95-8; Lacey Baldwin Smith, *Treason in Tudor England: Politics and Paranoia* (London, 1986), 239-68.

Ymddengys iddo lwyddo i argyhoeddi Worcester nad oedd a wnelo ef yn bersonol ddim â'r gwrthryfel oherwydd ni chollodd ei swydd, hyd y gwyddys. Llwyddodd y Capten Siôn yntau i gadw'i draed yn rhydd am beth amser trwy ddianc gyda'i ffrind Peter Wyn; ar 17 Chwefror anfonodd y Cyfrin Gyngor orchymyn i siryfion Caernarfon, Meirionnydd, Dinbych a'r Fflint i chwilio amdanynt a'u dal, 'and to sende them up hether under safe garde, their legges bounde under the horse belly'. Yr oeddynt yng Nghaer ym mis Mawrth yn chwilio am long i Iwerddon, ond ni ddaeth dim o hynny.[78] Erbyn diwedd Ebrill yr oedd Salesbury yng ngharchar y Marshallsea ac yno y bu hyd 6 Awst pan ryddhawyd ef ar ôl iddo gael pardwn a thalu dirwy o £40. Trwy gydol mis Gorffennaf buasai'n ysgrifennu at Cecil, gan grefu am gael ei ryddhau 'from my comfortless prison', i fynd i weinyddu'r stad yr oedd ei nai bychan wedi ei etifeddu ar farwolaeth ei dad, Syr Robert Salesbury, yn 1599.[79] Ym mis Medi yr oedd yn ôl yn sir Ddinbych yn cweryla gyda'i ewythr Syr John Salisbury, Lleweni, ac yn ymyrryd yn yr etholiad cythryblus a gynhaliwyd yn hydref 1601.[80]

Ar 24 Mawrth 1603 bu farw'r hen Frenhines ac un o'r englynion enwocaf a briodolir i Hughes yw hwnnw sy'n sôn am ei salwch olaf; ysywaeth nid yw'n englyn dadlennol nac yn dangos unrhyw wybodaeth bersonol am y Frenhines na'i ffawd; yn hytrach, effaith y farwolaeth arno ef ei hun yw pwnc Hughes.[81] Unwaith eto yr oedd ffawd o'i blaid, ac ymddengys fod Hughes wedi cadw ei swydd yn llys James, y brenin newydd; ar 24 Gorffennaf 1603 ceir gwarant yn cofnodi i'r ffwtmyn dderbyn, '2½ yards of crimson velvet for ordinary running coats and to pay for making, lining and embroidering of said coats'.[82] Y brodwaith ('embroidering') y cyfeirir ato oedd, 'our letters before and behind having the crown embroidered over the said letters', sef y llythrennau, 'I.R.' ar gyfer James. Byddai angen gwisgoedd gydag arfbais y brenin newydd arnynt gogyfer â choroni James,[83] a'r pedwerydd a enwir ymhlith y rhai a dderbyn-

78. Enid Roberts, *Gwaith Siôn Tudur* (Caerdydd, 1980), II, 64
79. *HMC Hatfield House (Salisbury) MSS*, 11, 287, 294, 307.
80. J. E. Neale, *art. cit.*, 218-27.
81. Gw. rhif 29.
82. PRO LC 5/37, 292.
83. '. . . all royal servants, whatever their office, and whether 'ordinary' or 'extraordinary', received a customary allowance of red cloth at the coronation and of black cloth at a royal funeral . . .' gw. Chambers, *op.cit.*, 52.

iodd y ddwylath a hanner o felfed coch oedd 'Richard Hewis'.[84] Gyda'r cotiau coch gwisgent gapiau o felfed du a gostiai bedwar swllt yr un. Gwelir tri o'r ffwtmyn hyn yn eu gwisgoedd coch a'u capiau melfed duon yn sefyll tu ôl i Elizabeth yn y darlun enwog sydd yng nghastell Sherborne, swydd Dorset, ac a atgynhyrchir ar y clawr. Gellir dyddio'r amgylchiad yn y darlun o gwmpas 1600, ac felly yn ystod y cyfnod pan oedd Hughes yn un o ffwtmyn Elizabeth. Y mae'n bosibl adnabod y rhan fwyaf o'r bobl sydd yn y llun – h.y. y maent yn bortreadau, a'r darlun yn gofnod o achlysur swyddogol pwysig, fel y mae llun mewn papur newydd heddiw. Nid yw'n amhosibl felly fod un o'r tri ffwtman sydd yn y llun yn bortread o Richard Hughes. Trueni na ellir bod yn siŵr, ond o leiaf rhydd y darlun syniad da o sut olwg fyddai ar Hughes yn ei wisg swyddogol, ar ddechrau'r ail ganrif ar bymtheg.[85] Cadarnhawyd y grant o £50 y flwyddyn a roddwyd iddo yn oes Elizabeth ar 10 Awst 1603.[86] Dywed Rhisiart Phylip yn y cywydd i ofyn bwa a saethau dros Huw Llwyd, Cynfal fod 'y Prins' (sef Elizabeth), wedi rhoi, 'rhesau aur tawdd' i Hughes,[87] ac nid oes dim yn amhosibl yn hynny gan fod digon o enghreifftiau o ffefrynnau yn cael eu hanrhegu â thlysau hardd a gwerthfawr ar hyd y canrifoedd.[88] Os yw tystiolaeth Gruffydd Phylip yn y cywydd marwnad yn gywir, a diau ei fod, treuliodd Richard Hughes weddill ei oes yn gwasanaethu'r brenin newydd, James I – yn ôl y bardd, 'A'i was fu, gu ragoriaeth/Hyd yr awr o'r byd yr aeth'.

Ychydig o achlysuron pendant y gellir eu cysylltu â Hughes yn ystod gweddill ei fywyd, yn anffodus, ond gellir cribinio peth gwybodaeth amdano wrth edrych ar ei gerddi ef ei hun ac ar y cerddi a ganwyd iddo. Y mae'n debygol y gellir dyddio cywydd Rhisiart Phylip i Hughes yn gofyn bwa a saethau dros Huw Llwyd,

84. PRO LC 5/37, 292.

85. Ar y dehongliad o'r darlun gw. Roy Strong, *The Cult of Elizabeth* (London, 1977), 17-55.

86. *CSPD, 1603-10,* cyf 3, 30, rhif 20.

87. Atodiad 1, rhif 3, 7-8.

88. Ceir portread o Tom Durie, dyddiedig 1614, ffŵl y Frenhines Anne, gwraig James I; y mae'n gwisgo cadwyni aur a modrwy aur ac yn dal cwpan arian a roes y Frenhines iddo, gw. *Dynasties, Painting in Tudor and Jacobean England, 1530-1630,* gol. Karen Hearn (London, 1995), 194-5; gwelir cadwyni aur mwy trwchus sy'n nodweddu aelod o'r gwarchodlu brenhinol yn y portread a adnabyddir fel 'gentleman, traditionally called Vaughan of Tretower', *ibid.*, 92-3.

Cynfal, rhwng 1599 a marw Elizabeth ym Mawrth 1603.[89] Cysylltir tri bardd gan y cywydd hwn, sef Huw Llwyd, Cynfal a Richard Hughes (dau fardd a ganai ar eu bwyd eu hun)[90] a Rhisiart Phylip, a rhydd ddarlun hyfryd o'r bywyd gwladaidd, pleserus yn yr awyr iach y gallai'r mân uchelwyr hyn ei fwynhau. Yn y cywydd a ganodd Siôn Cain i Hughes a'i nai, Huw Bodwrda,[91] sonnir am y ddau yn heboca, un o hoffterau bardd/uchelwr arall a oedd yn adnabod y tri, sef Thomas Prys, Plasiolyn, a garai gi rhywiog a hebog (ymhlith pethau eraill), yn ôl Hughes.[92] Gellir tybio y byddai Hughes, yn arbennig, yn gwerthfawrogi'r rhyddid a'r cyfle i grwydro, i saethu, hela a heboca ym mryniau Ardudwy a glannau Llŷn ac Eifionydd gyda gwŷr o gyffelyb fryd, ar ôl bywyd caethiwus a dinesig Llundain a ffurfioldeb y llys brenhinol. Mae'n amlwg ei fod wedi cadw cysylltiad pur agos â Llŷn ar hyd ei oes a phwysleisia Rhisiart Phylip ei Gymreictod a'i ymlyniad wrth y Gymraeg, 'Cymro i gadw Cymraeg ydwyd,/Cymro i Dduw, Cymroaidd wyd'.[93] Ar ei ymweliadau â'i gartref ac â'i ffrindiau ledled gogledd Cymru gallai ddod â ffasiynau Llundeinig a rhai o'r moethau tramor a ddylifai i borthladd Llundain i'w gwerthu yn Cheapside, i gefn gwlad Cymru; nid am fwa cyffredin y gofynnodd Rhisiart Phylip yn ei gywydd ond am y 'trysor a ddaeth tros arw ddŵr' ac a wnaethpwyd o 'Yw plan o Appolonia' i'r cyn-filwr Huw Llwyd.[94] Deuai â newyddion o Lundain hefyd, ac mae'n bosibl ei fod yn dod â straeon o'r llys brenhinol i glustiau ei gydfeirdd.[95] Diau fod ei ddillad dinesig o ddefnyddiau drudfawr yn wahanol iawn i frethyn cartref ei gymdeithion mwy gwladaidd, ac mae un o'i englynion yn gwneud sbort am ben hosanau blewog Llŷn, fe ymddengys, sef 'Hosanau Botymog'.[96]

Yn ystod degawd cyntaf yr ail ganrif ar bymtheg hefyd, o bosibl,

89. Gw. Atodiad 1, rhif 3; dengys y diffyg treiglad meddal ar ôl y rhagenw 3 unigol personol 'ei Gras' mai benywaidd oedd 'y Prins'; y mae'r berfau hefyd yn yr amser presennol.

90. 'Rissiart Huwes o Gefn Llanfair' a ddaw gyntaf ar restr sir Gaernarfon o feirdd a ganai ar eu bwyd eu hun, J. Fisher, *The Cefn Coch MSS* (Liverpool, 1899), 7.

91. Atodiad 1, rhif 3, 65.

92. Rhif 23, 4.

93. Atodiad 1, rhif 3, 47-8.

94. Gwyn Thomas, 'Dau Lwyd o Gynfal', *YB*, 5, 71-83.

95. Gw. marwnad Siôn Phylip i Henri Tywysog Cymru a fu farw yn 1612, *BBAGB*, 74-7.

96. Gw. rhif 20.

y canodd Siôn Cain, y bardd o Groesoswallt, gywydd difyr i Hughes a'i nai, Huw Gwyn Bodwrda, pan oedd y ddau yn sâl yr un pryd, ym Modwrdda efallai. Canwyd y cywydd ar ôl 1604–5, sef blwyddyn siryfiaeth Huw Gwyn – 'Ustus yw ar grest y sir/A fu'n siryf'. . . meddai Cain.[97] Er mai salwch oedd achlysur y gerdd, awyrgylch o hapusrwydd a llawenydd a geir yn y cywydd hwn fel yn y cywydd gofyn, gyda'r tri, y ddau glaf a'r bardd, yn amlwg yn gymdeithion agos a fwynhâi gwmni ei gilydd. Mae rhyw deimlad cynnes, braf yn y cywydd:

> Gweled y ddau'n y gwely
> Oerni tost yw'n yr un tŷ;
> Cydorwedd mewn breisgedd bris
> Imp haelion am y palis.
> Cyd-gwynan', dwedan', bob dydd,
> Claf galon, clwyf ei gilydd.
> Och! drymed weled dwy wên
> Y ddau lywydd oedd lawen.

Ond mae'r bardd yn ffyddiog na fyddant yn sâl yn hir ac y byddant yn dychwelyd at eu hen ddifyrion cyn fawr o dro:

> Ar fyrder, gweler y gwŷr
> Yn ddewrion, yn ddau eryr,
> Yn iach, ddiafiach ddifeilch,
> Yn lân gyrff, yn lana' gweilch;
> Yn hela gweilch, yn hael gu,
> Yn cadw gwŷr, yn cyd-garu.
> . . . .
> Deugar ifanc digrifwych
> Dwysgeirw g[wâ]r, dau sgw[ier] gwych.

Pwysleisiodd Cain daldra'r ddau – 'cryfhaed Duw eu cyrff tal', meddai amdanynt. Rhaid eu bod yn dal fel teulu oherwydd cyfeiriodd Wiliam Cynwal at gorff mawr Huw ap Rhisiart 'uwchlaw pawb' ac ymddengys fod ei fab wedi etifeddu ei braffter.

Yr oedd perthynas bur glòs rhwng Hughes a'r Ceiniaid, dad a mab, ac nid rhyfedd hynny gan fod y ddau yn clera yn Llŷn ac yn

97. Nid cyfeiriad at salwch olaf Hughes yn 1618-19 sydd yma fel yr awgryma Phillips, *Noddwyr*, 102; cyfeirir at y ddau fel 'deugar ifanc' ac nid yw tôn y cywydd yn awgrymu fod un ohonynt ar ei wely angau.

canu i deulu Bodwrdda. Yr oedd y tad, Rhys Cain, hefyd yn canu i'r Capten Siôn yn y Rug, plas nad oedd ymhell o gartref Cain yng Nghroesoswallt; gallai fod wedi dod ar draws Hughes yno, yn ogystal ag yn Llŷn. Mae'n amlwg fod Rhys Cain yn bur gymeradwy yng ngolwg Hughes a barnu wrth yr englyn canmoliaethus a ganodd iddo.[98] Dychanodd Siôn Cain Hughes mewn cerdd trwy ei alw (yn gywir ddigon) yn 'laci' <S. 'lackey', sef gwas troed, 'footman', neu'n fanylach 'running footman'. Ni chadwyd y gerdd honno hyd y gwyddys, ond fe gadwyd englynion Hughes sy'n ei hateb yn ddifyr iawn.[99]

Ceir ychydig o englynion sydd yn amlwg gysylltiedig â Llŷn, fel yr englyn i gwch ynys Enlli:[100] diau fod Hughes yn gyfarwydd â mynd i'r ynys ers ei blentyndod ar ei ymweliadau â Bodwrdda, cartref un o'i neiniau; teulu un arall o'i neiniau, sef teulu Bodfel, oedd perchnogion yr ynys. Yr oedd Enlli yn gyrchfan nodedig i smyglwyr er mawr fudd teulu Bodfel, a threuliodd Thomas Prys gyfnod digon hir yno i ysgrifennu disgrifiad o'r ynys ac i'w mesur, ymhlith pethau eraill, mae'n siŵr.[101]

Ceir englynion eraill gan Hughes sy'n ymwneud â bywyd yn Llŷn ac â chymdeithion o radd is mewn cymdeithas; e.e. canodd englyn i Siôn Galgarth, 'pan aeth yn faeli Pwllheli'[102] ac englyn masweddus i'w gachdy.[103] Canu achlysurol rhwng ffrindiau i beri hwyl oedd llawer ohono, ac mae'n arwyddocaol na chyhoeddwyd y rhan fwyaf ohono gan Fyrddin Fardd yn *Cynfeirdd Lleyn* ar ddechrau'r ganrif hon, dim ond rhai o'r englynion llai tramgwyddus yn unig.[104] Mae'n

98. Gw. rhif 24.
99. Gw. rhif 25.
100. Gw. rhif 21.
101. Wiliam Rowland, *Tomos Prys o Blas Iolyn* (Caerdydd, 1964), 42.
102. Gw. rhif 16.
103. Gw. rhif 18; nid Hughes oedd yr unig un i ganu i Siôn Galgarth, gw. nodiadau ar rif 16 a 17.
104. Nid ar Fyrddin yr oedd y bai, mewn gwirionedd; dibynnai ef, i raddau helaeth, ar y copïau a gâi gan J. H. Davies o lsgrau yn y Llyfrgell Brydeinig yn Llundain, a Davies a benderfynodd fod yr englynion masweddus yn rhy 'goch' (ei air ef), i'w cyhoeddi; gw. Mary Ellis, 'Gohebiaeth rhwng J. H. Davies a Myrddin Fardd: 1899-1920', *Taliesin*, 25 (1972), 89, 'Buais yn darllen englynion Dic Hughes yn ddiweddar. Ychydig iawn o honynt sydd ar gael ac y mae mwyafrif o rheini yn rhy goch i'w printio.' Mursendod a gweddustra hen lanc o dwrnai a oedd yn un o bileri'r Hen Gorff ac yn arweinydd y Sefydliad Cymraeg a Chymreig a benderfynodd pa rai o gerddi Hughes a welai olau dydd yn yr hafddydd Edwardaidd ar ddechrau'r ganrif.

debyg y byddai amryw o'r cyfeiriadau sydd yn dywyll yn yr englynion hyn erbyn heddiw, yn ddealladwy a doniol i gyfoeswyr y bardd yn nhafarnau Pwllheli. Fel amryw o uchelwyr eraill Llŷn yr oedd teulu Cefnllanfair yn fwrgeisiaid yn nhref Pwllheli, er nad oeddynt yn byw yn y dref, fel y cyfryw.[105] Yr oeddynt yn berchen melin yn y dref.[106] Y mae un o'i englynion gorau yn dangos ei hoffter o'r dref fechan,[107] ac nid oes amheuaeth fod Hughes yn hollol gyfarwydd â thafarnau fel y Penlan a'r Cock. Ai yn un ohonynt hwy, ynteu yn Llundain, y daeth ar draws y dafarnwraig anonest y canodd englyn iddi, tybed?[108] Ni ddywedir, chwaith, ymhle y cyfarfu'r ferch 'a gipiase ei bwrs ef' ond mai ar ryw 'hyffordd' y digwyddodd hynny; canodd englyn (neu ddau, efallai) iddi sydd, o bosibl, yn taflu ychydig oleuni ar ei safbwynt at briodi.[109] Os yw'r ail englyn yn ddilys (ac fe'i ceir yn ddienw mewn un llawysgrif), yna yr oedd priodi a beichiogi, ym marn Hughes, yn gymaint cosb â charchar. Er enwoced yw ei gerddi serch hudolus, nid oes awgrym yn unlle fod ganddo wraig, ac yn rhyfeddach fyth, ymddengys nad oedd ganddo blentyn; mewn cyfnod pan oedd dulliau atal cenhedlu bron bob amser yn ddiwerth mae hyn yn dipyn o syndod. Sylwodd Hugh Roberts, un o'i farwnadwyr, nad oedd wedi gadael, 'neb ar d'ôl'.[110] Efallai bod ei fywyd yn y fyddin ac o gwmpas y llys brenhinol wedi ei lesteirio, oherwydd yr oedd Elizabeth yn wrthwynebus iawn i'w morwynion a'i ffefrynnau gwrywaidd briodi; mewn un englyn cwyna Hughes ei bod yn anodd siarad â'i 'em siriol', 'rhag f'amau', ond na allai neb ei rwystro rhag meddwl amdani.[111] Yr oedd llys James I, ar y llaw arall, yn enwog am ei naws a'i arferion cyfunrywiol – a oes unrhyw arwyddocâd yn y ffaith na phriododd ei ffrind y Capten Siôn, chwaith, hyd y gwyddys?[112]

105. J. Jones-Pierce, 'A Caernarvonshire Manorial Borough', *TCHsG*, 5 (1944), 37.
106. *ibid*, 28.
107. Gw. rhif 14.
108. Gw. rhif 40.
109. Gw. rhif 39.
110. Gw. Atodiad 1, rhif 6, ll.48.
111. Gw. rhif 41.
112. Y mae un gymynrodd yn ewyllys y Capten Siôn, PRO Probate 118, fol. 108 a all, efallai, gyfeirio at fab anghyfreithlon; gadewir arian i gynnal rhyw William Horton yn yr ysgol ac wedyn i'w brentisio 'in some trade by which he can honestly get his living'. Ni ddywedir pwy yw Horton na beth oedd ei berthynas â'r Capten Siôn fel y nodir gyda phob rhodd arall sydd i 'my cosin', neu 'my niece' a.y.b. Yr oedd yn cynnal Horton eisoes (pwy bynnag ydoedd) ac am ofalu amdano wedi iddo ef ei hun farw, mae'n amlwg, ond dyfalu'n unig sydd yma.

Un o'r ychydig gerddi y gellir eu dyddio yw'r gyfres o englynion a ysgrifennwyd adeg Brad y Powdwr Gwn, 1605-6.[113] Fel yn yr amryw gerddi eraill a ganwyd adeg y 'treson' y mae'r englynion yn llawenhau fod y deyrnas wedi ei hachub rhag trychineb enfawr. Y mae'r ymdeimlad gwrth-Babyddol yn yr englynion yn ddwysach nag yn y cerddi eraill i'r un digwyddiad. Pwysleisia Hughes y ffaith mai Esgob Llundain ar y pryd (1604-7) oedd Richard Vaughan, mab Nyffryn, plas nid nepell o Gefnllanfair, yng nghanol Llŷn.[114] Addysgwyd Vaughan yng Ngholeg Ioan Sant, Caergrawnt, tua'r un amser â William Morgan ac Edmwnd Prys, a chanodd Prys awdl iddo yn ddiweddarach.[115] Gwnaethai Vaughan enw iddo'i hun fel ffrewyll reciwsantiaid pan oedd yn Esgob Caer (1597-1604); yr oedd swydd Lancastr yn rhan o'i esgobaeth ac yn y sir honno y trigai rhai o ddeiliaid ffyddlonaf yr Hen Ffydd yn y deyrnas; bu Vaughan yn selog yn eu herlid, felly ni ddylid synnu at ei angerdd gwrth-Babyddol yn 1605.[116] Y mae'n bosibl bod Hughes a Vaughan wedi dod i gysylltiad â'i gilydd yn Llundain oherwydd yr oedd Vaughan yn gysylltiedig â'r llys a'r hyn a alwyd yn 'London-Welsh intelligentsia'.[117] Ond hyd yn oed wedyn y mae'r ymdeimlad gwrth-Babyddol yn yr englynion yn ymddangos yn ddwysach nag yn y cerddi eraill sy'n trafod y 'treson' ac efallai bod Hughes yn teimlo fod yn rhaid iddo fod yn fwy teyrngar na beirdd eraill am sawl rheswm. Llai na phum mlynedd ynghynt cawsai Hughes ei groesholi gan Iarll Worcester, un o brif swyddogion y Llywodraeth, am ei gyfeillgarwch â gwŷr a godasai mewn gwrthryfel yn erbyn Elizabeth, pan oedd ef yn un o'i gweision personol ac yn agos ati yn aml. Y mae digon o dystiolaeth fod arweinwyr Brad y Powdr Gwn yn 1605 ar ochr Essex yng

113. Gw. rhif 30.

114. Yn llsgr. LlGC. Ych. 16B, 272 ceir copi o'r englynion dan y pennawd '6 Englyn i ddoctor Rhisiart Fychan Esgob Llundain pan ymkanwyd chwthu a gwnpowdr tu'r Parlament ano 1605'; yn LlGC Bodewryd 2B, 269 ceir y teitl, 'Englynion ei [sic] Escob Vauchan ar y Powdwr frad'; yr oedd copïwyr yr englynion hyn yn edrych ar yr englynion fel englynion moliant i'r Esgob yn bennaf ac o ganlyniad newidir trefn yr englynion i roi'r ddau englyn sy'n cyfeirio'n benodol at yr Esgob ar y dechrau.

115. Ar yrfa Richard Vaughan gw. W. P. Griffith, *Learning, Law and Religion: Higher Education and Welsh Society c. 1540-1640* (Cardiff, 1966), *passim*.

116. Glanmor Williams, *Reformation*, 282, 287; R. G. Gruffydd. 'Thomas Salisbury o Lundain a Chlocaenog: Ysgolhaig-Argraffydd y dadeni Cymreig', *CLLGC*, 27 (1991-2), 6, 8.

117. W. P. Griffith, *op.cit.* yn arbennig, 411-26.

ngwrthryfel 1601.[118] Yr oedd ei ffrind a'i gyfyrder, y Capten Siôn Salesbury, yn fab i Babydd cudd,[119] ond un a wadodd Richard White, y merthyr Pabyddol; haerai hagiograffeg Babyddol fod y gwadu hwn wedi cael y fath effaith andwyol arno nes arwain at ei farwolaeth annhymig yn 1580.[120] Yr oedd ei fab, y Capten Siôn, wedi bod ar gyrion cynllwyniau Pabyddol gyda'r Capteiniaid Owen Salusbury a Pheter Wynn yn Fflandrys, ac wedi cael pardwn am hynny, ymhell cyn gwrthryfel Essex yn 1601; yr oedd Owen Salusbury, yn arbennig, wedi bod yn agos iawn at Huw Owen, mab y Plas Du Llanarmon, a oedd yn un o brif gynghorwyr y Sbaenwyr ym Mrwsel yn yr 80'au, cyn yr Armada. Yr oedd Owen Salusbury yn un o'r criw o Gymry a wasnaethodd y Sbaenwyr yn yr Iseldiroedd am flynyddoedd, gan dderbyn gorchmynion yn Gymraeg gan Huw Owen dan y cyfrinair, 'Tudur Trevor'.[121]

Yr oedd Richard Hughes wedi ei fagu yn un o'r ardaloedd mwyaf Pabyddol yng Nghymru; yr oedd ymlyniad uchelwyr Llŷn ac Eifionydd wrth yr Hen Ffydd yn eithriadol,[122] er bod eu teyrngarwch hwy yn graddol leihau, yn enwedig ar ôl Bwl y Pab yn 1570 yn esgymuno Elizabeth ac yn rhyddhau'r Pabyddion o unrhyw deyrngarwch iddi.[123] Fel y cyfeiriwyd eisoes yr oedd tad Hughes, Huw ap

118. Hutson, *op.cit.*, 143; Antonia Fraser, *The Gunpowder Plot: Terror and Faith in 1605* (London, 1996), 92-3, 107.
119. Enid Roberts, *Gwaith Siôn Tudur*, II, 60, lle y dywedir fod ei enw ar restr o Babyddion yn 1574.
120. '. . . a strange accident which chanced to a gentleman of good account [John Salesbury of Rug] in the countey a little after the prisoner [Richard White y merthyr] coming to towne, [Rhuthun] who passeing by the gaile in company with one [Gabriel] Goodman, Dean of Westminster and perceiving the prisoner to stand in the doore first paused a while beholding him. Then he shook his head upon him saying, O White, White, thou art an unprofitable member of the common wealth the which words he spake in hearing of this preacher, to maintaine a little credit he was in with him and other heretiques, but plainely against his own conscience and knowledge; for all the country knew him to be inclined in minde unto the same religion for which the other man sustained improsonment [sic] & irons even in his presence, but see what followed. The gentleman returned home sick and was never seen abroad after this word untill he came to be buried . . .', gw. 'A true report of the Life and martyrdome of Mr Richard White schoolmr', D. Aneurin Thomas, *The Welsh Elizabethan Catholic Martyrs* (Cardiff, 1971), 88-9.
121. Dodd, 'North Wales in the Essex revolt of 1601', 357.
122. Gw. Emyr Gwynne Jones, 'The Lleyn Recusancy Case 1578-81', *TCHsG, 1578-81*, 1936, 97-123 am y cefndir.
123. Williams, *Reformation*, 258-9.

Rhisiart, wedi ei garcharu yn y saithdegau am wrthwynebu Iarll Leicester, ffefryn y Frenhines ar y pryd, yn achos Fforest yr Wyddfa; cyn fawr o amser cymysgwyd yr helynt hwnnw â chyhuddiadau yn erbyn rhai o uchelwyr Llŷn eu bod yn cynllwynio gyda meibion y Plas Du i adfer yr Hen Ffydd. Nid oedd y Plas Du, cartref yr Oweniaid, ymhell o Gefnllanfair, ac er bod Huw Owen, yr amlycaf o'r brodyr a fagwyd yn y teulu dawnus hwnnw, wedi gadael Eifionydd cyn i Hughes gyrraedd oedran gŵr, y mae'n anodd iawn credu na chlywodd y bachgen ifanc storïau ar yr aelwyd yng Nghefnllanfair am anturiaethau'r ysbïwr ar y Cyfandir, boed y rheini'n gondemniol neu'n werthfawrogol. Yn yr un plwyf â Chefnllanfair yr oedd Penyberth, cartref Robert Gwyn (c.1540/50-c.1594), yr awdur a'r offeiriad cenhadol a wnaeth gymaint i gynnal yr Hen Ffydd yn Llŷn a gogledd Cymru'n gyffredinol, trwy ei ysgrifeniadau a'i ymweliadau cenhadol dirgel. Sylweddololodd Robert Gwyn mai un o'r peryglon mwyaf i'r Hen Ffydd oedd iddi edwino oherwydd y pwysau a roddid ar yr ychydig ffyddlon i gydymffurfio'n arwynebol trwy fynychu'r Eglwys Anglicanaidd, er eu bod yn parhau'n Gatholig eu credo. Dyna pam yr ysgrifennodd ei lyfr, *Gwssanaeth y Gwyr Newydd* (1580), lle mae'n dadlau 'vod yn beriglys ar les y henidiey wrando gwsanaeth y Gwyr Newydd', sef y Protestaniaid;[124] anelai'r llyfr at deuluoedd ei hen ardal yn y lle cyntaf, a diau fod cymdogion agos fel teulu Cefnllanfair ymhlith y rhai a dargedid ganddo.[125] Nid oes neb yn selocach dros safbwynt newydd na'r rheini sydd wedi cael 'troedigaeth', boed grefyddol neu wleidyddol ac efallai bod Hughes yn awyddus i bwysleisio ei Brotestaniaeth yn yr englynion hyn.

Ond mae'n bosibl bod esboniad llawer symlach am ddiolchgarwch Hughes am fethiant y Brad. Fel un o ffwtmyn y Brenin y mae'n gwbl bosibl y byddai Hughes, yn rhinwedd ei swydd, yn un o'r osgordd a hebryngai'r Brenin i Dŷ'r Arglwyddi ar 5 Tachwedd, 1605, y bore pan oedd Gwido Ffowcs a'i gyd-gynllwynwyr yn bwr-

124. Gol. Geraint Bowen (Caerdydd, 1970).

125. Ar Robert Gwyn a theulu Penyberth, gw. W. Gerallt Harries, 'Robert Gwyn: ei deulu a'i dylwyth', *B*, 25 (1973-4), 425-38; ar waith Robert Gwyn gw. Geraint Bowen (gol.), *Gwssanaeth y Gwyr Newydd* (Caerdydd, 1970); *idem., Y Drych Kristnogawl* (Caerdydd, 1996). Agorwyd y maes gan W. Alun Mathias, 'Rhai sylwadau ar Robert Gwyn', *LlC*, 3 (1954-5), 63-73. Ceir darlun da o'r cefndir ar ffurf nofel gan Rhiannon Davies Jones, *Dyddiadur Mari Gwyn* (Llandysul, 1985).

iadu chwythu'r brenin, ei deulu agos a'i lywodraeth i ebargofiant. Pe byddai'r Cynllwyn wedi llwyddo byddai'r ffwtmyn mor debygol â neb o gael eu lladd – tybed a oes elfen o ddiolchgarwch am waredigaeth bersonol yn yr englynion hyn?

Ceir cipolwg gogleisiol ar fywyd Cymry Llundain yn negawd cyntaf yr ail ganrif ar bymtheg mewn llsgr. a gedwir yn Llyfrgell y Bodleian, Rhydychen.[126] Coflyfr gŵr o'r enw Richard Roberts yw'r llsgr. hon, sydd yn rhannol yn llaw ei frawd Hugh Roberts. Rhoes hwnnw'r dyddiad 1602 ar waelod cerdd ar ff.45v, sydd (os dyddiad y copïo sydd yma) yn rhoi *terminus ad quem* i'r englynion hynny. Un o wŷr y gyfraith oedd Richard Roberts yn ôl tystiolaeth y llsgr. sydd yn rhannol yn Saesneg a'r ail ran yn y Gymraeg.[127] Yr oedd Hughes yn ymweld â'r teulu, fe ymddengys, ac yn cael ei adnabod fel 'honest Dicke Hughes' gan Roberts. Canodd Hughes gyfres o englynion dros Roberts i'w danfon gyda chalennig i gyfaill arall o'r enw Harry Jones[128] ac mae'n bosibl mai Henry Jones, cyfreithiwr a oedd yn gysylltiedig â Syr Thomas Egerton, yr Arglwydd Geidwad yn niwedd y nawdegau a dechrau'r ganrif ddilynol oedd hwnnw.[129]

Nid oes llawer o gerddi sy'n ymwneud yn benodol â bywyd Llundain, ond un sy'n disgrifio achlysur yn Llundain yw'r ymweliad â Mr Rob. Morgan a oedd yn chwarae'r gamwth, neu'n hytrach yn ôl Hughes, yn 'cam-chwarae'r gamwth'.[130] Awgryma'r feirniadaeth dechnegol hon fod Hughes yn deall rhywfaint ar gerddoriaeth ac ategir hyn gan sylw Gruffydd Phylip ei fod yn gyfansoddwr, 'Peth rhyfedd, wiw fawredd fodd,/O fiwsig a ddyfeisiodd'.[131] Yr oedd y gallu i ganu'n swynol ac i chwarae offeryn cerdd a chyfansoddi miwsig persain yn cael ei ystyried yn rhan hanfodol o arfogaeth y gŵr llys cwrtais yn oes y Tuduriaid; noddai Elizabeth rhyw drigain o gerddorion amlwg yn y Capel Brenhinol ac yn y llys gan gynnwys

126. Yr wyf yn ddiolchgar dros ben i Daniel Huws am fy nghyfeirio at y llsgr. hon sy'n cynnwys amryw o gerddi Hughes.

127. Ceir trafodaeth fer ar gynnwys y llsgr. yn R. Krueger, *The Poems of Sir John Davies* (Oxford, 1975), 438-9; Syr Idris Foster a gyfrannodd y wybodaeth am y rhan Gymraeg o'r llsgr. i Krueger.

128. Gw. rhif 32.

129. R. C. Bald, *John Donne* (Oxford, 1970), 97; am drafodaeth bellach ar gysylltiad Hughes ag aelodau o gylch Egerton, gw. xlii-xliii.

130. Gw. rhif 34.

131. Atodiad 1, rhif 7, 109-10. Golyga'r dehongliad hwn fod yn rhaid deall 'ddyfeisiodd', fel 'cyfansoddodd', neu ferf debyg; nid oes engh. o'r ystyr hwnnw yn *GPC*.

cerddorion cyn enwoced â Thomas Tallis a William Byrd.[132] Organydd y Capel Brenhinol ar ddechrau teyrnasiad James I oedd y cyfansoddwr madrigalau, Orlando Gibbons,[133] ac ymhlith y cerddorion swyddogol a gydoesai â Hughes yn y llys gellir enwi dau Gymro, sef y telynorion Robert ap Huw a Robert Peilyn.[134] Yn 1613 copïodd Robert ap Huw ei lawysgrif enwog o fiwsig ac anodd credu na fyddai gan Hughes ddiddordeb yn y fath gyfansoddiad o waith un o'i gydwladwyr; eto, ni chrybwyllir gair gan y naill na'r llall am ei gilydd.[135]

Y gyfres hwyaf o englynion sy'n deillio o'r cyfnod hwn, mae'n debyg, yw'r un i'w hen ffrind, Capten Siôn Salesbury. Ar ôl iddo gael ei ryddhau o'r Marshallsea a thalu dirwy am ei ran yng ngwrthryfel Essex, dychwelodd Salesbury i Gymru. Cyn fawr o amser yr oedd yng nghanol helynt etholiadol gyda'i ewythr, Syr John Salisbury, Lleweni, gŵr a urddwyd yn farchog gan Elizabeth ei hun yn 1601, yn rhannol fel tâl am ei gefnogaeth adeg gwrthryfel Essex.[136] Yr oedd y Capten yn gweinyddu stadau Bachymbyd a'r Rug dros ei nai bychan John II, mab ac etifedd Syr Robert a fu farw yn 1599. Treuliai'r rhan fwyaf o'i amser yn y Rug yn hytrach na Bachymbyd a phan etifeddodd y stadau yn ei hawl ei hun ar farwolaeth ei nai yn 1608 yr oedd y stadau mewn dyled fawr. Yr oedd y Capten yn noddwr i'r beirdd, ac yn ffrind i feirdd a ganai ar eu bwyd eu hun fel Ieuan Llwyd Sieffre a Siôn Fychan, Caergai.[137] Canodd bardd carbwl o'r enw Twm Tegid gerdd i Hughes yn adrodd am dro trwstan sydd yn gysylltiedig mewn rhyw ffordd â'r Capten; yn anffodus ni oroesodd y gerdd honno, hyd y gwyddys, ac o ganlyniad y mae'n anodd adlunio'r hanes, ond aeth Hughes ati i dynnu coes ei ffrind.[138] Yr oedd yr hanes yn ymwneud mewn rhyw ffordd â ffowls, gan gynnwys

132. Penry Williams, *The Later Tudors . . .*, t. 401.
133. Gw. ar rif 4, ll. 7-8.
134. D. W. Wiliam, *Robert ap Huw (1580-1665)*, (Dinbych, 1975), 31–4. Ceir arolwg buddiol ar lawer o gerddorion a chyfansoddwyr sydd â chysylltiadau a/neu enwau Cymraeg ganddynt yn y cyfnod hwn gan J. G. Jones, 'Cerdd a Bonedd yng Nghymru c. 1540-1640: rhai argraffiadau terfynol', *Welsh Music*, 7 (1983), 30–45.
135. Henry Lewis (gol.), *Musica B.M. Additional Ms 14905* (Caerdydd, 1936), 69.
136. Am gywydd Siôn Tudur yn dathlu'r achlysur gw. *BBAGB*, 1-3.
137. Ar Ieuan, gw. isod; canodd Rhys Cain gywydd yn gofyn milgi gan Siôn Fychan dros y Capten, gw. *BBAGB*, 32-5.
138. Gw. rhif 28.

lladd nifer o ieir, a chwyd llawer o'r digrifwch o haeriad Hughes y bydd tylwyth yr ieir yn hawlio tâl galanas am y golled a ddioddefasant ar law y Capten. Ar un olwg y mae'n gerdd syml a bras iawn ei hiwmor, ond mewn gwirionedd dibynna'r hiwmor ar wybodaeth, pa mor elfennol bynnag, o gyfraith Hywel. Cyfeirir at y Capten, ymhlith pethau eraill, fel 'gwyddleidr', ac fel 'pwt tindew/O'r puteindai'n gapten', a llawer gwaeth. Y mae'r holl hanes trwstan yn atgoffa rhywun am antur Dafydd ap Gwilym yn y cwt gwyddau.

Ceir tair cerdd rydd sy'n perthyn i'r un *genre* o ganu cellweirius a/neu fasweddus wedi eu priodoli i Hughes yn y *Mynegai* ond rhaid gwrthod un ohonynt.[139] Priodolir y ddwy gerdd arall i Hughes heb amheuaeth. Dibynna'r gerdd gyntaf o un pennill ar ddeg sy'n adrodd hanes rhyw Owen Gwyn a gnuchiodd wraig a merch rhyw gobler anffodus a chael mab yr un gan y ddwy, ar eiriau mwys a chlyfrwch geiriol sydd heb fod yn annhebyg i gerddi rhydd parchus ac adnabyddus Hughes.[140] Mae'r ail gerdd rydd gellweirus yn gwneud sbort am ben y Saeson. Yn anffodus tri phennill yn unig a gadwyd yn y fersiwn Gymraeg ond mae'n amlwg bod rhagor o benillion unwaith, oherwydd dywedir, 'Ac felly ymlaen, Richard Hughes a'i cant o ger y Saeson'. Gellid ymestyn y gerdd yn rhwydd trwy newid ychydig eiriau yn y llinellau olaf yn unig, er mawr ddifyrrwch i gwmni am y gallai llawer ymuno yn yr hwyl.[141]

Yr oedd llysoedd Elizabeth a James I yn gyrchfan artistiaid o bob math; hon oedd oes aur llenyddiaeth Saesneg pan oedd Shakespeare, Christopher Marlowe, Ben Jonson a John Donne (i enwi'r pedwar pwysicaf yn unig) yn cyfansoddi eu campweithiau. Yr oedd y rhain, a llawer o artistiaid eraill a flodeuai ar y pryd, yn troi mewn rhyw ffordd neu'i gilydd yng nghyffiniau'r llys brenhinol, ffynhonnell nawdd a llwyddiant bydol, ac y mae'n anodd credu na ddaeth Richard Hughes, a oedd yn y llys beunydd wrth ei swydd, ar eu traws. Yr oedd amryw o'r gwŷr hyn yn cyfarfod â'i gilydd mewn tafarnau i gydyfed, i drafod eu gwaith ac i dynnu coes ei gilydd; daeth rhai o'r cyrchfannau hyn megis y *Mitre* yn Stryd y Fflyd, yn ymyl Ysbytai'r Frawdlys lle'r oedd amryw ohonynt yn byw ac yn gweithio, yn enwog mewn chwedl a chân. Tafarn arall a ddaeth i amlygrwydd oedd y *Mermaid*, lle y byddai Jonson, Donne, Drayton,

139. Gw. Atodiad 2, rhif 3.
140. Gw. rhif 11.
141. Gw. rhif 12.

Inigo Jones a llawer eraill yn ymgynnull.[142] Nid oes tystiolaeth annibynnol i brofi fod yr un gwŷr yn perthyn i'r cylch a elwid yn 'Worshipfull Fraternitie of Sireniacal Gentlemen, that meet the first Fridaie of euery Moneth, at the signe of the Mere-Maide', ond nid yw hynny'n annhebygol.[143] Rhestrwyd enwau amryw o'r gwŷr a gysylltwyd, yn gam neu'n gymwys, â'r 'Mermaid Club', ar ymyl cerdd yn llsgr. Don C.54, ff. 21r-22r.[144] Yn y llawysgrif[145] ceir amryw o gerddi Hughes a cherddi gan Donne, Jonson a Raleigh ymhlith eraill. Y mae rhan gyntaf y llawysgrif yn Saesneg a'r ail ran yn Gymraeg ac y mae'r rhan Saesneg yn wrthwynebus iawn i Robert Cecil ac yn bleidiol i achos Iarll Essex a'r gwrthryfel.yn 1601, achlysur arwyddocaol yn hanes Hughes, yntau, fel y gwelwyd uchod. Ceir un gerdd yn Saesneg a briodolir i Hughes, nad oes copi arall ohoni hyd y gwyddys ar hyn o bryd.[146] Dengys y gyfrol hon, a oedd yn eiddo Cymro o'r enw Richard ap Robert, neu Richard Roberts, yn chwarter cyntaf yr ail ganrif ar bymtheg, fod Hughes yn troi ymhlith y gwŷr hyn yn rheolaidd. Cyfreithiwr cyfoethog yn Ysbytai'r Frawdlys oedd Roberts, gyda chysylltiadau yng ngogledd Cymru, ac y mae amryw o enghreifftiau o waith beirdd Cymraeg yn y llawysgrif, yn eu llaw eu hunain, yn ôl un ysgolhaig.[147] Yr oedd Hughes yn canu cerddi i bobl eraill dros Roberts yn ôl tystiolaeth y llsgr. hon, felly mae'n ddigon posibl ei fod yn gyfarwydd â rhai o'r bobl eraill a gynrychiolir yn y llsgr.

Peth arall a gysylltai amryw o'r gwŷr hyn â'i gilydd oedd eu cefndir; cymerer John Donne, fel enghraifft.[148] Gŵyr pawb am yrfa Donne fel gŵr eglwysig a Deon San Pawl, ond nid yw mor gyffredinol hysbys ei fod yn 1596, ugain mlynedd cyn y dyrchafiad hwnnw, yn un o'r fintai ar ymgyrch Essex i Cadiz, yr antur yr haera

142. Y mae cerdd John Keats, a gyfansoddwyd ar ddechrau'r G19, *The Mermaid Tavern*, yn un enghraifft o barhad enwogrwydd y dafarn arbennig honno.

143. I. A. Shapiro, 'The "Mermaid Club"', *Modern Language Review*, 45 (1950), 6-16; R. C. Bald, *John Donne a Life* (Oxford, 1970), 194.

144. Marotti, *Manuscript*, 37.

145. Trafodir y llawysgrif gan Robert Krueger (gol.), *The Poems of Sir John Davies* (Oxford, 1975), 438; Katherine Duncan-Jones, '"Preserved Dainties": Late Elizabethan poems by Sir Robert Cecil and the Earl of Clanricarde', *Bodleian Library Record,* 14 (1991-4), 136-44; gw. hefyd, Marotti, *Manuscript*, 36-7.

146. Gw. rhif 52.

147. Robert Krueger, *op.cit.*, 438.

148. Bald, *passim*.

traddodiad fod Hughes yntau arni; yn 1597 aeth Donne i'r Azores lle'r aeth y Salsbrïaid, os nad Hughes ei hun. Pan ddychwelodd apwyntiwyd ef yn ysgrifennydd i Syr Thomas Egerton, yr Arglwydd Geidwad,[149] ac aeth i fyw i York House ger y Savoy yn y Strand, dafliad carreg o Essex House, lle y byddai Hughes yn ymweld â'r Salsbrïaid ac â'i frawd.[150] Yr oedd Hughes hefyd yn cadw cwmni â mab-yng-nghyfraith Syr Thomas Egerton, meistr Donne; yr oedd 'Mr. Lee, son-in-law to the Lord Keeper,' yn y cwmni gyda Hughes a swperodd yn y tŷ 'on the back side of St. Clements' y noson cyn gwrthryfel Essex.[151] Yn ystod y blynyddoedd 1597-8 hefyd yr oedd Donne yn un o'r cwmni yng nghylch Essex a fu'n cynnal ymryson farddol i ddarganfod ymhle yr oedd y bywyd gorau i'w fwynhau – yn y llys, yn y ddinas ynteu yn y wlad.[152] Cofier mai canmol bywyd y bugail yng nghefn gwlad y mae cerdd boblogaidd Hughes, 'Byd y bugail', un o'r ddwy gerdd o'r eiddo i'w cyhoeddi yn yr ail ganrif ar bymtheg.[153]

Yr ail achlysur pan ymddangosodd peth o waith Hughes mewn cyd-destun mor serennog oedd yn 1611, pan gyfrannodd Donne eto, a Jonson, Drayton, Hugh Holland a llaweroedd eraill o'r cylch hwn, i'r broliant barddol i hysbysebu'r gyfrol boblogaidd *Coryat's*

149. Gw. uchod, xxxix. Yr oedd etifedd Egerton, Syr Thomas Egerton Ifanc, yn cymysgu gyda'r un bobl â'r Salsbrïaid. Ar 26 Medi, 1599, cynhaliwyd angladd Egerton Ifanc a oedd wedi marw yn Nulyn, lle'r oedd yn gwasanaethu gydag Iarll Essex. Yn yr angladd yn eglwys gadeiriol Caer cariai John Donne gleddyf ei ffrind, ac yn yr un orymdaith yr oedd ysbardunau'r marchog ifanc yn cael eu cario gan 'Captaine Salisbury', naill ai Owen, neu'r Capten Siôn. Gw. Bald, *op.cit*, 93-127.

150. Nid oes cyfeiriad arall at frawd Hughes yn yr hanes hwn ac ni ddywedir pa un o'r brodyr ydoedd. Mae'n bosibl mai John, y trydydd o feibion Cefnllanfair ydoedd; ef oedd ysgutor ewyllys Richard pan fu farw hwnnw yng ngwanwyn 1619, sy'n awgrymu ei fod yn agosach at ei frawd na Gruffydd y penteulu. Dim ond Gruffydd a John a enwir yn y cywydd. Yn Don C.54, ff. 41v dan gerdd Hughes, rhif 1, ceir tri englyn sy'n cyfarch rhyw Siôn ac yn edliw iddo ei fod wedi bod yn 'bostio', ond 'Bost tafod mewn diod oedd'; yr enw dan yr englynion yw 'John Hughes'. Mae'n bosibl fod John, y brawd iau, wedi mynd i Lundain ar ôl gweld sut yr oedd Richard wedi dod ymlaen yno. A oes awgrym fod John, fel Richard, wedi cyrraedd swydd o bwys yn Llundain yn nisgrifiad Gruffydd Phylip ohono yn y cywydd marwnad, 'I'w ras gwych a'i rwysg uchel/I Siôn Huws einioes hen êl', gw. Atodiad 1, rhif 7, ll.53–4?

151. *HMC Hatfield House (Salisbury) MSS*, 11, 43.

152. Gw. A. J. Smith, *John Donne, the complete English poems* (Penguin Books, 1971), 213-14 a 533-4.

153. Gw. rhif 10.

Crudities.[154] Cronicl oedd y *Crudities* o deithiau'r awdur, Thomas Coryate, a dreuliodd bum mis yn 1608 yn cerdded o Lundain, trwy Ffrainc a chyn belled â Venice, gan ddychwelyd trwy'r Yswistir, Dyffryn y Rhine a'r Iseldiroedd. Gwasanaethai Coryate yn llys Henri, Tywysog Cymru, ac yr oedd yn ffefryn gan lawer o'r criw doniog a grybwyllwyd uchod a gyfarfyddai yn nhafarn y Mitre. Pan oedd y *Crudities* yn barod i'r wasg gofynnodd Coryate i'r ffrindiau dawnus hyn ysgrifennu cerddi canmoliaethus i'w cynnwys yn y gyfrol i hybu'r gwerthiant; ymatebodd pawb yn eiddgar. Y diwedd fu i dros hanner cant o'r cerddi hyn gael eu cyhoeddi ar ddechrau'r llyfr, gan gynnwys un gan Richard Hughes.[155] Cyfrannodd Cymro arall a oedd yn fardd nid anenwog yn ei ddydd, sef Hugh Holland, amryw o gerddi mewn sawl iaith, gan gynnwys englyn Cymraeg, yr unig gerdd Gymraeg a oroesodd o waith y gŵr amryddawn hwnnw.[156] Y mae awgrym go gryf fod Coryate yn adnabod Hughes; yn y rhagymadrodd i'r gyfrol diolcha Coryate i 'some of the worthyest spirits of this kingdom' am gerddi 'which they haue expressed in the best and most learned languages of the world, two only excepted, which are the "Welch and Irish".' Glosiwyd yr ymadrodd hwn ar ymyl y ddalen gan y gair 'Ironia', sy'n awgrymu bod yma dynnu coes yn hytrach na beirniadaeth wrthrychol. Gan fod Coryate yn was yn llys Henri, Tywysog Cymru, a Hughes yn ffwtman yn llys ei dad, y brenin James, y mae'n debycach mai jôc ar draul Hughes yn hytrach na Holland, a oedd gryn dipyn yn uwch ei statws cymdeithasol na'r ddau arall, ydoedd hon.[157] Swm a sylwedd hyn i gyd yw fod awgrymiadau a chyfeiriadau sy'n dangos bod Hughes wedi troi yn gyson ar gyrion y frawdoliaeth athrylithgar hon o tua 1596 ymlaen a'i bod yn bosibl, neu hyd yn oed yn debygol, ei fod yn adnabod rhai o'r beirdd hyn, neu o leiaf yn 'ymrwbio' ynddynt (i ddefnyddio un o eiriau'r Morrisiaid) er nad oes unrhyw brawf pendant o hynny. Yn 1615 ar ôl blynyddoedd ar ddisberod, apwyntiwyd Donne yn offeiriad yn eglwys gadeiriol San Pawl ac yn un o gaplaniaid y Brenin; yn fuan wedyn aeth ar daith gyda'r llys

154. Gw. W. M. Schutte, *Coryat's Crudities* (Scolar Press, 1978).
155. Gw. rhif 35.
156. Gw. *BBAGB*, 140 a 374–5; ar Holland gw. *Hugh Holland* (Lerpwl, 1943), *passim*.
157. Gan fod y cerddi wedi eu hargraffu yn nhrefn statws gymdeithasol eu hawduron, y mae'n arwyddocaol mai cerdd Hughes yw'r olaf yn y casgliad, gw. Shapiro, *art. cit.*, 13.

i Gaergrawnt. Byddai rhai o'r ffwtmyn yn sicr ar y daith honno a Hughes, o bosibl, yn eu plith; o hynny hyd ddiwedd oes Hughes yng ngwanwyn 1619, yr oedd Donne, fel un o gaplaniaid y brenin, yn pregethu'n gyson yn y llys.[158] Anodd credu nad oedd Hughes yn ei adnabod ac yn gwybod am ei waith.

Y dyddiad nesaf pan ellir lleoli Hughes yn bendant yw 1611 pan oedd bywyd ei hen gydymaith y Capten Siôn yn tynnu tua'r terfyn. Yn ystod 1611 clywodd y bardd-uchelwr Ieuan Llwyd Sieffre si fod Bachymbyd, cnewyllyn stad y gangen hon o'r Salsbrïaid rhwng Dinbych a Rhuthun, ar werth; fel uchelwr ei hun arswydai Ieuan Llwyd at y syniad fod craidd y stad, sef Bachymbyd, ar werth, ac er mai Hughes a gyferchir yn yr englynion, corff y gainc oedd y bygythiad i Fachymbyd.[159] Y Rug ger Corwen oedd hoff gartref y Capten, mae'n amlwg, ac yno y treuliai'r rhan fwyaf o'i amser. Y mae'n arwyddocaol mai at Richard Hughes y troes Ieuan Llwyd Sieffre am wybodaeth am helyntion Salesbury, er bod ei gartref ef yn y Pale yn nes o lawer i'r Rug nag unlle y disgwylid i Hughes eu mynychu. Ymddengys fod hwnnw'n ymweld â Phenllyn oherwydd ei fod yn dioddef o'r cryd ac mewn cyfres o englynion holir Hughes am 'newyddion am y Capten Salbri, a oedd ef yn gwerthu Bachymbyd?'[160] Erbyn diwedd haf 1611 yr oedd y Capten yn clafychu a throes ei feddwl at ei ddiwedd; lluniodd ei ewyllys a'i llofnodi ar 11 Medi.[161] Yr ysgutor oedd Pyrs Gruffydd y Penrhyn, un o'r 'cymdeithion da' chwedl Thomas Prys, a oedd mor amlwg yn y blynyddoedd hyn; ymhlith y cymynroddion ceir, 'I geve and bequeathe to my cosin Richard Hughes £20'. Ychwanegwyd dau *codicil* at yr ewyllys, y naill ar 15 Medi a'r llall ar 8 Tachwedd 1611; erbyn hynny yr oedd Hughes yn y Rug ac yn dyst i'r ail *codicil*. Bu'r Capten farw yn niwedd y mis a chladdwyd ef ar 1 Rhagfyr 1611 yn y Dref Wen, sir Amwythig.[162] Tybed a ddug Hughes rai o'i gerddi gydag ef i'r Rug i godi calon ei hen gydymaith pan oedd hwnnw ar ei wely

158. Penry Williams, *The Later Tudors* . . ., 406.
159. Atodiad 1, rhif 6. Cyfeiria Gwyn Thomas at agwedd ddryslyd beirdd yr G17 at broblem prynu a gwerthu stadau; canmolid rhai uchelwyr am wneud hynny, ond condemnid eraill am yr un weithred, 'Y portread o uchelwr ym marddoniaeth gaeth yr ail ganrif ar bymtheg', *YB*, 8, 127. Nid oes amheuaeth am safbwynt Ieuan Llwyd ar y mater.
160. Atodiad 1, rhif 5.
161. PRO. Probate 11/118, f. 108.
162. D. R. Thomas (gol.), *Y Cwtta Cyfarwydd* (London, 1883), 29.

angau? A adawyd hwy yno wedyn nes i Wiliam Salesbury, brawd iau ac etifedd y Capten Siôn, eu darganfod a'u copïo i un o'r casgliadau pwysicaf o gerddi Hughes sydd wedi goroesi, sef llawysgrif LlB. Ych. 14974? Yn llaw Wiliam Salesbury, hefyd, yn y llawysgrif honno ceir dau o gywyddau Huw ap Rhisiart a chyfeiria Salesbury ato fel, 'fy ewythr Huw ap Richard o Gefen Llanfair'.[163]

Ni ellir dyddio'n bendant unrhyw ddigwyddiad arall yn mywyd Richard Hughes hyd at ei farw. Llofnodwyd ei ewyllys ar 6 Chwefror 1619 pan oedd yn 'sicke in bodye, but of perfect memory'. Y mae'n ddiddorol fod 'his loving nephew Hugh Bodurda' i gael rhodd o £106-13-4, bron cymaint â'r gymynrodd o £113 i'w frawd Griffith Hughes, y penteulu. Awgryma'r rhodd hon agosrwydd y berthynas rhwng yr ewythr a'i nai, fel y gwelwyd yng nghywydd Siôn Cain, er enghraifft. Cafodd ei dair chwaer Lowri, Mari a Gras £5 yr un. Awgryma'r cyfeiriad fod rhai o'r cymynroddion i'w talu 'out of moneys owing to me out of the Exchequer' ei fod yn parhau yng ngwasanaeth y Goron, yn union fel y dywedodd Gruffydd Phylip. Bu Hughes farw yn ystod gwanwyn 1619 a phrofwyd ei ewyllys ar 3 Mai 1619.[164] Ni wyddys lle y bu farw, ond yn ôl Gruffydd Phylip yn ei farwnad fe'i claddwyd, 'Rhwng beddau'i deidiau dedwydd',[165] yn Llanbedrog lle'r oedd claddedigaeth y teulu. Marwnad draddodiadol debyg i'r marwnadau i'w dad a'i fam, yn olrhain yr achau ac yn rhestru campau a rhinweddau'r ymadawedig yw hon, ond fel y gweddai i gymeriad mor arbennig â Hughes caed marwnad arall iddo sy'n llai ffurfiol a llawer mwy personol. Cyfres o ddau ddwsin o englynion yw'r farwnad honno a ganwyd gan Hugh Roberts.[166] Yr oedd dau Huw/Hugh Roberts yn canu yn y cyfnod hwn; y mwyaf adnabyddus, a'r un y priodolir yr englynion hyn iddo fel rheol, yw Huw Roberts, Llên, person Aberffraw, sir Fôn, bardd a ganai ar ei fwyd ei hun yn siroedd Gwynedd. Hyd y gwyddys, nid oedd hwnnw'n mynychu bywyd llenyddol a chylchoedd llysol Llundain ac nid oes unrhyw dystiolaeth ei fod erioed wedi cyfarfod â Hughes yng

163. f. 101v ; gw. hefyd *Carolau: gan Richard Hughes* (Caerdydd, 1900), 8.

164. PRO Probate 11/133, fol. 52; ceir dyfyniadau o brif bwyntiau'r ewyllys yn un o lythyrau J. H. Davies at Fyrddin Fardd, gw. Mary Ellis, 'Gohebiaeth rhwng J. H. Davies a Myrddin Fardd: 1899-1920', *Taliesin*, 25 (1972), 93. Yn yr un ohebiaeth ceir cyfeiriadau at gerddi Hughes, gw. 83, 87-9.

165. Atodiad 1, rhif 7, ll.118.

166. Atodiad 1, rhif 6.

ngogledd Cymru. Y mae'r ail yn fwy tebygol o fod yn gyfaill i Hughes, sef Hugh Roberts, Trelogan, sir y Fflint, bardd arall a ganai ar ei fwyd ei hun yn ystod yr un blynyddoedd. Yn wahanol i'r offeiriad, yr oedd gan yr Hugh Roberts hwn gysylltiadau clòs â Llundain a chylchoedd llenyddol y brifddinas.[167] Ceir copi da o'r englynion yn llawysgrif Don C. 54, ac amryw gyfeiriadau at Hugh Roberts fel copïydd rhannau ohoni; fel Richard Roberts yr oedd Hugh Roberts, Trelogan, yn gysylltiedig â'r gyfraith ac yn byw ar brydiau yn Symond's Inn, Chancery Lane, un o Ysbytai'r Siawnsri. Yn ogystal, yr oedd cysylltiadau Cymreig Richard Roberts â gogledd-ddwyrain Cymru, ac mae Trelogan yn sir y Fflint. Tybed a oedd Hugh yn frawd i Richard, perchennog y llawysgrif, y cyfreithiwr cyfoethog a ddaeth yn farnwr ac yn aelod o'r Deml?[168] Yr oedd Richard Roberts 'in a circle of legal acquaintances that exchanged verses with one another'.[169] Tystia'r englynion hiraethus hyn i natur garedig a rhadlon Hughes – yr oedd yn ŵr gwâr a charai degwch; yr oedd yn gyfaill da nad oedd yn hoffi digio.[170] Un o hoff eiriau Hugh Roberts i'w ddisgrifio yw 'afieithus' ac 'afiaith',[171] geiriau sy'n golygu 'llawen(ydd)', 'yn llawn hwyl', a chyfeiria at ei gellwair.[172] Y mae amryw o'r beirdd a ganodd iddo pan oedd yn fyw hefyd yn sôn am ei ddigrifwch a'i hoffter o chwerthin a hwyl; i Risiart Phylip yr oedd yn 'ffraeth', yn ogystal â bod yn ddoeth;[173] i Siôn Cain yr oedd yn 'llawen' a 'digrifwych',[174] a chyfeiria Ieuan Llwyd Sieffre at ei wên a'i ddisgrifio fel 'mwyneiddbryd'.[175] Ni ellir amau didwylledd hiraeth y beirdd hyn na'u hedmygedd o ŵr tra arbennig.

* * *

167. Gw. *BBAGB*, 368-72; dengys ei gerddi ei fod yn gyfarwydd â daearyddiaeth a 'golygfeydd' poblogaidd Llundain; gwyddai hefyd am ardal y Gyfraith a Dinas Llundain lle'r oedd yr ardal fasnachol.
168. Y mae un broblem gyda'r awgrym hwn. Yn Don C.54, 49v, ceir cerdd o ddeunaw triban yn llaw Hugh Roberts, 'At ei anwyl frawd Risiart Roberts'; ar ei diwedd ceir y nodyn 'Ych brawd ffyddlon: Hughe Roberts 1602. o waith Moises Powel.' Yr oedd Hugh Roberts, Trelogan, yn fardd mewn tair iaith, Cymraeg, Saesneg a Lladin, ac ni fyddai angen unrhyw un i ganu cerdd drosto i'w frawd.
169. Krueger, *op.cit.*, 438.
170. Atodiad 1, rhif 6. ll. 70.
171. *ibid*, ll. 18, 27, 30, 37.
172. *ibid*, ll. 50.
173. Atodiad 1, rhif 3, ll. 5 a 53.
174. Atodiad 1, rhif 4, ll. 52 a 75.
175. Atodiad 1, rhif 5, ll. 6, 7.

Nid oes unrhyw dystiolaeth pryd yn ystod ei fywyd y canodd Hughes ei gerddi pwysicaf, sef ei gerddi serch neu ei garolau fel y galwyd hwy gan J. H. Davies ar ddechrau'r ganrif hon. Rhaid cyfaddef na fuasai neb yn cofio amdano fel bardd erbyn heddiw oni bai am y dyrnaid cerddi hynny; o safbwynt hanesyddol, fodd bynnag, hwy yw'r cerddi lleiaf diddorol o'r cwbl gan na cheir unrhyw wybodaeth ffeithiol ynddynt. Mater arall yw'r pleser artistig a rydd y cerddi hyn i'r darllenydd. O ddyddiau J. H. Davies hyd at Cennard Davies (1997), y mae beirniaid llenyddol wedi cysylltu themâu a motifau sy'n ymddangos yn Seisnig eu naws, neu o leiaf yn estron mewn rhyw fodd yng ngherddi'r ail ganrif ar bymtheg (cerddi serch yn arbennig), â Richard Hughes a'i safle yn llys Elizabeth. Meddai J. H. Davies:[176]

> . . . ym marddoniaeth Richard Hughes cawn adlewyrchiad o delynegion gwŷr fel Thomas Campion, Sir Philip Sydney, Michael Drayton, Thomas Lodge ac eraill . . . Credwn mai elfen newydd ym marddoniaeth Cymru oedd y *cynicism* sy'n britho barddoniaeth Richard Hughes; ac yn y peth hwn y mae dylanwad y *lyric* Seisnig yn bur amlwg.

Yn ôl Cennard Davies:[177]

> . . . those conventions which first appeared in the work of Wyatt and Surrey found a place in the Welsh poetry of the period through the writing of Richard Hughes.

Ni ellir gwadu fod tebygrwydd awyrgylch a chefndir rhwng y beirdd hyn i gyd a gwaith Richard Hughes, ond nid oes cysylltiadau pendant ond mewn ychydig iawn o enghreifftiau, ac i Brinley Rees, ein pennaf awdurdod ar y canu rhydd, y mae'n rhaid diolch am eu hadnabod hwy. Er enghraifft, pwysleisia'r cysylltiad rhwng cerdd Hughes sy'n ymddiddan rhwng hen ŵr a *serfing man* â chân dan yr un teitl a gofnodir ar 13 Awst 1579 yng nghofrestr y Stationers; ysywaeth nid oes copi o'r gerdd Saesneg wedi goroesi, hyd y gwyddys, ac

176. J. H. Davies (gol.) *Caniadau yn y Mesurau Rhyddion: Cymdeithas Llên Cymru*, V–VI (Caerdydd, 1905), 21–4.
177. *Guide*, 82.

felly nid oes gwybodaeth ynglŷn ag unrhyw debygrwydd pellach a allai fod rhwng y ddwy gerdd. Yn arwyddocaol iawn, yn sgîl y tebygrwydd yn y teitlau, ychwanegodd Brinley Rees y pwynt cyffredinol a ganlyn:[178]

> Tybed a ellir coelio i fardd o Sais a bardd o Gymro a fu'n byw yn y llys yn Llundain pan oedd hwnnw'r prif ganolfan i fywyd llenyddol y deyrnas sgrifennu cerddi o fewn deugain mlynedd i'w gilydd, yr olaf yn hollol annibynnol ar y blaenaf, ar yr un testun yn union a hwnnw'n destun na chanodd odid Sais na Chymro arno na chynt na chwedyn?

Yn sicr, byddai'r math o gerddi byrion a genid gan rai o'r beirdd hyn, a chan feirdd llys Elizabeth yn arbennig, yn adnabyddus i Hughes.[179] Cysylltiad arall a nodwyd gan Rees oedd yr un rhwng y gerdd o un pennill ar ddeg a oedd i'w chanu 'To the tune of Walsingham' a cherdd enwog Syr Walter Raleigh ar yr un mesur.[180] Dangosodd hefyd fod y gerdd hyfryd, 'Bywyd y Bugail'[181] ar yr un mesur, ond bod yr odlau'n acennog, â "A Ballett of a shepherd".[182]

Yn ei hastudiaeth o ganu serch yn Iwerddon a'r Alban yn ogystal â Chymru yn y cyfnod hwn, dadleua H. J. T. O'Sullivan[183] fod cysylltiad â chanu serch cyfnod y Tuduriaid cynnar yn gyfyngedig i fenthyciadau cyffredinol iawn fel fframwaith cerdd, ond erbyn cyfnod Elizabeth, ac yng ngherddi Hughes yn arbennig, gwelir benthyciadau mwy penodol, fel benthyg ffurfiau Seisnig ar enwau duwiau Groegaidd a Rhufeinig ac ar arwyr clasurol.[184] Er enghraifft, nid tan ddiwedd oes Elizabeth y daeth Ciwpyd yn gymeriad pwysig yn y canu serch, a cheir ef gyda'i saethau a'i ddallineb yn un o gerddi Hughes.[185] Gan nad oes unrhyw dystiolaeth fod Hughes wedi derbyn

---

178. Brinley Rees, *DCR* (Caerdydd, 1952), 74-5.
179. '. . . it is hardly surprising that many of the fashions of contemporary English poetry are reflected in his work,' Cennard Davies, *Guide*, 81.
180. Brinley Rees, 'Tair cerdd a Thair tôn', *B*, 31 (1984), 60-73.
181. Rhif 10.
182. *DCR*, 74, n.5.
183. H. J. T. O'Sullivan, *Developments in Love Poetry in Irish, Welsh and Scottish Gaelic before 1650*, Traethawd M.Litt. anghyhoeddedig Prifysgol Glasgow, 1976.
184. *ibid.*, 207-8, 215.
185. Gw. rhif 2,10; O'Sullivan, *Developments*, 215.

addysg ffurfiol (a fyddai'n golygu cael ei drwytho mewn Lladin a Groeg), y ffordd debycaf iddo ef ddod yn gyfarwydd â'r enwau clasurol hyn ac â'r chwedlau a oedd yn gysylltiedig â hwy, oedd o gerddi Saesneg cyfoes a'r cyhoeddiadau niferus o chwedlau clasurol a oedd yn tywallt o'r wasg yn niwedd y ganrif ac yn y theatr lewyrchus a oedd yn llwyfannu digon o ddramâu seiliedig ar y storïau clasurol yn yr union flynyddoedd pan oedd ef yn y llys.[186] Nid oes raid tybio ei fod yn hyddysg yn yr ieithoedd clasurol am fod enwau clasurol, neu hyd yn oed adnabyddiaeth o rai chwedlau clasurol, yn ei waith.

Dangosir pa mor anodd yw penderfynu beth sy'n fenthyciad o'r Saesneg a beth sy'n gynhenid Gymraeg, neu hyd yn oed yn gyffredin i ganu serch unrhyw iaith, os edrychir ar rai o'r tagiau ar ddechrau'r cerddi rhydd. Cyfeiriodd T. H. Parry-Williams at hyn yn 1932,[187] a datblygwyd y pwynt gan Brinley Rees yn ddiweddarach.[188] Ymadroddion yw rhain fel 'A m'fi . . .', a 'Fal yr oeddwn . . .' sydd yn hynod gyffredin mewn cerddi Saesneg o'r cyfnod, 'As I was . . .', ac 'As I went . . .', ond sydd yr un mor gyffredin yng ngwaith y cywyddwyr o ddyddiau Dafydd ap Gwilym ymlaen. Ond dangosodd Rees fod rhai o'r cerddi sy'n dechrau fel hyn wedi derbyn rhai o nodweddion eraill cerddi Saesneg, yn arbennig eu ffurf ymddiddanol: ceir tair cerdd gan Hughes sy'n dechrau gyda'r fformiwla hon, 'A m'fi noswaith deg yn gwrando', 'A myfi, hirnos gaeaf' ac 'A m'fi'n rhodio glan y dŵr'.[189] Â'r bardd ymlaen naill ai i gael sgwrs gyda rhywun, eos, hen ŵr, neu fel yn yr ail enghraifft uchod, i wrando ar sgwrs rhwng dau berson arall. Olrheinia Rees y traddodiad hwn yn ôl i'r *chanson d'aventure* Ffrengig a ffynnai o'r ddeuddegfed ganrif ymlaen, a rhestra rai o'r nodweddion arwyddocaol, e.e. y bardd ar ei ben ei hun, mewn coedwig, ar ddôl, yn gweld/cyfarfod â merch/bugeiles sy'n eistedd dan goeden/yn canu wrthi ei hun/yn cwyno am ei ffawd, ac yn y blaen. Canwyd cerddi tebyg yn Saesneg a cheir enghreifftiau mewn llawysgrifau o'r bedwaredd ganrif ar ddeg ymlaen; tua chanol yr unfed ganrif ar bymtheg daeth

186. Aeth ffrindiau i Hughes i theatr y *Globe* ar y noswaith cyn gwrthryfel Essex; nid oedd ef ymhlith y cwmni y noson honno, ond mae'n rhesymol tybio ei fod yntau'n mynd i'r theatr yn ei dro, fel ei gyfeillion.

187. *CRC*, lxxxiii-lxxxiv.

188. *DCR*, 40.

189. Gw. rhifau 2,3 a 9.

y canu serch yn gynyddol bwysig ac ym maledi oes Elizabeth daeth yr ymddiddan tu fewn i'r ffrâm hon yn gyffredin.[190] Ystyria Rees fod llawer o awgrymiadau fod beirdd Cymraeg yn tynnu ar y ffynonellau hyn mewn baledi printiedig a cherddi byrion fel ei gilydd ac y mae Hughes, gyda'i gysylltiadau Llundeinig llysol a'i gydnabyddiaeth â bywyd tafarn, yn ymgynnig fel pont i'r syniadau hyn i dreiddio i ymwybyddiaeth beirdd Cymraeg.

Barn O'Sullivan yw nad oes dim i awgrymu fod beirdd y cerddi serch yn addasu cerddi Saesneg yn fwriadol.[191] Ar lefel manylion sy'n addurno cerdd, neu'r fframwaith cyffredinol y mae'r benthyca ym marn O'Sullivan, ac ni wêl fawr ddim cysylltiad rhwng canu'r beirdd cydnabyddedig Saesneg a'r beirdd Cymraeg. Fel Brinley Rees, cred O'Sullivan mai o waith beirdd anhysbys neu ddienw y daw'r rhan fwyaf o'r cyfatebiaethau o faledi neu gerddi, lle y ceir hwynt. Un enghraifft benodol o fenthyca a rydd hi, sef 'Bywyd y Bugail', sydd yn enghraifft gynnar o'r bardd/fugail a ddaeth yn boblogaidd yn ddiweddarach – daw'r syniad, a'r mesur o bosibl, o faled Saesneg.[192] Yn nodweddiadol iawn gwelodd Saunders Lewis darddiad cyfandirol a llawer mwy ecsotig i 'Diofal yw bywyd y bugail da'i awen':[193]

> . . . y mae'r gathl hon yn gerdd ddysgedig a nodweddiadol o'r Dadeni. Mae ei hachau'n mynd yn ôl at Theocritus, a cheir y testun a'r mesur hefyd, neu o leiaf fôn y mesur, mewn cân Eidaleg o'r bymthegfed ganrif . . .

ac â ymlaen i ddyfynnu'r gerdd Eidaleg, ond nid i'w chyfieithu, yn anffodus. Gwrthyd O'Sullivan ddatganiadau J. H. Davies fod y

190. *DCR*, 42-8.

191. *Developments*, 220; y canu serch yn unig a drafodir gan O'Sullivan. Yr oedd Brinley Rees yn trafod canu rhydd ar lawer o bynciau, e.e. cerddi crefyddol, proffwydol, dychan, digwyddiadau'r dydd ac yn y blaen, ac felly nid oes anghytundeb sylfaenol rhyngddynt o anghenraid.

192. 'Whether translation or not, it is clearly an imitation of prevailing English styles in popular ballad', *op.cit.*, 269; dengys y pennawd ar y ffurf brintiedig o 'Bywyd y Bugail' mai addasiad oedd y faled Gymraeg, 'Being the same in Welch, to a daintie new tune'. Yr oedd J. H. Davies wedi gwneud y pwynt hwn yn amlwg yn ôl ar ddechrau'r ganrif.

193. Adolygiad ar Glanmor Williams, *Dadeni, Diwygiad a Diwylliant Cymru* (Caerdydd, 1964), yn *LlC*, 9 (1966-7), 117.

'lyricism' neu'r 'cynicism', honedig, y credir eu bod yng ngherddi Hughes, yn fenthyciad o'r Saesneg, gan awgrymu'n hytrach y gallai personoliaeth y bardd fod yn fwy o reswm iddo ysgrifennu fel y gwnaeth yn hytrach nag unrhyw fenthyg.

Pan edrychir ar ffurf neu fframwaith cerddi rhydd Hughes gwelir cyfatebiaethau cyffredinol eto. Er enghraifft, y mae thema'r bardd yn ffarwelio â'i gariad ac ailadrodd y gair 'ffarwél' droeon, i'w gweld mewn cerddi Saesneg o'r bymthegfed ganrif ymlaen, ac fel yng ngherdd Hughes, y ffarwelio a rydd fframwaith i'r gerdd. Eto, er bod enghreifftiau yn y canu caeth o gerddi ymddiddan rhwng y bardd ac aderyn, rhwng y bardd a'i gariad a rhwng pobl a'i gilydd, y mae'r gyfatebiaeth yn fwy gyda cherddi Saesneg na'r rhai Cymraeg cyn belled ag y mae ffurf yn mynd. Sylwodd Brinley Rees mai disgrifio a dyfalu'r aderyn oedd hoffter Dafydd ap Gwilym, er enghraifft, ond nid oedd gan Hughes ddiddordeb yn yr aderyn fel y cyfryw, ac yn hyn o beth y mae'n llawer nes at y cerddi Saesneg lle nad enwir yr aderyn weithiau, hyd yn oed.[194] Felly hefyd gyda'r ymddiddan rhwng y bardd a'i gariad lle mae'r mab a'r ferch yn siarad bob yn ail bennill; y mae'r ffurf ei hun yn gwneud hyn yn bosibl lle nad oedd hynny mor hawdd mewn cywydd, er bod amlder yr enghreifftiau yng ngwaith Dafydd ap Gwilym, i enwi un yn unig, yn dangos nad oedd caethiwed y cywydd yn llesteirio llawer arno ef. Y mae ymddiddan rhwng dau arall a glywir gan y bardd yn dra lluosog yn Saesneg a gallasai Hughes fod yn efelychu'r ffurf heb gyfieithu'n benodol o gwbl.[195]

Ond wedi cydnabod yr holl ddylanwadau Seisnig hyn yr hyn sy'n rhyfeddol am gerddi Richard Hughes yw mor Gymreig ydynt. Y mae rhan helaeth ohonynt yn englynion ac y mae'r mesurau a ddefnyddia yn ei gerddi rhyddion yn deillio o hen fesurau Cerdd Dafod fel y cywydd deuair fyrion a'r awdl-gywydd a'r triban. Hefyd y mae llawer o'r elfennau y gellir eu hystyried yn estron yn rhai y gellir gweld eu tebyg mewn cerddi Cymraeg cynharach, yn enwedig yn y cywyddau serch. Nid oes eisiau ond edrych ar eirfa a delweddau'r canu rhydd i weld y tebygrwydd rhyngddynt a'r cywyddau. Sonia Hughes am 'deuliw'r ôd',[196] 'gwen lliw'r manod',[197]

194. *DCR*, 65-73; O'Sullivan, *Developments*, 230-1.

195. Gw. *DCR*, 63-5.

196. Rhif 2, ll.39, rhif 3, ll.31 a rhif 4, ll.13.

197. Rhif 3, ll.41.

'deuliw'r can,[198] 'lliw'r don',[199] 'y ddau dduon loywon',[200] 'teg ei phleth',[201] 'teg ei thâl',[202] 'fwyn ei thro',[203] 'meinwen/meinir',[204] 'lloer deg',[205] i enwi rhai cyfuniadau y gellir eu gweld yn y cywyddau serch yn ogystal. Nid oes unrhyw ymdrech i fod yn newydd neu'n wahanol nac i gyfleu cymhlethdod o syniadau yn nefnydd Hughes o'r disgrifiadau hyn – i'r gwrthwyneb, defnyddir hwy'n aml (er nad yn ddieithriad) er mwyn yr odl neu'r mesur; y mae'r bardd fel petai'n ymhyfrydu yn eu cyffredinedd ac yn y ffaith eu bod yn ddelweddau stoc y byddai ei gynulleidfa yn ymateb iddynt oherwydd eu hadnabyddiaeth ohonynt mewn cyd-destunau traddodiadol. Yr oedd tad Hughes, Huw ap Rhisiart, fel y crybwyllwyd eisoes,[206] yn cael ei ystyried yn dipyn o awdurdod ar y grefft farddol yn gyffredinol ac ar y canu serch yn benodol a gellid cynnig dadl gref fod cerddi Hughes ei hunan yn dangos gwybodaeth o rai o gywyddau Dafydd ap Gwilym, ond ni ellir dilyn y trywydd hwnnw yn awr.

Yn y pen draw, mae'n debyg mai'r cyfan y gellir ei ddweud am gerddi Richard Hughes, fel am gerddi unrhyw fardd arall, yw eu bod yn gynnyrch cymysgfa o ddylanwadau arno, yn Saesneg a Chymraeg, ac o'r profiadau a gafodd yn ystod ei fywyd tra gwahanol i'r rhelyw o feirdd Cymraeg ei oes, a'r cyfan wedi eu hydreiddio â'i athrylith arbennig ef ei hun. Efallai fod y Tom Parry ifanc yn llygad ei le pan sylwodd, dros ddeg a thrigain o flynyddoedd yn ôl bellach, cyn lleied o ffeithiau oedd yn wybyddus am fywyd a gwaith Richard Hughes; ymhelaethodd ar y sylw, gan ychwanegu yn ei ffordd ddihafal ei hun:[207]

> Heblaw hynny, y mae tir hanes yn llithrig, a rhywun yn tynnu odditano beunydd. Felly, bodlonwn ar wybod yn unig iddo fyw rywdro a chyfansoddi barddoniaeth.

Wedi'r cwbl, pwy ydwyf i i anghytuno?

---

198. Rhif 3, ll.47.
199. Rhif 2, ll.28.
200. Rhif 1, ll.10.
201. Rhif 3, ll.27, rhif 4, ll.65.
202. Rhif 2, ll.67.
203. Rhif 8, ll.5.
204. Rhif 4, ll.77, rhif 5, ll.6, rhif 6, ll.31 a rhif 8, ll.53.
205. Rhif 2, ll.62.
206. Gw. uchod, xiv.
207. Tom Parry, 'Barddoniaeth Dic Huws, Cefn Llanfair', *Cymru*, 68 (1925), 171.

CERDDI

1. [*Y Bardd a'i Gariad*]

MAB

'Gwrando, f'enaid, gwrando'n rhodd,
Gwrando draethu'r sut a'r modd
A'r gwir achos y rhois arnad
Fy llwyr fryd a'm serch a'm cariad.'

MERCH

'Doeth a gwir yw'r hen ddihareb:
"Haws yw gwrando na rhoi ateb."
Cymrwch gennad, doedwch ddigon,
Byddwch siwr gael byr atebion.'

MAB

'Cynta' man o'th gorff a hoffais,
Y ddau dduon loywon lednais,
Y rhain a ddichon ag un troad
Lwyr iacháu ne' ladd dy gariad.'

MERCH

'Bychan iawn yw gwraidd eich cariad
O cynhwysa'i fo'n fy llygad:
Hawsa' man y medra'i guddio,
Lleia'i sym, ond rheitia' wrtho.'

MAB

'Pwy ni chare'r ddwy ael feinion
Sy'n cysgodi'r ddeurudd w'nion,
Lle mae'r rhosyn coch a'r lili
Yn ymddangos dan ymberchi?'

MERCH

'Odid fab a blan ei gariad
Ar na grudd nac ael na llygad
Ond ar feder, pan y'i mynno,
Godi dŵr o gylch lle'i planno.'

Mab

‘Y dedwyddwas a gâi gennad
Ar dy rudd i blannu’i gariad;
Can brath dager yn ei galon
A gode ddŵr o’r fath ffynnon.’

Merch

‘Oddi wrth ddŵr a heilltion ddagre
Ymadewais heddiw’r bore;
Odid eilwaith cyn pen wythnos
Na cha’i cyfwrdd nhw’n ddiachos.’

Mab

‘Os natur dŵr drwg a staenodd
Y grudd glana’ erioed a wenodd,
Mi a ercha’ i Dduw a thithe’n ddiddrwg
Na ddelo dŵr byth yn dy olwg.’

Merch

‘Angharedig yw’ch dymuniad
O ŵr sydd yn cynnig cariad –
Peri im golli ’y nagre heilltion,
Rhyddid corff ac engdwr calon.’

Mab

‘Anghredigrwydd, drwg newyddion
A mwg tost tan irgoed gleision
A geir weithie’n peri i’r merched,
Medd a’u hedwyn, ollwng llyged.’

Merch

‘Tan y coed erioed ni cherais,
Na mwg tost, da’i gwn nas haeddais;
Ond gŵyr Duw a Mair pei digiwn
Yn fy myw fy ngrudd ni sychwn.’

Mab

'Lle bo gŵr o wan gredinieth,
O cyll un, fe chwilia am ddeubeth;
Rhag eich enaid nedwch iddo
Fynd i uffern am gam dybio.'

Merch

'Y 'Mai madde, ac mi addawa'
Cyn diweddiad mis Gorffenna',
O cha'i amser, modd a chyfle,
Er mwyn f'enaid mi wna' 'ngore.'

Mab

'I'r glas lwyni cyll tan irddail
Lle mae'r cnau'n brigdrymu'r gwiail
Tyrd, a hel o'r cnau gwisgïa',
A chadw dair heb dorri'n gyfa.'

O gofynnir pwy a'i canodd,
Dic a merch erioed a garodd;
'Rwy' fel Indeg yn ynfydu
Na alla'i henwi, ei chael na'i chelu.

2. [*Ymddiddan y Bardd a'r Eos*]

A m'fi noswaith deg yn gwrando
Ar yr eos bach yn lleisio,
    Ddiwedd Mawrth cyn dechrau Mai
A'r coed bob rhai yn deilio,

Llawer gwaedd eglurgroyw ganiad
A wnâi yr eos ar ysbaddad
    Wrth fynegi brynti ei brawd
Ar felys wawd i'r lleuad.

Eiste' yr oeddwn tan frig draenen
A saeth Ciwpid ddall dan f'asen;
    Yn cydbyncio â'r eos deg
Mi glywn y garreg lefen.

Llefe lleisie y llais a fynne
Yn niweddiad ei holl byncie;
    Llef am lef a llais am lais
O'r coed ar gais atebe.

'Pwy, pwy, pwy, och pwy a ddial
Fy llwyr gam a'm gorthrwm ofal?
    Helped, helped, Duw, Duw, Duw,'
Hi attebe 'Duw' yn ddiatal.

Yno y gelwais inne o'r unmodd
Ar y dduwies bert a' nychodd;
    'A ga'i f'wllys ai na cha'i?'
Ar gais 'Na chai' hi atebodd.

'Yr eos bach, beth a wnaf?
O gariad gwraig 'rwy'n glaf, glaf;
    Ni cha'i yn ddifarn garu mo hon,
Casáu lliw'r don nis gallaf.'

'Dysg gasáu cyn dechre caru,
Tyn di y dŵr pan fo yn claearu;
    Pan eler rhwng yr og a'r mur
Mae'n rhywyr edifaru.'

'Edifaru nid gwiw ceisio,
'Rwyf fi yn rhwyd, ni thycia gwingo;
Eisie cadw i'r r(h)wyd yn well,
Rhaid i mi o'r castell ddyddio.'

'Od ei trosof fi'r heden heini,
Di wnaid fawr wasaneth imi,
A doedyd wrth ddeuliw'r ôd
O'i serch 'y mod i'n poeni.'

'Nid a'i yn llatai; hyn yw'r achos:
O clyw yr Eiddig lais yr eos,
Fo dybyge, myn y Grog,
Fod y gog yn agos.'

'Beth pei traethwn ar gynghanedd
Ei mawr glod a'i serch a'i mawredd,
A'i hau yn agos ac ymhell,
A wnâi hi well trugaredd?'

'Ni wna clod ond peri'r merched
Falchach, falchach, wrth ei glywed;
Ac a'i gwnêl fel llatai drwg
Fo ddwg ei gwg, 'rwy'n gweled.'

''Rwy' fel hydd briwedig creulon
Wedi ymadel â'i gymdeithion;
Oni cha'i help y sawl a'i rhoes
Ni syfl y loes o'm calon.'

'Od yw llygad glas dy feistres
O'r un sut â ffon Achyles,
Dos, na bydd yn hir o'i gŵydd
Os mynni di yn rhwydd dy neges.'

''Rwyf yn hy' anial pan ni'th welwy'
Fy lloer deg, er dim a wnelwy':
Ni thry fy nhafod yn fy mhen
Yng ngolwg gwen pan ddelwy.'

'Antur iawn i wenferch ddigio
Wrth was glân, er taered fytho;
Onis taer geisie'r teg ei thâl,
Ni ŵyr hi a dâl hi i'w cheisio.'

'Myn y gannwyll sy ar yr allor
Cyn pen awr mi wnawn dy gyngor,
Oni bai rhag ofn cael sgwd
O'r badell frwd i'r marwor.'

'Mi fforffetia' fy nwy asgell
Oni châr merch wen ŵr a'i cymell
Yn ddau mwy na'r llaethlo oer
A gano i'r lloer o hirbell.'

'Ust, taw sôn rhag ofn dy glywed;
O daw hyn i glustie'r merched
Er melysed yw dy gân
Yn wir nhw a wnân' dy wared.'

''Rwy' fi'n y goedwig nos a bore
Lle mae amla' y pwyntmanne;
Ac wrth gasglu bwyd i'm plant
'Rwy'n gweled cant o walle.'

'Rhof a Duw, 'r eos, nid rhyfeddod
I'th frawd Teirws dorri'r tafod;
Oni bai wneuthur ohono di'n fud
Di a fuasit yn doedyd gormod.'

3. [*Ymddiddan rhwng Mab isel a Merch gyfoethog*]

A myfi, hirnos gaeaf,
Yn rhodio â'm pen yn isaf,
    Mi glywn ymadrodd, geirie serch,
Rhwng mab a merch o'r lanaf.

Y ferch oedd annhrugarog
Wrth ŵr bonheddig, rhywiog;
    Fo oedd isel dan ei ben
A hithe oedd wen, gyfoethog.

'Fy ngwir galon, Duw a'i gwyddiad,
Ni fedra' i ond byr siarad';
    Yno y tynge fo anfod lw,
''Rwy' yn ymyl marw o'ch cariad.

Gŵyr Duw mor llwyr y'th hoffais
Er yr amser cynta' y'th welais;
    Fo aeth dy gariad fel briw ffon
O dan fy mron yn dduglais.'

Yno y doede y ferch yn ffyrnig,
'Er Duw, tewch, y gŵr bonheddig;
    Amgen siarad oni cheir
Fo aeth yn rheir o 'chydig.

Os fy nglendid a hoffasoch
Er yr amser cynta' y'm gwelsoch,
    Edifarhewch o'ch gwaith eich hun
Neu gwnewch chi yr hyn a fynnoch.'

'O Dduw, ai felly y doedwch
A myfi'n curio y modd y'm gwelwch?
    A eill merch mor deg ei phleth
Fod heb beth hawddgarwch?

Doedwch imi yn ddiomedd
Ai eich da, ai'ch pryd, ai'ch bonedd,
    Ai eich rhinwedde, deuliw'r ôd,
Sy'n peri i chwi fod mor rhyfedd?

Os eich cyfoeth, blode'r teirgwlad,
Sy'n peri i chwi esg'luso'ch cariad;
Noeth y daethoch, noeth yr ewch,
Ar dda na wnewch adeilad.

Pryd yr unferch lana' yng Nghymru,
Er bod pawb mewn chwant i'w charu,
Oedran, dolur, clais neu friw
A bair i'r lliw ddiflannu.

Os eich bonedd, gwen liw'r manod,
Sy'n peri i chwi fy ngwrthod;
Yr un Gŵr gorucha' a'n gwnaeth
O'r un rhywogaeth dywod.

Os o hyder ar eich rhinwedd
Y gwnewch â myfi ddialedd;
Mwya' rhinwedd, deuliw'r can,
Yw gwneuthur rhan trugaredd.'

'Gwir a ddoede pawb o'm pobol
Bei gwnawn beth mor anrhesymol
Â phriodi mab heb ròd
Nhw ddoeden' 'y mod i yn rhyffol.

Fo gynigiwyd imi aeriaid,
Gwŷr gweddwon a phersoniaid;
A chan rhain 'roedd tai a thir,
A hyn sydd wir anghenraid.'

'Mae gennych, fy ngwir galon,
Un ai gormod ynteu digon;
Gwell yw dyn na da yn y byd,
Ow! gwyn fy myd, bydd fodlon.

O priodi aer tair llathen
Fo fydd mor dynn tan ei grogen
Ac mor falch o'i glwtyn tir
Na chei di, yn wir, nos lawen.

O priodwch-i ŵr gweddw,
Er maint o dda fo ar ei elw,
Yn eich desgil amla' saig
Yw cofio y wraig fu farw.

O priodwch-i offeiriad,
Mwy o chwant ei rent na'i gariad;
Doede bobol o'r Hen Ffydd
Mai eu plant nhw a fydd ordderchiad.

Y mab isa' pan y'i priodoch
Yn gyfoethog pan y'i gwneloch,
Nid â o'i gof o hyn bob awr,
Fo wnaiff yn fawr ohonoch.'

'Er Duw, y gŵr bonheddig hawddgar,
Fo ddewiswyd i mi gymar
Er ys dyddie, Duw a'i gŵyr,
Ond bod yn llwyr edifar.'

'Mae mor rhwy' i ferch newidio
Ag ydyw, yn wir, i hwyad nofio;
Neu i'r lleuad gadw ei chwrs,
Neu i bwrs y gŵr a chwaraeo.

Ni eill henaint oer, oedrannus,
Borthi meddwl llances nwyfus;
Ni fodlonai fyth mo'r ferch
Er maint fai ei serch a'i 'wyllys.'

'Pei dewiswn i chwi'n gymar
Tra fawn i fyw ni bydde 'difar;
Ni newidiwn mo'noch, er neb
Sydd ar wyneb daear.

Ond 'rwy'n ofni yn fy nghalon
Y digie 'y nhad yn greulon,
Ac yr wyle 'y mam, yn wir,
Amal ddeigir heilltion.'

'Beth er digio'ch tad tros ennyd?
A fynno Duw sydd raid ei wneuthud;
Ar fyr amser, daf ei llun,
O'i waith ei hun fe gymyd.

Mor bechod, Duw a edrycho,
Yw gweled gwraig yn wylo,
Â gweled gŵydd ar ddiwrnod poeth
Yn droednoeth yn mynd heibio.'

'Gwaeth genny'r eilun dicllon, diffrwyth,
Ar fy mam fo gafodd adwyth;
Fo wnaiff hwnnw fwy o nad
Na mam na thad na thylwyth.'

'Os at eich mam y daeth o i'ch ceisio
A chwithe yn medru ateb iddo,
Oni wnewch chi ymhell ar gam
Chwi adewch i'ch mam gywiro.

Pa waeth i chwi beth a ddoede,
Wedi caech chi y mwya' a'ch care;
O cynigie gam i chwi, Gwen,
Fo'i pryne ei ben a'i ysgwydde.'

'Fy ngwir galon, 'rwy'n dy goelio,
Awn ynghyd, a Duw a'n llwyddo;
Do'i gyda chwi, droed yn nhroed
Ac i mi doed a ddelo.'

4. [*Cyfoeth Calon*]

Fy ngwir enaid, luniaidd, lân,
Clyw dostur gân a yrrodd
Yr un Cristion gore yn fyw
Yn nesa' at Dduw a'th garodd.

O wir drymder canu yr wy',
Nid o nwy' na maswedd;
Ond 'r un modd â'r alarch gwyn
Yn cwynfan cyn ei ddiwedd.

Afraid im dy ganmol, bun,
Na'th liw na'th lun lle delid,
Ond wrth ynfyd, ffôl neu ddall
Ni ddichon ddeall glendid.

Ni bu, nid oes, deuliw'r ôd,
Ni ddichon fod yng Nghymru,
Fab a garodd ferch yn fwy
Nag yr wy'n dy garu.

Gwn y gwyddost bart o'm clwy'
A maint yr wy'n dy garu;
Eto, yr wyt â m'fi, ow pam?
Yn gwneuthur cam ar hynny.

Ni wn i achos o'r holl fyd
It, teg ei phryd, fy llysu
Ond tylodi, llai yw 'nig,
Nid wyf i'n unig, felly.

Mae glân ddynion, mwy na mwy,
Yn gla' o'r unclwy', 'syweth;
Yng ngolwg Duw nid gwaeth nhwy
Na rhai sydd fwy eu cyweth.

Ni wna cyweth glod na mael
Ond i'r hael a'u gwario;
Nid yw meddiant ond gwag hawl
Ar dda'r sawl nis cym'ro.

Heb gymdeithas nid dyn dyn,
Ond siwrl neu adyn difri;
Dyn yn ddyn ni ddichon fod
O dilyn ormod gwmpni.

Er melltithio o Dduw, drwy wg,
Gwmpnïwyr drwg, difesur;
Cyfraith Dduw na dyn ni wardd
Gymdeithas hardd, gymesur.

O chwenychaist dda a thir
O flaen dy gywir gariad;
Nid er lliwiant ond er cwyn
P'and iawn im achwyn arnad?

Duw ni lwydda ferch a gâr
Fwnws daear o flaen dyn;
Heb ofal ni chedwir, heb boen ni cheir,
Heb drymder nid eir oddi wrthyn'.

Nid am gyweth, Duw yn dyst, ferch,
Ond o serch a chariad,
I ti'n unig y rhois i
Fy mryd a'm ffansi arnad.

Eisie tir a da nid oes,
Y Gŵr a roes y cwbwl
A'm digonodd, nefol Iôn,
Â rhadlon, fodlon, feddwl.

Ni alla'i ddoedyd ac nis gwna',
Hyd hyn fod arna' i eisie
Dim daearol, ond un peth
Sy i'th rodd, fy ngeneth ole.

A thi'n gwybod gwraidd fy nghlwy'
A'r modd yr wy' i'th garu;
Pei can gwaelach fai fy sut
Mae'n bechod it fy llysu.

Moliant i Dduw, teg ei phleth,
Mae gennych gyweth ddigon;
A chan inne, yn niffyg tir,
Gariadus, gywir galon.

Er cyfrannu o Dduw im lai
O dda na rhai a'th geisiodd;
Er a'i gwado, mi a'i gwna yn dda,
Mai fi yw'r mwya' a'th garodd.

Odid anfoes, llid na bâr,
Rhwng dau a gâr yn ffyddlon;
Gwell ychydig, drwy rad Duw
Na'r byd a byw'n anfodlon.

Gobeithia i Dduw, meinir bach,
Y gwnei fi'n iach, ar fyrder;
Onis gwnei, ca' fynd i'm bedd
A hyn yw diwedd blinder.

5. [*Cwynfan Serch*]

Duw, dy nawdd i bob pechadur,
Dyn wyf fi sy'n arwain dolur;
Wedi i'r galon fynd yn ddiwres
O'm gwir fodd, o gariad llances.

Mi a wn fod yn erbyn cyfreth
I mi garu meinir odieth;
Ac er hyn ni fedra' ymgosbi,
Ei hawddgarwch sy'n ei beri.

Synnwyr, cryfdwr a duwiolder
Ym marn dyn a ddichon lawer;
A heb allel stopio cariad
Dyna glwy' a laddodd fagad.

Doetha' brenin a deyrnase
Ar y ddaear ydoedd Sele;
Torri cyfraith er ei ddoethed
A wnâi hwn, o gariad merched.

Cryfa' gŵr a sugnodd ddwyfron
Yn y byd i gyd oedd Samson;
Er ei gryfdwr cariad llances
Yn y diwedd a'i gorchfyges.

Dafydd broffwyd, brenin Jwda,
A gyfrifwyd yn dduwiola';
Syrthio wnaeth mewn pechod anghall
O dra serch ar wraig gŵr arall.

Gan na fedre'r rhain ymgroesi
A rhag cariad merch ymgosbi,
Ai rhyfedd imi garu gwenfron
Er bod hyn yn anghyfreithlon?

Am ei glendid gwn y galla'
Ddoedyd hyn a'i wrantu'n rhydda,
Nad oes elfydd i'm bun rywiog
Ffordd y cerddo hael a cheiniog.

Fel y mae dy gorff lliw'r lili
O ran glendid yn rhagori;
Dangos fod dy galon, Gwenno,
Mewn trugaredd felly'n pasio.

O bai grupul neu garcharor,
Neu ddyn gwan mewn cyfyng-gyngor;
Yr Efengyl sy'n gorchymyn
I bob dyn ystyrio wrthyn'.

Meddwl dithe, od wyd Gristnoges
Ac â chalon merch i'th fynwes;
Wrth y clwyfus, gwan, ystyrio,
Am yr iach, fo feder sifftio.

Cofia 'mod yn gywir galon,
Cofia'r dolur sy'n 'y nwyfron;
Cofia'r achos, meinir dawel,
Cofia'n brysur neu gan ffarwél!

6. *Carol Cariad*

Myfi yw'r merthyr tostur lef
Duw Iesu o'r nef a'm helpio;
Megis llong rhwng ton a chraig
O gariad gwraig 'rwy'n curio;

Och! trwm yw'r loes
Yr wy'n ei ddwyn
Heb obaith help na swyn
Onid Duw a'r ferch a'i rhoes.

Drylliodd cariad glwydau f'ais
Am seren gwrtais amlwg;
Mi fegais glwyfon, mwy na mil,
Wrth graffu ar gil ei golwg;

Och! trwm yw'r loes &c.

Cil ei golwg fel dau haul
O gysgod dwyael feinion;
Un sy i'm dwyn a'r llall i'm gwa'dd
A'r ddau sy'n lladd fy nghalon.

Och! trwm yw'r loes &c.

Calon fy ngwir galon brudd
Sydd nos a dydd yn wastio;
Enaid fy ngwir enaid i
Oedd gael â hi ymgowleidio;

Och! trwm yw'r loes &c.

Ymgowleidio â gwen ni cha',
Pei cawn ni feiddia' geisio
Rhag cael nag; a nag pes caid
Bid siwr i'm enaid ddigio.

Och! trwm yw'r loes &c.

Ac o digia teg ei phryd,
Ffarwél i'r byd a archa';
Ar y ddaear help nid oes,
Fy nerth a'm hoes a golla';

Och! trwm yw'r loes &c.

Ac o colla'i f'oes am hon,
'Rwy'n ddigon bodlon iddi;
Er ei glanach, meinir syth,
Ni allwn byth ei golli;

Och! trwm yw'r loes &c.

Collodd glendid yr holl fyd
A Duw i gyd a'i tyrrodd;
Ac wrth lunio deuliw'r don
Yn wyneb hon fo'i gwreiddiodd;

Och! trwm yw'r loes &c.

Gwreiddiodd hithau dan fy mron
O gariad, glwyfon anial;
Gwannach, wannach wy' bob awr
Drwy glefyd mawr a gofal;

Och! trwm yw'r loes &c.

Na ofelwch troso'i mwy,
At Dduw yr wyf i yn myned;
'Rwy'n madde i bawb ond iddi hi
A phawb i mi maddeued;

Och! trwm yw'r loes &c.

Fy holl ffrins, na fyddwch ddig,
Fo a'm rhoes y meddyg heibio;
Eli nid oes na sut im fyw,
Ffarwél, a Duw a'm helpio;

Och! trwm yw'r loes
Yr wy'n ei ddwyn,
Heb im obaith, help na swyn,
Ond Duw neu'r ferch a'i rhoes;

Mwy help im nid oes
Ond amdo, clul a gwledd,
Elor, arch a bedd,
A nawdd y Gŵr a'm rhoes.

7. *'To the tune of Walsingham'*

Ar 'y mhwys dan wyro 'mhen
Yn y cen dan y coed,
Gwelwn rydd ddyn brudd dan bren,
Feinir wen fwyna' 'rioed.

'Y ddyn wen dan bren dôn brudd,
Gwennol fudd ganol fain,
Beth a wnaeth y caeth niwl cudd
Ar y grudd ore'i grain?'

'Bod yn brudd heb ddydd o ddawn
Gwn na chawn gennych i;
Rhaid i'm clwy' tra bwy' heb iawn
Gadw i miawn gyda mi.'

'Gwae fi fod lliw'r ôd, lloer wiw,
Y fath friw i'th fron
Na all dyn, wen fun, yn fyw,
Onid Duw newid hon.'

'Mwy na'r moel nes coel nis ca'
Er na da na dawn;
Barn y byd i gyd a ga'
Beth a wna' byth yn iawn?'

'Gwna di fodd, yn rhodd, y rhai
Ar a gai wiria'i gair;
Mae o'r byd rai mawr'u bai
A rôi fai ar wen Fair.'

'Y mae'r byd heb wybod bam
Am 'i ham yma'n hir;
Crist, er mwyn dy Forwyn Fam
Nad i gam [no]di gwir.'

'Och! y deg, er iechyd im,
Ac er grym y gwir Grist;
Gyr o'th fron y llon wayw llym
Y fun drym fwyn drist.'

'Dan fy nghroes yn f'oes, gwae fi,
Iawn i mi ddwyn fy myd;
Ofer waith yw chwaith i chwi
Droi na'm briw na'm bryd.'

'Gras yw, bun, ymgroesi byth,
Trech na chwyth yw chwant;
D'elor a ddwg fawrddrwg fyth
Ac i'w nyth magu a wnânt.'

'Ffarwél, wawr hoff, reiol wiw,
Gan nad gwiw gennyd gwyn;
Ni wna'i un dyn na'th llun na'th lliw
Hanner briw un o'r brwyn.'

8. *Cerdd cwynfan gŵr ifanc fod ei gariad yn ei wrthod*

'Ow 'y ngwir galon, ow, ow, ow,
A llawer ow a genais;
Ow, ow, f'enaid! llwyr wae fi,
Ai d'wyneb di a gerais?

Ow, ow'r eneth fwyn ei thro,
P'le y mae dy go' di'r owran?
Oes mo'r help i'r mab a'th gâr
Ond mynd i'r ddaear, weithan?

Ow fy nuwies, llawer dydd
Fal hyn a fydd edifar;
Ow'r elynes bennaf 'rioed
A roes ei throed ar ddaear.

Pe'i caraswn inne neb
Ar wyneb y ddaearen,
Nac yn agos, nac ymhell,
Fo fase well fy niben.

O hir garu, o hir serch,
Ai felly'r ferch mae'r chware?
Fy rhoi fyny am ei ham
Fal dyna lwyrgam gole.

Annhrugarog yw dy farn
A'th galon gadarn gennyd;
Annaturiol heb ddim cwyn
It geisio dwyn fy mywyd.

Ni fu unwaith, rywiog ferch,
Ond yn gywirserch galon;
Ac yr owran y mae tair
Am na'th gair 'n ffyddlon.

Ffyddlon fûm heb feddwl drwg
Ac ennill gwg ni amcenais;
Am fy mod, mi wn fy mai,
Mae heddiw'n llai fy mantais.

Pan y'm cefaist yn y glud
    Heb allel doedyd, haeach;
Dy garcharor ydwyf i –
    Ai yma y'm gedi bellach?

Fel amddifad gerllaw'r bedd
    Heb ymgeledd iddaw;
Fel dyn bychan drwg ei faeth
    A'i famaeth wedi ei adaw.

Ond od wyt ti, teg ei gradd,
    Yn chwennych lladd a'th garo;
Croeso fyrroes, er dy fwyn,
    A doed i'm dwyn pan fynno.

Ffarwél galon dirion deg,
    Ffarwél bob dameg serchog;
Blin yw'r atgo' yn y fan,
    Ffarwél i'r annhrugarog.

Ffarwél wylo dagre rhwydd,
    Ffarwél garedigrwydd calon;
A chan ffarwél lle y bu dy bwys
    Yn bwrw dwys ochneidion.

Ffarwél meinwen, dos'n iach,
    A minne'n afiach orig;
Duw a fytho ar fy nhu
    Ansyber fu fy meddyg.

Ffarwél dramwy tref a gwlad,
    Ffarwél bob cariad cwrtais;
A chan ffarwél a fo i'r plwy,
    Ni ddof i mwy lle y'th welais.

Ffarwél f'enaid o'ch gwir fodd,
    Ffarwél o'm hanfodd inne;
A chan ffarwél i garu byth
    Tra fytho chwyth i'm gene.

Rhyw dorcalon ydyw hyn,
Dewised Gwen, fun heini,
Er imi ganu can ffarwél
Ai ymadel ai cymodi?

9. [*Carol ymddiddan hen ŵr a sawdwr*]

A m'fi'n rhodio glan y dŵr,
Cy'rfûm â henwr difri,
Ag aml glwt ar ei glog
Yn gofyn ceiniog imi.

Crio a wnaeth a chrefu yn drist,
'A rowch i, er Crist, im gardod?
Tlawd wyf i, a hen a gwan,
Gwnewch â m'fi ran cydwybod.'

Trwm oedd gen i weled un cnawd
Yn noeth, yn dlawd, yn egwan;
Yr oedd gen i geiniog bach,
Mi a'i rhoes hi i'r cleiriach truan.

'Cymrwch hyn, trwy 'wllys da,
A mwy ni alla'ch helpu;
Sawdwr wyf a serfing man,
Nid oes fawr arian gen i.'

'Serfing man a sawdwr gwych
A byw yr ych wrth obaith;
Eiste' i lawr, y Cymro glân,
A hwde d'arian eilwaith.

Am y cynnig, dod i'm nawdd,
O gelli'n hawdd ei hepgor;
Gwrando yn ddyfal, na fydd serth,
Mi a ro' it ei gwerth o gyngor.

Yn dy ifenctid o chwant clod
O gwnei di ormod afrad,
Rhaid i ti ddysgu begio'n hen,
Ne' fyw ag angen arnad.

Tra fûm ifanc bûm ddyn gwych –
Y modd yr ydych chwithe;
Ond cerdota' yr wyf i'n awr
Trwy newyn mawr, ac eisie.

Di elli fod yn galla' gŵr,
A minne'n siŵr allaswn;
On'd gwell yw bod, meddwch chi,
Na chrio, "Gwae fi na b'aswn".

Cymer d'amser tra fo'i gael
A dal di d'afael ynddo;
Onid e, mewn ennyd fer,
Fo basia'r amser heibio.

Ni rydd neb i gleiriach llwyd
Na llety, bwyd nac arian;
Pawb a ddywaid, "Dacw fo,
Duw â'i helpo, druan".

Hapus fyddi, Duw â'i gŵyr,
O cym'ri synnwyr wrthi;
Drud y prynais yn eu mysg
Hyn o ddysg sydd gen i.

Mi a dygaswn, gynt, yn wir,
Y rhôi fy meistr rywbeth,
Naill ai da, ai tŷ, ai tir,
Am fy hir wasaneth.

Ond tra fûm i o nag i nag,
Yn hir yn gwag obeithio,
Megis ffŵl yn rhifo'r sêr
Fo basiodd f'amser heibio.

Pan fo fwya'ch ffafr a'ch clod,
A thybio'ch bod yn ddedwydd;
Yn amryfys, o gwnewch fai,
Nid gronyn llai mo'ch cerydd.

Ne', o gyr y Gŵr a'ch gwnaeth
Ddolur caeth i'ch cosbi;
Ni rôi'ch meistr i chwi groes
I nadu i'ch einioes golli.

Pan droir chwi allan, mewn awr bach
Yr ewch i yn gleiriach ysig;
Megis ceffyl hen, pan droer
I borfa oer, fynyddig.

Ac am hyn na ddod mo'th fryd
Ar fyw'n y byd mor ofer;
Heddiw yn feistr mawr ei stad,
Yfory yn anfad feger.

O rhoi dy fryd ar fyw yn gaeth
Wrth hir wasanaeth difraint;
Cadw yn gynnil hynny a fo,
Gobeithia'u gwario yn henaint.'

'Ond chwi a fernwch er bod gwas
Yn anian fas ei feddwl,
Mai da y dyle sowldier fod
Yn fwya'i glod o'r cwbwl.'

'Felly y dyle fo'n sicr iawn,
Ond pawb sy'n llawn maleisie;
A dim ced yn awr nid oes
Ond "Hwde", a "Moes i minne".

Fo alle y cewch'i glod yn siwr
A'ch galw yn sowldiwr prifdda;
Ond pe tale hynny ond grod
Ni chaech'i na chlod na geirda.

Tra bo chwi yn cael y boen
    A'ch cig a'ch croen yn briwo,
Rhyw gyfeillion eraill fydd
    Yn mynd â'r budd wrth fflatrio.

Nid oes pris mewn sowldier ffel
    Pan ddarffo y rhyfel ffyrnig
Mwy na'r disie gwaetha'u gwedd
    Yn niwedd y Nadolig.

Pawb sy'r owran drosto'i hun,
    Y byd cytûn a basiodd;
A mesured pawb ei sgôr
    Yn ôl yr ystôr a 'nillodd.

Yn yr hen amser gore gŵr
    A fydde'r sowldiwr tala';
A phwy ore'r owran sydd?
    Ond y cybydd c'leta'.

Am'r un sy'n dywad ei gael,
    Na mawl na mael wrth ryfel;
O wir hyder a thra chwant
    Fo gollodd cant eu hoedel.

A'r sawl a obeithio fod yn un
    O gael y ffortun ore;
Fo eill obeithio, heb fawr hap,
    O gael hen gap, fel finne.

Yn y diwedd, gwrando yn rhodd,
    Mi a ddoeda' it fodd i ffynnu;
Fo dâl geiniog ar bob tro
    I ddal i'th go', rhag methu.

Gwasnaetha Dduw, na wna gam,
    Gweddïa am faddeuaint:
Yn dy ifienctid gwna dy nyth
    A meddwl byth am henaint.'

10. *Byd y Bugail*

Diofal yw bywyd y bugail da'i awen,
Â'i god ac â'i gostrel fo'i gwna fo mor llawen;
Mae yn cael y gweirgloddie i'w hofian pan fynno
Â'i bibau newyddion ar lasfryn crwn cryno;
Tra mynno, tra mynno, y cân pan y'u tynno
A'i bibau newyddion ar lasfryn crwn cryno.

A'i ddefaid o'i amgylch yn pori 'rhyd dolydd,
Bara, caws, cwrw, lonaid ei goludd;
A'i gostog o'i ymyl i'w annos pan fynno
I drosi'r holl ddefaid i'r glasfryn crwn cryno,
Tra mynno, tra mynno . . .

Rhag gwres y Mehefin fo â tan y dail irion,
Rhag oerwynt y gwanwyn tan glawdd ne' dwlc tirion;
O groen yr hen ddafad neu'r oen cynta' 'rynno
Gwna ddyrnfyl a bacsau dan lasfryn crwn cryno,
Tra mynno, tra mynno . . .

Ni cheir mono yn segur un munud trwy'r dydd
Ond pwytho neu wau pleth-wellt yn wastad y bydd;
A hon, trwy syberwyd, i bawb ar a'i pryno
A werth wrth y gwryd, dan lasfryn crwn cryno,
Tra mynno, tra mynno . . .

Pyrnhawn pan ddelo'r feinwen i'r fuches neu i'r gorlan
Rhaid eiste', cyn cwtio, dan dwmpath neu dorlan
A bwyta y pyrnhawnfwyd o'r bwyd a enllyno
Dan ffeirio cusanau, ar lasfryn crwn cryno,
Tra mynno, tra mynno . . .

Duw, falched yw'r bugail a'i dirion fugeiles
Yn canu dyrïe bob yn ail bob yn eilwe's;
A'i napcyn sidanog o'i phoced pan dynno
Fo a'i cipia, fo a'i tripia hi, ar lasfryn crwn cryno,
Tra mynno, tra mynno . . .

'Ow! sefwch, arefwch, y bugail drwg diried,
Ffei! ciliwch, dyd gwyliwch, i chwi ni alla' i ymddiried;
Â'ch pibau o chwythwch fy nghodau yn llawn,
Fo aiff holl wlân eich defaid i dalu i mi iawn;
Nid yw hon galennig i bawb a'i gofynno,
Nac ymdynnwch, os mynnwch dan lasfryn crwn cryno!'
    Tra fynno, tra fynno y cân pan y'i tynno
    Ei bibau newyddion ar lasfryn crwn cryno.

11. [*Owen Gwyn a'r Cobler*]

Owen Gwyn, o chwant neu serch,
    A gnuchiodd ferch y cobler;
Hon a elwir Abrhigal
    Hi a wnaeth iddo gal ddau hanner.

Rhoes i'r cobler bâr o gyrn,
    (On'd oedd o syrn ansyber?)
Cnuchio'r ferch a chnuchio'r fam,
    (On'd mawr oedd gam y cobler?)

Aeth yn gynta' ar y ferch
    A hi oedd ordderch dyner;
Fo'i beichiogodd hi'n ddiwad
    Ar wely ei thad, y cobler.

Oni bai i'r cobler gwael ei saig
    Geisio gwraig mewn amser,
Ni orffwysase Owen Gwyn
    Nes bod honno gyn y cobler.

'Roedd hi'n wraig dda iawn ei maeth
    Hi wnâi i gydymaith bleser;
Ac fo'i ceid hi yn ddigon rhwydd
    Ond yng ngŵydd y cobler.

Dafydd Hughes a fyn ei fod
Yn haeddu clod am fwynder;
Fo fu yn profi rhwydd ei thraen,
Ymhell o flaen y cobler!

I wraig pilgrem fo wna ei châr
Werth deugen pâr, o bleser,
O'r esgidie uwch eu top
A'r sydd yn siop y cobler.

Hon a ddaeth at Owain Gwyn
Ychydig cyn ei hamser,
I ddanfon iddo ei fab ordderch
A gawse o ferch y cobler.

Gwŷl y naill a gwŷl y llall
(Fo du pob dall lle'i 'dwaener),
Mai llun Owain Gwyn ar gŵyr
Yw Owain, ŵyr y cobler.

Ŵyr y cobler â'r fer fain
Ar law ei nain ni chymer
Oni ddug hi yr hwsmon taer,
Un mab ac aer y cobler.

Fo ddylase gael yn siŵr
Pe cawsai'r gŵr gyfiawnder,
Gwraig a merch ac ŵyr a mab
Ar hen siacnab o gobler.

12. [*Cerdd Hela*]

Tri o Saeson Seisnig
A'r rhain heb synnwyr gŵydd,
O Lundain aeth i hela
A hela oedd eu swydd;

Bod hyd y dydd yn hela
A'i diwedd yn y coed,
Taro wrth glamp o ebol
Ac ebol dwyflwydd oed:

Medda'r cynta', "Ebol oedd,"
Medda'r llall, "Nid e";
Medda'r trydydd, "Carw oedd,
Ond gado'r cyrn yn 'dre".

Felly, tri o Saeson Seisnig
A'r rhain heb synnwyr gŵydd,
O Lundain aeth i hela
A hela oedd eu swydd;

Bod hyd y dydd yn hela,
O'r diwedd yn y gwrych
Taro wrth glamp o lyffant
A llyffant melyn brych:

Medde'r cynta', "Llyffant oedd",
Medde'r llall, "Nid e",
Medda'r trydydd, "Petris oedd,
Ond gado'r plu'n 'dre".

13. [*Pennill telyn*]

Awyr, daear, dwfr a thân,
A'i cyll, a'i cân ond ceisio;
Aethnen, gwylan, brwynllyn teg
A charreg newydd daro.

14. [*Hiraeth am Bwllheli*]

Er [cy]maint ydyw braint a bri – Llundain
A'i llawnder o arglwyddi;
Hiraeth sy'n faith arnaf fi,
Ambell ŵyl, am Bwllheli.

15. [*I Gadwaladr Cesail*]

'Rwyt ti'n ffôl o canmoli, – was diswydd,
Ustusiaid Pwllheli;
Od wyt onest, er cwesti,
Er eu gwaetha', dwndria di.

16. *I Siôn Galgarth pan aeth yn faeli Pwllheli*

Ai Calgarth, cyfarth pob ci, – hen Suddas
Sy swyddog Pwllheli?
Os y filain sy faeli,
Gawell brwnt, nid gwell ei bri.

17. *Pan losgodd ei gal gan Saesnes*

Gwedi i Siôn didirion durs
Gweirio'r hŵr ar gwr ei hers,
Doede'r Saesnes gynnes, gwrs,
"You wear y . . . e now? war mine ars".

18. *I gachdy Siôn Galgarth*

Gwychdeg i'w weled o gachdy – yw hwn
O'i hanner i fyny;
Baw cna' crach newydd gachu
Sy ymhob man dan ei dŷ.

19. *[I Ned Fychan]*

Wrth weled g'leted yn glytach – fy nyth
Yn niwedd pob masnach;
Bendith Mair yn ddi'meiriach
Fo i Ned am y bed bach.

20. *I hosanau botymog*

Dwy hosan lydan, oludog, – profwch
Fal pryfed cadachog;
Codau anial, cudynnog,
Llwydion cain, lliw adain cog.

21. *[I gwch ynys Enlli]*

Caseg oer waneg, ŵyr weini – i ddŵr
O Ddaron i Enlli;
Gwaelgwch yn llamu gweilgi
A phren i'w hôl, ei ffrwyn hi.

22. *Pan oedd yn gla' lesg yn Ffrainc*

Pawb yn llwyr a'i gŵyr o'r gwiria', – ryw ffordd
Yr â' i ffwrdd oddi yma;
Ond ni ŵyr y synhwyra'
Ond Duw mawr, yr awr yr a'.

23. *[I Thomas Prys]*

Llatai a garai a gŵr – gwreiddwych,
A graddol delynwr;
Thomas sy ben myntumiwr
Ci rhywiog, hebog a hŵr.

24.

[*I Rys Cain*]

Cist gynnwys, irlwys, eurlain, – clo eurwawd
Clerwyr ynys Brydain;
Cywirdant cwrrant cywrain,
Cloch a rhos coch yw Rhys Cain.

25.

I Siôn Cain

Gelwaist fi'n laci anlwcus, – Siôn Cain,
Sy'n canu'n anfedrus;
Dyna branc, afanc gwancus,
Noeth y rhawg, ni wnaethai Rys.

Am fod Rhys ddawnus, hardd, ddinad – bynciau,
Yn bencerdd yr holl wlad,
Rwy'n d'arbed, fab glol abad,
Myn Duw deg, er mwyn dy dad.

Di, Siôn, cydnebydd, dy swydd – yw moli,
Paid â milain w'radwydd;
Nid o gas na diflasrwydd
Y cenaist, gwedaist i'm gŵydd.

O hyn, was melyn ysmala, – siomgar
Os amgen nis clywa';
Degle noeth dy goelio a wna',
Dy 'mennydd nis dymuna'.

Erioed dy arbed yr wy' – a diodde,
Di wyddost er mwyn pwy;
Y Cain moel, o ceni mwy
Oni chwitia na chotwy'.

Na chân fwy dychan diachos – garwffôl,
Dra gorffo it ddangos,
A'i diodde'n noeth dydd a nos
Le ddigon i'th ladd, agos.

26. *[I Twm Tegid]*

Herwr, nid clerwr colerog – yw Tegid,
Ond taeogwas lleuog;
Aflonyddaidd aflneddog,
Din-noeth, bennoeth, refrboeth rog.

27. *Englynion i Forgan y crydd*

Y crydd annedwydd, fin eidion, – fyr wg,
Fu o ryw yn hangmon;
Crogi'r grog enwog union
A wnaeth ei daid, annoeth dôn.

Heb ras, ofergas Forgan – sy lesgwas
A losgir ei balfan;
Nid yw onest ei anian
O deiryd i Degid wan.

Anhyfryd, ludlyd, ledlwm – yw Morgan,
A mawrgest ddireswm;
Du, arw, hagr, ydyw'r hogwm
A'i big yn debyg i Dwm.

Ni ŵyr fwynlan gân i gynnig – pleser
Mewn plasau nodedig;
Aed y Suddas diflas dig
I ddiawl â'i gerdd Wyddelig.

28. *[I Siôn Salesbury]*

Siôn Salbri, ai fel prelad – neu lwynog
Y'i ceir 'leni'n wastad?
Ai hau'r ydych, hwyr rodiad,
Plu'r wledd hyd y plwy a'r wlad?

Salbri anafus holbren, – pwt tindew
O'r puteindai'n gapten;
Baetiwr pob math ar buten,
Afanc, hwrdd ifanc a hen.

Mae fo'n rhodio â rhediad, – waeth orig
Na tharw'r offeiriad;
Os caiff heb deimlo, nis gad
Yn unlle forwyn anllad.

Onis paid, bydd raid i'r reidwr – llesgwas
Ar ôl llosgi'r llowdwr,
I'w gal burboeth gael barbwr
A dyn â chwistrell a dŵr!

Difethaist, lleddaist llwyddiant, – nid o wŷr,
Ond o ieir, bymthecant;
Tylwyth yr ieir it talant,
O doi i'w plith, waed eu plant.

Ai clust dyllog rog o'r eigion, – gŵydd leidr,
Gweddill coeg a chyffion;
Anghywir serch, 'y nghâr Siôn,
A mi roesoch ymryson.

Tegid, gerdd gegid, goegwan, – Tegid,
Rhaff y tewgwd aflan,
Na yrase'r rog i ogan
Yma, noeth lowt, mewn iaith lân.

Dywaid, Twm, groenllwm grinllwyd – o byw baw,
O ba beth y'th gwnaethpwyd?
Di a neidi, os dyn ydwyd,
Naid nid hoff, iâr gloff i'r glwyd.

Oni chei [di] ffafr am d[y] gnafri – noeth
A 'naethost ti 'leni;
Nesa' clêr tan ymchwerwi
O gant at y tant wyt ti.

Taeog, swrth gostog, serth gân – pei Tegid,
Ow Tegid at ogan;
Sowter, mab ordderch Satan,
Sowteraidd, ciaidd eu cân.

Delid i Degid deuogwarth – dryglam,
Oer gweflgam na'r Gaflgarth;
Gobler, gi ofer gyfarth,
Gene hen sur, gonyn sarth.

Grach sowter gobler, am it gablu – Dic
Tra dyco im serthu
Cwbl lun Diawl, coblyn du,
Cwd gwenwyn, cei d'oganu.

Am ei oferserch fo rydd Master – Siôn
Ŵr disynnwyr haster;
Greithiog, afl diblog, dewblaster,
I'r budr gostog arw bwdr gaster.

Pan fu'r hyll ellyll allan – o'i synnwyr,
Was annoeth ei ddychan;
Ac mewn angof yn hofian
I geisio'i gof, fo gas gân.

Ow, Syr Siôn, digon ar Degid – unwaith
Yw annos i'm hymlid;
Os rhof i a'r eiddof ryddid,
Mewn mwy braw mi a wna'm bryd.

Dau frodyr segur, dau seigiau – dau bos
Dau heb eisiau beiau;
Dau wrageddwr, drwg oddau,
Dau Siôn, a digon yw dau.

Dau bos yn annos anynad – gene
Ar ŵr gonest gwastad;
Dau unllwybr drwg, dau anllad,
Dau dwrch, nid fel eu dau dad.

Dau sawdwyr, dau helwyr, haelwas – â'u cig,
A dau'n cael gair atgas;
Dau â dau cant o blantas
Drwy Gred, a Duw a ro gras!

29. *Ar farwolaeth y Frenhines Elizabeth*

Hwylus yw f'wyllys felly – deëllwch
Nid alla' sgrifennu;
Gwan yw 'mhen, gwae ni am hynny,
'Rwy'n brudd rhag ofn y dydd du.

30. *Englynion o waith Richard Hughes pan oedd y gwn powdr Treson*

Ffydd Rhufain filain, ffydd i – foli'r pab,
Ffydd mam pob drygioni;
Ffydd waedlyd, hefyd, yw hi,
Ffydd ddwl hen, ffei ddiawl 'honi!

Ffei o ffydd a rydd ryddid – eneidiol,
Dan wadu uffernlid,
I wŷr i ladd o wir lid,
Deyrnas a'i holl gadernid.

Ffei greiriau seintiau, ffei serth – urddoliant
Ar ddelwau mud, anferth;
Ffei o'r Pab a'i gam aberth,
Burdan gwag a'i bardwn gwerth.

Bydd lawen Lunden, Duw lwyd – a'th ddysgodd
Trwy ddoeth esgob barflwyd
A'i ffydd lân wedd ffyddlon wyd,
Ac o Wynedd y'i ganwyd.

Y brenin a'i lin a lawenodd – un
Enw Duw a draethodd;
Pab Rhufain a'i filain fodd
A'i ddisgyblion a ddwysgablodd.

Pe bai bob esgob mor ddiosgo – ei ffydd
Ac mor ffel ag efô,
Ni châi'r Pabwyr, drygwyr dro,
Ym Mhrydain awr mwy rodio.

31. [*Englyn i Moses Powell*]

Difyr yw'r mesur, Moesen, – a genaist,
Gogoniant i'th awen;
Ac ofer, ansyber sen,
Dull Dic yn deall d'acen.

32. *Englynion o waith Risiart Hughes dros Risiart Robertes i ddanfon at Harry Jones gyda chalennig*

Einioes ac hiroes it, Harry, – delid
Yn deilwng fy ngweddi;
Dyna'r llog sy'n c'waethogi
Oferaidd werth f'arwydd i.

Y difalch eurwalch pie'r arwydd – hwn
Am ei hen g'redigrwydd;
Arwain cod, eurglod arglwydd,
A dwyn y SEALE, dyna'i swydd.

Hwde gap, wth hap, wedi ei weithio'n – sad
Â sidan o'i fritho;
Pigin fel piogen yw fo
Pan y gwisg pen a gysgo.

Gyda'r cap, gŵyl hap, gwael hwn – ar frys
Ac wllys, pe'i gallwn,
Am bob pwyth im o bai pwn,
It o aur eto a yrrwn.

I meilyd â'r byd ni[d] arbeda'- i'r gwir
Ar y gŵr a'i haedda;
Drwy'ch help a'ch gair diwair, da,
Cefais fodd, cofus fydda'.

33. *Englynion dros Ellis Sutton am alw meistres Powel yn hen*

Eich nai ar fai a ŵyr fod, – 'sywaeth,
Siwio y mae am gymod;
I'r gŵyl fab sy'n cydnabod,
Maddeuwch, rhyglyddwch glod.

Os hen y'i bernais, myn y saint – doedaf,
Od ydwyf i gywraint,
Y hi yw bri hoywa' braint
Mawredd a hunedd henaint.

Os hen y'th elwais, gwas wy' – am gellwair
A ddyl golli dirwy;
Madde 'y mai, o meiddia'i mwy
Hyn beth, poed hen na bythwy'.

34. *I Robert Morgan*

Bu siarad, bugad a bygwth – chwerw
Am gam chwarae'r gamwth
Gan Robin, rimyn remwth,
A bu [   ] am i bwn ?bi wth.

35. *Englyn unodl union*

I Gandish a Drâc eu gwendid – llywiaist
Mewn llawer aflendid;
Dysgaist fwy mewn dwy esgid,
Yr hen gorff, na'r rhain i gyd.

36. *Cymro pan oedd yng ngharchar yn Llundain*

A ŵyr neb cudeb lle'i cais – pawb sonion'
Pob synnwyr a dyfais;
A ŵyr mil, er eu malais,
Dan ei swydd, ai dyn yw Sais?

Doedaf, atebaf i ti – syn gyfaill
Sy'n gofyn mor ddifri';
Dyn yw Sais, hoeden sawsi,
Ond nid gwell cyfell na'r ci.

37. *I gwest yn Amwythig: dros Wil Wmffreys*

Y cwest da, gonest, digynnwr' – cyfiawn,
Cofiwch gas y ddeuwr;
Fy nghâr mwyn ydyw'r cwynwr,
Helpwch, o gellwch, y gŵr.

38. [*I Robert Wiliam, Caergybi*]

Gwada ferchedas gwedi – dwys oedran,
Dos adre' i Gaergybi;
Gad anlladrwydd, di a lwyddi,
Gan iddo fo d'ado di.

39. *I ferch a gipiasai ei bwrs ef*

Ar ben hyfforddd [ ] hoffwaith – bun ŵyl,
Ban welaist gydymaith,
Ai co' Siân, ceisio unwaith
Ddieuro'r gŵr? oedd dda'r gwaith.

Yn lle carchar bâr heb och – wych pryd,
Eich priodi a gaffoch;
Yn lle barn cael mynd arnoch;
Yn lle crog, beichiog y bôch!

40. *I Dafarnwraig anonest*

Rhyw siad anynad, un ynni – â diawl
Yn dilyn camgyfri';
Rhyw gwrog yn rhagori,
Rhyw ddiawles yw'n hostes ni!

41. [*Meddwl am ferch*]

Er nad rhydd beunydd lle y bau – em siriol,
Im siarad, rhag f'amau;
Mae'n rhydd heb ddim cerydd cau
Meddwl am deg ei moddau.

42. [*Englynion i ferched*]

Gweniaith y merched ac anian – eu parabl
Sy'n peri cael gogan;
Cellwair gwirair a garan',
Anair o gellwair a gân'.

Galle Gwen feinwen, fwynair, – ore bun,
Er ei bod yn ddiwair,
Galle garu, mwy gellwair,
A galle Gwen golli'i gair.

Dilladus, Wladus loywdeg, – gofiadus,
Gariadus ddyn groywdeg;
Drwsiadus, huadus, hoywdeg,
Fwriadus, droiadus, deg.

Elsbeth oedd eneth i mi, – deilwng,
Da y dylem ei hoffi;
O deil hon modd y dal hi
Llom oer a fydd lle Mari.

43. *Englynion Dau Syniad*

Yn wir, hoff feinir, ffynnest, – em eurlwyn,
A mawrlwc a gefest;
Mynd lliw'r can yn An o Nest
Ac o An yn wraig onest.

An hafaidd, luniaidd, ŵyl, a fu – iawnlwys,
Anlwc mab yw'ch caru;
An fawr eich gras, An ferch Gru –
Ffydd ddwys a hoffawdd Iesu.

Crio sydd beunydd bob awr – ar Grist
I roi gras rhag drygawr;
Minne'n crio, tro tramawr
Na roese i mi An ras mawr.

44. [*Meurig*]

Meurig aer Meurig o'r Meirion, – Meurig
Ŵyr Meurig o'r mawrion;
Meurig brig boneddigion,
Nid Meurig ond Meurig Môn.

45. [*Y Gwran derr*]

Bu yn uffern gern [ ] y gwran – derr,
Yn ymdaeru â Satan;
Pan hapiodd i Ddiawl hepian,
I'r drws y daeth ar draws ei dân.

46. [*Y Pistol*]

O'm hôl y pistol, fab hasti, – a drois
I'w drwsio rhag colli;
Tybiaist fy mod, o'i godi
O ddig, un tebyg i ti.

47. [*Tybaco*]

Os hyn yw gelyn y golwg – a'r pen,
A'r poenau mor amlwg;
Pa ryw arfer, poer oerfwg,
Sy gennym i sugno mwg?

48. *I Sbectol*

Caiff ddôl a dryntol i'w drwyn, – i edrych
Drwy ddwy wydrog olwyn,
Rhag mynd f'ewyrth rywiog mwyn
Ar fâr i wely'r forwyn.

Dau wydr, ddrych tragwych, triagl, – ac eli
I'r golwg yw spectagl;
Dwyrod ddiddiffod ddwyffagl
Dan rewlyd ddifyglyd fagl.

49. *In Nomine Iesu*

Iâ Ionawr, Chwefrawr sych, hyfryd – wybren
Mawrth, Ebrill cafodlyd;
Mai oer, gynog, gwlithoglyd
A wna'n hardd yr ardd a'r ŷd.

50. [*Y Tri Gelyn*]

Gwylia, ymgroesa, gresyn – rhoi d'enaid
Ar d'unig dri gelyn;
Byd, cnawd a'r cythrel melyn
A wna dwyll i enaid dyn.

51. *Ar garreg fedd*

Mal yr wyt y bûm, mil o ri' – a'i gŵyr
Ac eraill i'm porthi;
Mil ar f'ôl, mal yr wyf i,
Mewn bedd mi wn y byddi.

52. [*Cerdd*]

Eye's ease to see the sights that daily view,
Heart's ease to know what certain sight reveals,
Hand's ease to publish what the heart holds true,
Tongue's ease to tell what hand and heart conceals;
Tell only this, they err, who'ere they be,
That say or think that thought is always free.

ATODIAD 1

Cerddi i Richard Hughes

1. [*I Richard Hughes*]

Os pluen lwydwen o hen lewdwr – gynt
A gentiaist i'r teiliwr;
Dod eto un, od wyt ŵr,
Hityn, ym mhen yr hetiwr!

Rhys Wyn o'r Graeanog

2. [*I Richard Hughes*]

Gŵr gwych i'ch edrych, och, och, – o ble
Ac o ba wlad y daethoch?
Ai o gas y canasoch?
Ai o barti'r siri Soch?

Cadwaladr Cesail

3. *I ofyn bwa a saeth dros Huw Llwyd, Cynfal*

Y durgrys Gymro dewrgraff
O dŷ'r Prins, a geidw air praff.
Wyt agos iawn mewn teg swydd
At ei Gras, fraint goreuswydd;
Ei ffrwythlanwas ffraeth, lanwedd,
A'i ffwtman hoff wyt mewn hedd.
Rhoes i'th war, Ras a'th eurawdd,
Rhisiart Huws, rhesau aur tawdd.

O Huw tyfodd had difai
A hynod oedd hwn i'w dai;
Huw, wayw prysur, hap Rhisiart
Ap Dafydd, drom ddelltrudd ddart.
Oedd lana' weddol wyneb
O lan Soch i galon Sieb.
Cadw i gof encyd a gair
Cofion llownfaeth Cefn Llanfair.
Os eich aur a roesoch yn'
O'ch llaw, alarch Llywelyn,
Rhoddfawr yw'ch gwiwgorff rhwyddfael,
Rhyw Cynfrig, fonheddig hael.
Tirion y rhoid d'aur i'n rhaid
Tarw a gwirnerth Trygarniaid.
Tyfai lwyddiant o Fleddyn
Tras o fawr lles tros fro Llŷn.
Hynod fu ynod fonedd
Howlbwrch waed, hael burwych wedd.
Iach Siôn, oedd gyfuwch â sêr,
Amhadawg, wiwrym hyder.
Gelli'n iach Gollwyn uchod
Gael glân a diogel glod.
Aed uchel fraint i'ch hael fron
Achos wythiach o Saethon.
Band wythwaed a'ch bendithiawdd
Bodwrda fab, dewr da'i fodd.
Daëd y rhyw o Dewdwr 'hawg
A wna llaw yn alluawg.
Llownder o enw llawndeg,

Llawn yw d'enw di'n Llundain deg;
Ac yn y Cwrt gwn y cai
Air Nudd, yr hwn a weddai.
Dy air sy bell dros y byd
Mewn rhyfel, mae'n wir hefyd;
Llew oeddyd yn lluydda
Llawer dewr yn llai'i air da.
Ac oen arwain gnu euraid
I ganu iaith Gymru y'th gaid;
Cymro i gadw Cymraeg ydwyd,
Cymro i Dduw, Cymroaidd wyd.
Myn Duw, mae ynod awen
Mor dda i'n hiaith â Merddin hen.
Os pennill mêl gan delyn
Ysgwier Huws a gâr hyn.
Doeth iawn wyd, goeth enaid gŵyr
Detholedig, da i'th wladwyr.

Câr sy it, cywir o serch,
Un adwaenost, yn d'annerch;
Huw Llwyd, hael wellhâd helynt,
Trafaeliwr, fu gwrtiwr, gynt.
Gŵr iraidd, ac yr awron
Gŵyr garu am saethu sôn.
Oes i wŷr mawr bleser mwy,
Er eu daëd, yn Ardudwy?
Efo a gais fwa gwych
Ac union saethau gennych.
Ysbyrsen deg, ddifreg dda,
Yw plân o Apolonia;
Pren gwastad o dyfiad yw
Parchedig, pur iach ydyw.
Tegan hoywlan i heliwr,
Trysor a ddaeth tros arw ddŵr.
Cylch hir a gedwir yn gu,
Coed heb lwgr yn cydblygu.
Cloch lân lle y clywch ei linyn
Croch hir dant, cywarch ar dyn;
Cras a da'i gŵyr, cwrs di-gêl,
Clochaidd ysbonc, loyw, uchel,
A'i annel yn dyn, iawnwych

Ac yn ei gefn egni gwych.
Aseth gam saeth a gymell
A grym hwn a'i gyr ymhell.
Pawl eiddil, pa le iddo
I gein fyth ei egni fo?
Dwylath o goed a welwn,
Deg raen hardd, rhwng deugorn hwn.
Gwelir saethau i'w galyn,
Gymheiriaid, ddyrnaid i ddyn;
Llyfnion goed purion, parod,
Llwyn o'r un waith 'n llenwi'r nod.
Pelydr tes o'r un mesur,
Pinnau iâ dwys, pennau dur.
Gwenyn a gychwyn o gwch
O digwydd awr o degwch;
Ednod gwych, diniwed, gwâr,
Ebillion duon daear.
Gwaith a gerdd er gwaetha' gwynt
Trwy y nod, taerion ydynt.
Cyrs rhwyddion, union waneg,
Crynion dwys mewn croenen deg.
Da'i medran', hoywlan helynt,
Droi i fwrw cwys drwy frig gwynt.
Is y nefoedd os nofiant
Y' ngwar nod angori wnânt.
Arfau glân i ymwanwr
Annedd gwych yn neuadd gŵr.
Os i'r un a'u dymunodd
Y gyrri'r rhain, gorau rhodd,
Esgud yw, nis gadewir
Yn llonydd drwy hafddydd hir;
A mawl it a chanmoliaeth
A sai, dra fo bwa saeth!

Rhisiart Phylip

4. *I Huw Bodwrda a Richard Hughes a hwy'n gleifion*

Dychryniad a chur anial
A lanwyd o Lŷn hyd Iâl.
Duw, o'r galar drwy'i gilydd,
Drist oer sôn, dros deuwr sydd.
Mae'r alaeth, mawr y'i wylaf,
Am ddeugar glaear sydd glaf.
O rhoes Duw gur, ystig wedd,
Ar Huw Gwyn, llwyr wae Gwynedd,
Blin tost ar y blaenwaed da
Yw byd ardal Bodwrda.
Ustus yw ar grest y sir
A fu'n siryf, naws eirwir.
Gŵr nis caid, gwâr naws cadarn,
Gyfiawnach ddifeiach farn,
Na lle'n ei wlad, pen-llad llwyr,
Eisie'i wyneb a'i synnwyr.
Gwanned fo'i weled, filwr,
Wylai'r gwaed gywely'r gŵr,
'Sywaeth i alaeth haelwyn
Sy byth gur i Elsbeth Gwyn.

O churiwyd hwn â chryd dig
A'i gâr Huws dan gur ysig,
Nid llawen, nod llu haeach,
Neb o'n tir am na baent iach.
Oes drud gur, ystyr Duw gwyn,
Hwyl Risiart, haela' rhosyn.
Iacháu'r gwalch gwych ar y gair
Wnâi llawenfyd Cefn Llanfair.
Gair sy lawn, grasol winwydd,
Iddo'n y cwrt, ddoniog hydd.
Blaen waetiwr, rhoddwr heddiw,
Breinio'n Iarll, i'r brenin yw.

Duw ystyr friw dostur fron
Y ddeugar foneddigion.
Bo'i hiechyd fal gwynfyd gwŷr,
Fudd bryd, wrth fodd eu brodyr.
Na allo dim drwg, cilwg hynt,
Un dydd yniwed iddynt.
Ar Dduw aed ar a ddwedan'
Ysgar gloes dau sgwier glân.

Od yn weiniaid iawn anial
Cryfhaed Duw eu cyrff tal.
Iesu'n ddawn ŵyr sy'n ddinerth
All eu rhoi'n iach mewn llwyr nerth.
Gweled y ddau'n y gwely
Oerni tost yw'n yr un tŷ;
Cydorwedd mewn breisgedd bris
Imp haelion am y palis.
Cyd-gwynan', dwedan', bob dydd,
Claf galon, clwyf ei gilydd.
Och! drymed weled dwy wên
Y ddau lywydd oedd lawen.
Na bo i'r wlad bur oludawg
Eisie rhan i oesi rhawg.
Iesu rhoes, gwnaen' groeso'r ŵyl
Ffonnod ar ddeugorff annwyl.
Arwydd ydoedd, hardd wiwdeg,
O gariad Duw i'r gwŷr teg.
Iawn i'r tad, gariad gwirant,
Roddi blaen gerydd i'w blant;
A'r Iesu, bid o'i ras bart,
Hir oes i Huw a Risiart.
Ar fyrder, gweler y gwŷr
Yn ddewrion, yn ddau eryr,
Yn iach, ddiafiach ddifeilch,
Yn lân gyrff, yn lana' gweilch;
Yn hela gweilch, yn hael gu,
Yn cadw gwŷr, yn cyd-garu.
Rhaid i'r gwŷr, rhad eurawg wedd,
Rhad y gwn, rhodio Gwynedd.
Ni ad dda alwad ddeulain
Iesu rhawg, ddioesi'r rhain.
Gweddïwn â gwaedd olau
I gyd ar Dduw gyda'r ddau:
Duw a rodd haint ar ddau hael,
Daw ag iechyd, Duw gwychael.
Deugar ifanc digrifwych
Dwysgeirw g[wâ]r, dau sgw[ier] gwych.
Dau naf, od ydyn' afiach,
Duw nef a'u codo ill dau'n iach.

Siôn Cain

5. *Englynion i Richard Hughes yn holi am Gapten Salesbury*

Duw'n dy bart, Risiart, aur rosyn – waetwyr,
Iti croeso 'Mhenllyn;
Delid im cof ymofyn
Gennyt newydd, llywydd Llŷn.

Ai gwir lle credir i'r cryd – dy gyrraedd,
Deg eurwalch mwyneiddbryd?
Od yw dy wên mewn penyd
Yn iach y gerdd wych i gyd.

Am Gapten llawen y llu – mae siarad
Mwys aruthr yng Nghymru,
Rhai o gariad di'mwadu,
Rhai o falais, dyfais du.

Gan glwyf claf ydwyf, clwyfedig – ddwyfron
O ddeufraw methedig;
Un o gaeth hiraeth orig
Oll o Dduw, y llall o ddig.

Ai byw Siôn dirion a'i dir – heb wario
Er bwriad rhai dihir?
Rhaid iddo'n gerth os gwerthir
Bachymbyd, symud ei sir.

Nid o ran gwyddan' mi a'i gwn – yn rhydda,
Rhy addas y dylwn,
Fod yno i'n hygar farwn
Tai hardd, er gwerthu'r tŷ hwn,

Ond rhag bâr galar ei gyd – geraint
A garo Bachymbyd;
Pan gofiant, poen a gyfyd,
Mor gadarn fydd barn y byd.

Teilwng eisteddle y teulu – yw'r man
A miniwns holl Gymru,
Na ddêl ar Siôn gyfion gu
Na'i wrthod fyth na'i werthu.

Llei gweles freules ar fron – Clywedog,
Cla' ydyw fy nghalon
Gan gur ffest, rhag i estron
Feddiannu'r llys hwylus hon.

Gwerthed a thaled, gwaith hylwydd – teilwng
Yw talu llei gorfydd;
Tir ddigon gan Siôn y sydd
Er cadw y tŷ a'r coedydd.

Lle mae'r lawnt alawnt olau – a'r gerddi
A'r gwyrddion setingau,
A'r parc irlas, cwmpas cau,
A'r llynnoedd a'r perllannau.

Mae tir ar wasgar, mae tai – mynyddig,
Man addas gael mwnai;
Nid llai'r heniar o garrai
Na'r rhwysg, er ymado â rhai.

Er enaid ei daid a'i dad – a'i hynaif
A'i henw o'r dechreuad,
Cadwed y tŷ bu'r codiad
Rhag cael arno staenio stad.

Ex abundantia cordis os loquitur

Ieuan Llwyd Sieffre

6. *Galar am Risiart Hughes*

Ffei o'r byd mud ei amode – anwadal
A newidiodd ddyddie;
Dwg ogan mewn llan a lle
Dyfu adwyth dafode.

Oes neb ar d'wyneb ar adwaenen' – Risiart
Gwir rosyn i Bryden?
A neb byth, ddaw neb o ben
A chwyno oni chanen'.

A gaiff pen yr awen, ŵr hoywedd – roddiad
Am ruddin pob maswedd,
A gant i deirsir Gwynedd
Gerdd dda, fynd heb gerdd, i'w fedd?

Er beio, hysio ar hasart – a gaf
Rhaid im gofio Risiart;
Hwyr yw ebwch Huw Robart
Yn gŵyn byth a gân ei bart.

Dyn cla' o'r gwaela' mewn gwely – o ofid
Am ben afieth Cymru;
Egwan ei dôn a gown du
Gul o ŵr yn galaru.

I'm bron a'm calon mae cur – a phoene
A phenyd difesur;
Mae dyled mawr a dolur
A nod gwaeth am enaid gwŷr.

Cymro mwyn ei dro am drin – pob maswedd
A'r Miwsys i'w feithrin;
Afieithus, felys ei fin
A siwgwr a gwresogwin.

Gŵyr cant ei foliant am felys – holli
Penillion afieithus;
Ymhob gwedd gynganeddus
Un Dic âi â'r pric a'r pris.

Cenaist mewn amryw amcanion, – geirie
I geraint ac estron;
Yn fwysedd fardd llwybredd llon
Uwch Menai fêl orchmynion.

Os sôn am afieth a serch – a geirie
O gariad anwylferch;
Cenaist, ddyn glân, i'w hannerch
Englynion filion i ferch.

I'n twysog enwog, ŵr iawnwedd – campau,
Lle cwympodd y rhinwedd,
Y cenaist lân gynghanedd,
Tostur fawl, tyst ar ei fedd.

Ni 'dewaist pan yrraist am rôl – gysonedd
A synnwyr naturiol,
Mor eglur, bur, fesurol,
Anhab yw'r dwyll, neb ar d'ôl.

Pen gofwy' fwy-fwy, gwae fi, – o'r golled,
Dy gellwair a'th siapri;
Tost aruth' yw'r tosturi
A gwall dwys o'th golli di.

Mae'n brudd pob enaid a bron, – ni chwery
Naw chwiorydd Helicon;
Ni chlywir un difyr dôn
Na chanu, gan ochwynion.

Pob câr mewn galar â'i gŵyn – hiraethus
Am yr ieithwr glanfwyn;
Ireiddfab ara' addfwyn,
Weddaidd ddul o Dduw i ddwyn.

Drwy alaeth, art aeth o'r tŷ, – y'i cyrchwyd
I'r carchar i gysgu;
Drwy alar i'r ddaear ddu,
Drwy wylo draw i'w wely.

Pob llwyn llawn o gŵyn, pob gwedd – a dreisiwyd
Am drysor a maswedd;
Pawb yn hen o anhunedd,
O'r byd dy symud i'r bedd.

Gŵr hawddgar a gwâr a gerit – degwch,
A digio ni fynnit;
Gŵr i feddwl gwir fyddit
Gŵr i Dduw, trugaredd it.

I'r gwynfyd hyfryd a'r hedd – dragwyddol
Y cyrchwyd bardd Gwynedd;
I'r wlad wen, nefol wledd,
Draw o'i gur i'r drugaredd.

Lle difyr ei sir 'mysg saint – yng ngolwg
Angylion uchelfraint;
Lle mae byd hyfryd heb haint
Heb huno na byth henaint.

Cân glod i'r uchod yr iechyd – a'r gwir
Y Tad, Gair a'r Ysbryd;
Cân i'r oen, cwynwr ennyd,
Cân i Dduw byw, cynnydd byd.

Yn ddi-brudd beunydd heb bennod – llefa
Yn llafar i'r Drindod;
Hosanna, eos wiwnod,
Ti gei nawdd, ŵr teg ei nod.

Wyt eusus hapus, fab Huw – byth oesog
Dan Iesu, ddyn a Duw;
Iawn gerddor dan un gwirdduw,
Yn drindod, dri undod yw.

A'th rodd a'th galwodd lle trigolia – seintie,
I'r santaidd orseddfa;
A'th enaid, Dic, aeth yna,
O'r bywyd tost i'r byd da.

Hugh Roberts

7. *Marwnad Richard Hughes, Cefnllanfair*

O Duw Iôr, beth ydyw'r byd
A droist inni'n drist ennyd?
Pwy nis gŵyl, poenus gwiliad,
Pa hyd oes dyn pei da ei stad?
Oes cur am nas ceir yma
Estyn dydd ar oes dyn da?
Angau rhed o ing oer hawl
Y' nhop gŵr anhepgorawl.
Daw oer gri mawr, doi gro main
Dros un pryd rosyn Prydain,
Oes anhwyl mawr dros Wynedd
Eisie'n fyw un sy'n ei fedd?
Eisie Risiart Huws rasol
Yw'r ias âi'n oer eisie'n ôl.
Iesu arnom rhoes oernych
Is gro gau'r Esgwier gwych.
Iesu, dug hwn, Brytwn brau,
Iesu wŷr ddewis orau.

Huw, pur rosyn, ap Risiart,
(Hwn, pei byw, oedd pen pob art)
Ap Dafydd o'r gwinwydd gynt,
Ap Llywelyn, pell helynt.
Calon doethion da ieithoedd,
Cyn aur o gorff Cynwrig oedd.
Aeth mab hael, hiraeth mwy pair,
O winllanfaeth Cefnllanfair.
Hil Drygarn, hael diriogaeth,
Hil burwych waed Hwlbwrch aeth.
Bid oerach bob daearen
Heb dwf o lwyth Bodfel wen.
Cyd-dynnwyd coed dau Einiawn
A Glyn Dŵr walch, glain dewr iawn.
Trwm alaeth, ysywaeth sôn,
Âi tros wythwaed rhyw Saethon.
Drwy dai heirdd Bodwrda hen
Y doi liw du dilawen.
Bid wannach mwyach am ŵr

Bwrw o'n stad Brins o Dewdwr.
Uchel, digel y dygwn
Achoedd brenhinoedd yn hwn.
Cai nerth prydferth parodfawr
Ei ran oedd fwy, rinwedd fawr,
A chyfoeth aur ddyrchafiad
A gras Duw i garu'r stad;
A phob rhodd hoff, hap rhwydd hawl,
Ond yr einioes oedranawl.
Gwae ni drymed, gŵyn dramawr,
Gwedi'r mab o'r gwaedryw mawr.
Crist croesed, nodded ein iaith,
Ei ddau frawd ddihyfrydwaith.
Gruffudd yw'r aer o'r gaer galch,
Huws, gwyraidd esgwierwalch;
I'w ras gwych a'i rwysg uchel
I Siôn Huws einioes hen êl.
Dau ŵr haelwych, dewr, hoywlan,
Dau oed yr hydd doed i'w rhan.
Pob chwaer, pawb â'i och irad,
Pob nai, pob nith, pawb un nâd.
Ceraint i'w henwog geyrydd
Cyfathrach nid iach un dydd.
Nid iach oedd afiach addef
Dyn byd a'i hadnabu ef.
Och! wychion gymdeithion da
O fonedd is nef yna,
Byddwch, fal y gwybyddir,
Yn ôl Huws mewn anhwyl hir.

Dug wroliaeth digreulawn
Yn y cwrt yn ifanc iawn.
Ei gredyd yn Lloegr ydoedd
A'r cariad teg drwy'r cwrt oedd.
Dug air sy deg i'r oes hon,
Dewr gweryl o du'r Goron.
Bu was hael, hapus helynt,
Oes byth gof, i Elsbeth gynt;
Bu'r un wedd, fab barwn iaith,
Was alawnt i Siams eilwaith;
A'i was fu, gu ragoriaeth,

Hyd yr awr o'r byd yr aeth.
Ei geraint ieirll a garai
A garai ei bryd hawddgar brau.
Ys da gâr nis digaren'
I'w geraint oedd a'r grant hen.
I'w stad hir dug ystod deg
Gyda'r Arglwyddi gwiwdeg.
Gwas gwych oedd o rwysg uchod
Nid oedd falch un dydd o'i fod.
Trwy Lundain at hir lendid,
Tref lle y bydd tyrfa llu byd,
Ni 'dwaenant, enw dianael,
Gymar i hwn, Gymro hael.
Mwyhau cur, dolur daliwn,
Y mae holl Gymru am hwn.
Holl Lŷn trosti'n llawn tristwch,
Hyn a'i troes mewn oernad trwch.
Pwllheli heb bwyll wylon,
Priddo Huws sy'n pruddhau hon.
Ni bu fab fwy'i gydnabod
O Ewrop glaer, ddi-drip glod;
Ulyses dan law Iesu,
Hector tros fôr, mentrus fu.
Dim nid oedd drwy ieithoedd draw,
Doeth rwyddwalch, dieithr iddaw.
Tirion oedd at rinweddau
Prydain fraisg, pryd awen frau;
Pasio pawb hapusa' pen
Y bu'i rywiog bêr awen.
Canu'r iaith, gwiriaith gwarant,
A thalu am ganu i gant.
Peth rhyfedd, wiw fawredd fodd,
O fiwsig a ddyfeisiodd.

Oen Duw cyfion, da cofir,
Enaid Brutaniaid y tir.
Pan aeth Huws, hael pennaeth sad,
Pwy nis gŵyr? poenus gariad,
Dau wythgant, gwarant gwirier,
A dau naw, oed Mab Duw Nêr.
Ei gorff sant yn gorffwys sydd

Rhwng beddau'i deidiau dedwydd;
Gwae a'i gŵyr gau y gweryd
Goruwch ben hawddgarwch byd.
Hir wae sydd i'r oes heddiw
Hwyr in y fath ŵr yn fyw.
Huws gwrol, parhaus gariad,
Huws glau oedd fflowr-de-lis gwlad.
Huws hael fu, rasol fywyd,
Huws i'w Brins mae eisie'i bryd.
Huws enwog ei wasanaeth,
Huws i law Iesu hael aeth.

Gruffydd Phylip

8. *Dideitl*

Dick, byr i drick bob dro wrth chware
mae'n chwerw oi drinio;
hwn, os bydd yn ysbeilio,
gwiliwch fyth llei gwelwch fo.

ATODIAD 2

Cerddi gwrthodedig

Cerddi gwrthodedig

1. 'Y Wyddfa noddfa nawddfawr'; dangosodd Erwain H. Rheinallt mai Dafydd Gorlech oedd awdur y cywydd hwn, gw. *Gwaith Dafydd Gorlech* (gol. Erwain H. Rheinallt), (Aberystwyth, 1997), 12, a chyhoeddwyd ef yn y gyfrol, 44–52.

2. 'Ystyriwch hyn o ystori a luniais yma 'leni'; cerdd rydd yn cwyno yn erbyn meddwdod yw hon. Yr unig gyfeiriad yn y *Mynegai* yw Cwrtmawr, 39, 184–7, ond ar dudalen 187 ar ei diwedd ceir y gosodiad, 'Rice Hughes o Ddinam ai Cant'.

3. 'Pob gŵr sy'n magu merched, I ŵr a saethodd darw cymydog yn lle cariad ei ferch'; mewn un llsgr. yn unig y priodolir y gerdd rydd hon i Hughes ac yn y lleill y mae'n ddienw. Nid oes dim ynddi sy'n ei chysylltu â Hughes.

4. Yn *CLl*, 216–7, printiwyd nifer o englynion fel gwaith Hughes ac mae'n ddigon posibl fod rhai ohonynt yn ddilys. Yn *CLl* y mae'r englynion yn y drefn ganlynol:

    (a) *Englyn i gwch ynys Enlli*, gw. rhif 21.

    (b) *Englyn pan roese Gŵr Mawr o Gymru un i ganu dychan iddo pan oedd yn byw yn Llyndain.* Un o'r englynion o'r gyfres i Siôn Salesbury, rhif 28; gw. y nodiadau ar y gerdd, 98-101.

    (c) *Englyn i Gwest*, gw. rhif 37.

    (ch) *Englyn dychan i brydydd a elwid Lewis Menai.* Priodolir hwn i Bedo Hafesb, hefyd, a chynhwyswyd ef yn y casgliad o waith y bardd hwnnw, *Gwaith Bedo Hafesb*, 297.

    (d) *Englyn ar fedd*, gw. rhif 51.

    (dd) *Englyn i Hosanau Botymog*, gw. rhif 20.

    (e) *Dideitl*: 'O'm hôl y pistol, fab hasti' . . ., gw. rhif 46.

    (f) *Dideitl*: 'Pawb yn llwyr a'i gŵyr' . . ., gw. rhif 22.

    (ff) *Dideitl*: Pedwar englyn i ferched, gw. rhif 42.

    (g) *Dideitl*: 'Meurig aer Meurig' . . ., gw. rhif 44.

(ng) *Dideitl*: 'Kroeso bvr dydyr o deidiav'; ceir amryw gopïau o hwn yn y llsgrau, ond nid yw'r un yn ei briodoli i Hughes.

5. 'Ymhob man d'arian heb doreth' . . . Rhoddir hwn i Hughes yn y *Mynegai* a cheir ef mewn o leiaf ddwsin o lsgrau. Ni phriodolir ef i Hughes yn yr un ohonynt. Daw yn union o flaen yr englyn ar farwolaeth Elizabeth (rhif 29) yn y llsgr. a enwir gyntaf yn y *Mynegai*, sef LlB. Ych: 14892, 19v, a phriodolir hwnnw i Hughes yn gywir ddigon. Cymerodd y mynegeiwr cyntaf fod y *ddau* englyn yn waith Hughes, a dilynwyd hynny byth wedyn. Yr wyf yn ddiolchgar i Arwel Jones am edrych ar y slipiau gwreiddiol yn y Llyfrgell Genedlaethol, a chadarnhau hyn.

NODIADAU AR Y CERDDI

1. [*Y Bardd a'i Gariad*]

Llawysgrifau: A = LlB. Ych. 14974, 22v-24; *B* = Bangor (Mostyn) 9, 123v-124v; *C* = Bangor 5945, 150-1; *D* = Don C 54, ?38v.

Amrywiadau: Teitl. *D* Dyrrie o waith Risiart Hughes 10. *BD* . . . ddvlain . . . 13. *AC* . . . dy gariad 14. *C* . . . cynhwyswn . . . 15. *C* . . . meda . . . 17. *C* . . . na chare . . . 19. *AB* Llei . . . 26. *C* . . . blannu Cariad 30. *C* Mi adewais . . . 36. *AC* . . . dy ŵr . . . *BD* . . . dŵr . . . 37. *BD* Anghyredig . . . 38. *D* . . . professio . . . 40. *D* rhydidd . . . 42. *BCD* . . . tân . . . 43. *C* . . . peru merchiad 44. *B* . . . ollwg . . . *C* . . . llygaid 45. *C* . . . o goed . . . *D* . . . irrioed . . . 46. *BD* A . . . 47. *D* . . . fo wyr . . . 48. *AC* . . . mi . . . 49. *ABD* Llei . . . 50. *D* Fo . . . *BD* . . . vn a . . . 53. *A* Y mae . . . *C* Y ma . . . 56. *BD* . . . mi a wna . . . 57. *BD* . . . coll . . . 59. *D* Dos . . . 63. *C* . . . un deg . . . 64. *B* . . . ych kael nach ['n'wedi ei groesi allan] ach kelu *C* . . . I chael neu I cholli *D* Nid yw ll. 61–4 yn *D B* Rich: Hughes *C* Finis *D* tervin: Ric. Hughes.

Cyhoeddwyd y gerdd hon yn *CLlC*, I, 9-11; *CLl*, 205-6; *CRC*, 1-3; *CerRC*, 101-2 [gadewir allan ll. 25–48], *OBWV*, 231-3; fersiwn *A* (sydd yn llaw Wiliam Salesbury) a ddilynir yn y cwbl a chopïwyd y llsgr. gan J. H. Davies cyn 1900, pan gyhoeddwyd *CLlC*, I. O'r gyfrol honno ac nid o'r llsgr. y codwyd yr argraffiadau eraill, fel y dengys y camgymeriad ar linell 53, sydd ynddynt i gyd, '*Y mab* madde' . . .; yn *ABD* ceir, '*Y Mai* madde . . .' ac y mae *C* yn amwys, '*Y ma* madde . . .'; *ABD* sydd yn gywir. Yn *CLlC*, I, 9, hefyd y ceir y teitl, *Ymddiddan rhwng Dic Hughes a'i Gariad*, a roddwyd ar y gerdd gan J. H. Davies (fel y dengys y bachau petryal), gan nad oes teitl o gwbl yn *A*. Addasiad o hwn a geir yn *OBWV*, a dilynwyd hwnnw yma er hwylustod. Y mae fersiwn *C* yn dilyn *A* yn weddol gyson fel y gwelir, fel mewn cerddi eraill, ond diddorol sylwi fod *D* yn tueddu i ddilyn *B* lle bo anghytundeb.

Yn *B* ceir 'y mab' o flaen penillion 1, 3, 5, ac 'y ferch' o flaen penillion 2 a 4; o 6 ymlaen ceir 'F' ac 'M' o flaen pob pennill fel y bo'r galw. Ni cheir unrhyw arwyddion tebyg yn *C* ond y mae'r pennill olaf wedi ei sgrifennu i fyny ochr y penillion eraill o waelod y ddalen i'r top, am nad oedd digon o le ar waelod y tudalen, mae'n debyg. Yn *D* ceir 'Atteb' o flaen pob pennill a leferir gan y ferch, ond ni cheir y pennill olaf sydd yn cyfeirio at yr awdur fel yn y tair llsgr. arall. Rhoddwyd 'mab/merch' uwchben y penillion yn y fan hon am ei bod yn haws dilyn yr ymddiddan felly.

Cwpledi odledig yn ffurfio penillion pedair llinell yw'r mesur, amrywiad ar y cywydd deuair fyrion ond ei fod yn ddigynghanedd.

Trafodir y gerdd gan Cennard Davies, *Guide*, III, 82-3.

7. Cymrwch: Defnyddia'r ferch yr ail berson lluosog ffurfiol i gyfarch y mab drwy'r gerdd tra bo ef yn defnyddio'r ail berson unigol anffurfiol i'w chyfarch hi. Ni wneir hyn yn gyson yn llsgrau *AC*.

13. gwraidd: Dadleua Cennard Davies mai delwedd sylfaenol y gerdd yw gardd Elizabethaidd, ffurfiol, gan gychwyn gyda'r gair hwn.

16. sym: siom.

19. rhosyn coch a'r lili: y blodau ffurfiol sy'n tyfu yn yr ardd.

20. ymberchi: <perchi, amr. ar parchu, dangos ffafr i'w gilydd, ffafrio'i gilydd, *GPC*, 2687.
21. blan: <plannu, (gw. hefyd yn ateb y mab yn ll.26); cynhelir y ddelwedd arddwrol.
24. dŵr: Ceir cymhlethdod cywrain o fwyseirio drwy'r gerdd hon yn enwedig yn y defnydd o'r gair *dŵr* [water], *dŵr* [tr. o tŵr, 'tower'], a *d'ŵr*, dy ŵr.
Gellir cymryd y ddau ystyr cyntaf yn yr engh. hon, sef codi dŵr i ddyfrio'r planhigyn cariad a chodi (ei) dŵr i garcharu'r ferch.
32. cyfwrdd: teimlo, cyfarfod â, gw. *GPC*, 734.
33. a 36. dŵr: Printiwyd 'd'ŵr' y ddau dro yn *OBWV*, 232, ond gwell yw cymryd yr ystyr llythrennol yn gyntaf, sef bod dŵr budr neu frwnt yn staenio grudd y ferch. Yr ail ystyr yw 'dy ŵr', a gweddi'r Mab na ddelo'r gŵr i olwg y Ferch byth mwy. Yng nghywydd Dafydd ap Gwilym, 'Llychwino Pryd y Ferch', *GDG1*, 223–4, anadl ei gŵr, Eiddig, a lychwinai ei grudd, 'Anadl fal mwg y fawnen'.
40. engdwr: amr. ar 'ehangdwr', haelfrydedd, helaethrwydd, *GPC*, 1183.
44. gollwng llyged: gollwng dagrau, crïo, *GPC*, 1457, 'to shed tears, weep'.
45. Tan y coed: nid yw'r ferch erioed wedi crwydro o'r ardd i garu dan y coed – y ddelwedd o benrhyddid cariad a ganmolid gymaint gan Ddafydd ap Gwilym, er enghraifft.
51-2. gam dybio: ceir hiwmor yn y pennill hwn – os yw ei gŵr am fynd i uffern dylai'r ferch wneud yn siwr fod rheswm da am hynny ac nad yw'n mynd yno ar gam.
53. Y Mai/mai: mis Mai/(f)y mai: y mae'r ail ystyr yn dilyn o'r pennill blaenorol – bai y ferch fydd caru dan y coed; y mae'r ystyr arall sef 'mis Mai' yn cynnal y ddelwedd y cyfeirir ati gan Cennard Davies, sef y ddelwedd o arddu drwy'r flwyddyn.
57. cyll: ll. collen, 'hazel tree', *GPC*, 546.
59. gwisgïa': mwyaf gwisgi; aeddfetaf, am gneuen sy'n ymryddhau o'r cwpan, *GPC*, 1671. Gwêl Davies y cnau fel diweddglo naturiol, *Guide*, III, 83, 'The fully ripened nuts bring the cycle of planting, watering and growth to its natural conclusion a maturation which consciously counterpoints the state of the poet's relationship with his mistress'.
60. dair: mwyseirio eto – tair cneuen, a 'd'air', cadw dy addewid. Cysyllta Edwards, *DGIA*, 180-2, y pennill hwn â'r hen chwarae, 'cnau i'm llaw' y cyfeirir ato gan Ddafydd ap Gwilym, yn y cywydd o'r un enw, gw.*GDG1*, 134–6, a'r n. 485-7, a chan gywyddwyr eraill. Trafodir y chwarae gan D. Machreth Ellis, 'Chwarae "Cnau Mewn Llaw" a rhai chwaraeon eraill', *LlC*, 5 (1959), 185-92. At gnau cyll y cyfeirir gan Ddafydd ap Gwilym (ll. 46), fel yn ll.57 uchod.
'heb dorri'n gyfa': awgryma Edwards, *op.cit.*, 182, fod yr ymadrodd hwn am gadw'r cnau'n gyfan yn cyfateb i eiriau Dafydd, 'Nis tyr min . . . Ni thorrir . . . Â charreg befr', (ll. 51–4).
63. Indeg: un o gariadon y brenin Arthur a oedd yn enwog am ei phryd-ferthwch yn ôl y beirdd. Cyfeirir ati wyth gwaith gan Ddafydd ap Gwilym, gw. R. Bromwich *Trioedd Ynys Prydein*, 412-3, a 354-5. Yn ôl Bromwich, 413 . . . 'no trace has survived of the story attached to this

heroine.' ac ychwanega, '. . . her popularity may be partly attributed to the convenience of the rhyme *Indeg: teg* in a *cywydd* couplet'. Ni ellir dweud hynny am y cyfeiriad hwn gan nad yw'n cynnal yr odl ac mae'r cyfeiriad ati'n 'ynfydu' yn awgrymu fod Hughes yn gwybod rhywfaint o'i hanes.

2. [*Ymddiddan y Bardd a'r Eos*]

Llawysgrifau: *A* = LlB. Ych.14974, 34v-35v; *B* = Bangor (Mostyn) 9, 120-21; *C* = Bangor 5945, 154-8.

Amrywiadau: 2. *C* . . . yn pyngcio Lleisio 3. *AB* Diwedd . . . 5. *B* . . . gwiw . . . 6. *B* . . . A naid . . . *B* . . . or . . . *B* . . . ysbadad . . . 7. *B* . . . bryntie . . . 9. *B* Am fine yn eiste . . . 10. *A* . . . Cuwpud . . . *B* . . . Cwpyd . . . *C* . . . Cupit . . . *C* . . . fasan 12. *B* Mi a . . . 13. *B* llefav lleisiav a llaysv fine 14. *B* . . . hollt . . . 16. *C* Ar . . . 20. *B* . . . dduw . . . 23. *B* Ai . . . *B* . . . chaf 24. *B* . . . chaf . . . 28. *ABC* . . . ton . . . 34. *B* . . . yn y . . . 35. *A* . . . yr coed . . . *B* . . . yr wyd . . . *C* . . . yr Coed . . . 36. *B* rhaidd imi . . . *A* . . . dduddio *B* . . . ddiddio *C* . . . ddyddio 39. *B* . . . diliw'r 41. *B* . . . clyw eiddig . . . *C* . . . clyw'r eiddig . . . 45-52. ddim yn *B* 45. *C* . . . pe . . . 52. *A* . . . drwy weled 58. *B* Rvn rym . . . 61. *B* . . . pen ith welwy *C* . . . pen I gwelwy 68. *B* i ddiawl wyr hi y tal hi cheisio 69. *A* . . . cymyn . . . (wedi ei newid o 'ganwull') *B* . . . kymyn . . . *C* . . . ganwyll . . . 70. *B* . . . wna . . . 71. *B* . . . bwrw . . . 72. *B* . . . marfor. 74. *A* . . . wer . . . *C* . . . merch——— 76. *A* A gymro yr llour . . . (wedi ei newid o 'gano') *B* A gymro y lover . . . *C* A garo yr lloer 78. *C* . . . glistia'r . . . 80. *B* . . . nhw a . . . 81. *B* ir yw fi yn y . . . *C* . . . bora 83. *B* . . . byd . . . 84. *B* rwy fi yn . . . 85. *A* Rhofo . . . *B* Rho fo . . . *C* Rofo . . . 87. *A* . . . o honof di yn . . . *B* . . . o hono fo di . . . *C* . . . o honof di'n . . . 88. *B* di a . . . *A* R:H *B* Richard Hughes ai k. *C* R:H.

Cyhoeddwyd y gerdd hon yn *CLlC*, I, 18-21, lle y ceir y teitl *Cynghor yr Eos i'r Claf o Gariad*; *CLl*, 209-10 (gyda'r un teitl); *CRC*, 14-16; *OBWV*, 233-6. Y mae'r testunau hyn i gyd yn deillio o gopi *A*, trwy argraffiad *CLlC*, fel rheol.

Trafodir cefndir y cerddi adar yn Saesneg ac yn y Gymraeg gan Brinley Rees, *DCR*, 65-73; yno dengys fod y gerdd hon yn wahanol i'r rhelyw mewn amryw ffyrdd er bod iddi rai nodweddion a oedd yn gyffredin i lawer o'r cerddi adar Saesneg, e.e. ceisio dynwared cân yr aderyn (ll.17-20), a ffurf ymddiddan y cerddi. Y mae Eos Hughes yn cynghori'r bardd ac yn lladd ar ferched yn gyffredinol fel y mwyafrif llethol o adar y cerddi yn y ddwy iaith, ond yn wahanol i'r rhan fwyaf o'r adar hynny sy'n ddim byd ond lleisiau pregethwrol i leisio barn ddidactig, y mae Brinley Rees yn eithrio'n benodol eos y gân hon (t.69, n2). Ni ellir cyhuddo'r aderyn hwn o fod yn 'ddi-liw ac annaturiol'; i'r gwrthwyneb, y mae'r aderyn yn berchen llais sardonig sych sy'n cynnig cynghorion ymarferol, pragmatig sy'n torri trwy ffuantwch rhamantaidd y bardd (ll.29-32). Ceir yma hefyd yr un fframwaith hanesiol i'r ymddiddan – y bardd yn eistedd dan ddraenen yn synfyfyrio am y ferch pan glyw'r eos a'r garreg ateb a hynny ar amser penodol 'diwedd Mawrth cyn dechrau Mai'. Yn wahanol i'r cywyddau lle'r anfonir yr aderyn yn llatai gwrthyd yr eos fynd ar neges.

Pwysleisir bod tebygrwydd rhyfeddol, 'surprising similarities', rhwng y defnydd o adar yn y traddodiad caeth a rhydd gan H. M. Edwards, *DGIA*, 110-37.

2. yr eos: yr aderyn a gysylltir â serch yn anad un yng Nghymru o'r 12g. ymlaen, ond gwelir dylanwadau allanol ar y defnydd hefyd, gw. H. M. Edwards, *DGIA*, 111. Y mae'n annhebygol fod yr eos yn dod yn nes i Gymru na'r ffin â Lloegr, gw. Edwards, *op.cit.*, 82.
6. ar ysbaddad: gw. s.v.'ysbyddad' *DD*, 1632, 'Beirdd ysbyddaid, Poëtae parasitici'.
7. brynti ei brawd: yn gywirach, ei brawd-yng-nghyfraith; priododd Teirws (ll.77-8) Philomela er ei fod eisoes yn briod â'i chwaer, Procne. Carcharwyd Procne ymhlith y caethion a thorrwyd ei thafod rhag iddi ddweud ei hanes, ond llwyddodd i weu ei hanes yn y wisg a baratowyd ar gyfer Philomela. Deallodd Philomela'r neges a lladdodd y chwiorydd fab Teirws a'i fwydo i'w dad. Trowyd hwy'n adar gan y duwiau – Procne yn wennol a Philomela yn eos. Ceir y stori gan Ovid yn y *Metamorphoses*, vi. 426-674 a dadleuodd Rachel Bromwich fod Dafydd ap Gwilym yn gyfarwydd â gwaith Ovid, *APDG*, 117-8; nid yw Edwards, *DGIA*, 105, mor siŵr.
10. saeth Ciwpid ddall: duw cariad a ddarlunir fel bachgen bach dall gyda bwa a saeth. Nid yw Ciwpid yn ymddangos yng ngherddi'r cywyddwyr a geill fod yn fenthyciad o'r Saesneg – nid oes dim yn y cyfeiriadau ato na ellid ei gael o'r Saesneg, gw. O'Sullivan, *Developments*, 215.
12. y garreg lefen: carreg ateb, eco; syrthiodd Echo mewn cariad â Narcissus, ond ni charai ef unrhyw un ond ef ei hun. Dihoenodd Echo hyd nad oedd dim ohoni ar ôl ond ei llais.
31. rhwng yr og a'r mur: carcharu; defnyddir 'og' am porthgwlis, drws o haearn ar ffurf og y gellid ei godi a'i ostwng ym mhorth castell, gw. *GPC*, 2638. Yn chwedl *Iarlles y Ffynnon*, carcharwyd Owain ab Urien rhwng porth allanol a phorthgwlis castell, gw. Dafydd a Rhiannon Ifans, *Y Mabinogion*, (Llandysul, 1980), 135.
36. ddyddio: cymodi, gwneud oed, *GPC*, 1121.
37. heden: amr. ar edn, aderyn, *GPC*, 1166-7.
41. llatai: negesydd serch, aderyn yn aml, *GPC*, 2099.
42. Eiddig: ans. eiddigeddus; fel enw, cymeriad dychmygol mewn cerddi, sef gŵr diarhebol o eiddigeddus cariadferch y bardd, sydd yn rhoi rhwystrau yn ffordd y cariadon, *GPC*, 1187; defnyddir fel enw priod generig am ŵr y ferch.
44. y gog: yr oedd y gog, fel yr eos, yn un o brif gynorthwywyr y cariadon yn erbyn y gŵr eiddig a gwrthyd yr eos fynd yn llatai rhag i'r Eiddig feddwl mai'r gog yw, gw. Edwards, *DGIA*, 113. Cofier hefyd am y cysylltiad rhwng y gog a chwcwalltiaeth, *GPC*, 635.
58. ffon Achyles: gwaywffon Achyles a drawai bawb i'r llawr.
64. gwen/Gwen: anodd dweud a ddylid cymryd hwn fel enw priod ai peidio.
69. gannwyll/cymun: newidiwyd 'gannwyll' i 'cymun' yn *A*, gan Brotestant brwd, Wiliam Salesbury, y copïydd, efallai; 'kymyn' yn unig a geir yn *B*, a 'ganwyll' yn unig yn *C*.

71. sgwd: hergwd.
72. frwd: poeth; amr. ar yr ymadrodd, 'o'r badell i'r tân'.
73. fforffetia': <S. 'forfeit', colli rhywbeth fel cosb neu ddirwy oherwydd cam neu drosedd, *GPC*, 1306.
74. cymell: mae'n bosibl mai hen ystyr y gair sydd yma sef, gorfodaeth, <Lladin 'compello'; erbyn heddiw mae'r ystyr wedi lliniaru i annog, symbylu, perswadio, *GPC*, 758 a 763. Anodd dweud pryd yn union y digwyddodd y newid ystyr.
75. llaethlo: llo sugno; dyn mursennaidd, 'milk-sop', *GPC*, 2083.
82. pwyntmanne: <S. 'appointments', oed, trefniadau i gyfarfod; y goedwig fel man cyfarfod cariadon.
86. Teirws: gw. uchod ar ll.7.

3. [*Ymddiddan rhwng Mab isel a Merch gyfoethog*]

Llawysgrifau: *A* = LlB. Ych. 14974, 33–4; *B* = Bangor (Mostyn) 9, 117v-19v.

Amrywiadau: *A* karol 3. *B* Mi a . . . 5. *A* . . . oedd yn . . . 10. *B* . . . pvr . . . 13. *A* Fe gwyr . . . 16. *B* odd . . . 18. *A* er mwyn . . . 23. *B* . . . chy [sic] hvnan 24. *A* . . . yr yn . . . 30. *A* Pa vn [supra] 31. *A* . . . dai liwr . . . *B* . . . dilyw'r . . . 38. *A* . . . oi . . . 44. *B* . . . rhofogaith . . . *AB* . . . dvfod 46. *B* . . . gwnaethoch . . . 47. *A* . . . dav liwr . . . 48. *B* . . . gwnethyd . . . *A* . . . trigather 51. *A* . . . ffeirodi . . . 52. *B* Nhw a . . . 53. *A* . . . gynygied . . . *B* . . . gynhyngiwyd . . . [sic] *A* . . . auried *B* . . . airied 54. *A* . . . gweddon . . . *B* . . . ffersonied 56. *B* . . . angenrhaid 61. *A* . . . peiriodi avr . . . *B* . . . periodi . . . 64. *B* . . . chewch i . . . 65. *AB* . . . peiriodwch . . . 66. *A* . . . a fo . . . 68. *A* . . . yr wraig . . . 69. *B* . . . ithe . . . 70. *A* . . . offeiried 71. *B* . . . boble . . . 72. *B* . . . blant . . . *A* . . . fyddo ordderchiad 73. *A* . . . pen beiriodoch 75. *A* . . . af . . . 77. *A* . . . howddar 78. *B* . . . ddefeisiwyd . . . 84. *A* . . . chwrevo *B* . . . chweyo 85. *B* . . . gwr . . . 88. *B* . . . fo i . . . wllys 90. *A* trei . . . buw . . . 91. *A* . . . chi'r neb 94. *A* . . . nhad . . . *B* . . . yn tad . . . 96. *B* . . . ddeigr heilldion 98. *B* gwrthe . . . sy . . . wnethyd 101. *B* . . . drycho 105. *A* . . . yr eglyn . . . 106. *A* . . . fy mam . . . 108. *A* . . . ddad . . . 109. *A* . . . geisio 113. *AB* Pan . . . 114. *A* gwedi i chwi gael . . . gare 115. *B* . . . fo gam . . . 116. *A* fo ai . . . *A* terfyn.

Yn llsgr. *B* yn unig y ceir enw'r awdur, 'Ric. Hughes' ond y mae yng nghanol ei gerddi yn *A* ac y mae pob rheswm dros ei derbyn fel un o'i gerddi dilys. Cyhoeddwyd y gerdd deirgwaith eisoes, sef yn *CLlC*, I, 21, *CLl*, 210–11 a *CRC*, 17-20, y cwbl yn gopïau o *A* a wnaethpwyd gan J. H. Davies; ef hefyd a roes y teitl i'r gerdd a dilynwyd ef fel arfer gan Myrddin Fardd, ond glynodd Parry-Williams wrth y teitl sydd yn y llsgr. a rhoi'r teitl *karol*: yn syml iddi, sy'n awgrymu ei fod ef wedi copïo o'r llsgr. yn hytrach nag o'r copi yn *CLlC* fel Myrddin Fardd. Cadwyd at deitl Davies yn yr argraffiad hwn am ei fod yn fwy disgrifiadol.

Defnyddir y Mesur Triban yn y gerdd hon.

Tu ôl i'r dôn chwareus ceir beirniadaeth gymdeithasol eithaf crafog ar ddulliau priodi yn y gerdd hon, fel y ceir mewn dull mwy uniongyrchol yn narlun Elis Wyn o'r briodas yn Llys Rhagrith yn ei weledigaeth gyntaf, *GBC*, 29-31. Hyd y gwyddys ni phriododd Hughes ei hun, ac mae'n bosibl fod ei olwg sinigaidd braidd ar briodasau cyfoes yn deillio o hynny. Gwelir geirfa ac ymadroddion y beirdd traddodiadol yn dryfrith yn y gerdd hon – 'deg ei phleth', 'deuliw'r ôd', 'gwen liw'r manod', 'deuliw'r can'. Defnyddia ymadroddion cartrefol, digrif hyd yn oed, i ddilorni merched, e.e. ll. 67–8, 81–4 a 101–12.

Y mae'r gerdd hon yn y trydydd person yn wahanol i'r ddwy gerdd flaenorol – gwrando ar fab a merch yn ymddiddan y mae'r bardd yn y gerdd hon ac nid yw'n ymyrryd o gwbl yn yr ymddiddan. Wrth wneud hyn gall ei ddieithrio'i hun a bod yn fwy gwrthrychol a beirniadol.

11. anfod: ansefydlog, *GPC*, 117; efallai mai camgymeriad sydd yma am 'anfad' = anffodus, anlwcus, drygionus, ofnadwy, *GPC*, 114. Ond cytuna *A* a *B* mai 'anfod' yw'r ffurf.
20. rheir: cywasgiad o 'rhy hir'.
47. can: gwyn, disglair, *GPC*, 407.
51. ròd: <S. 'rod', mesur arwyneb tir, 30¼ llathen sgwâr, gw. *GPC*, 2987; yma, mab heb dir o gwbl wrth ei enw.
72. ordderchiad: bastardiaid, plant anghyfreithlon na allent etifeddu tir.
85. oer: 'gŵr' sydd yn *B* a byddai'r darll. hwnnw llawn mor addas.
99. daf: amr. ar 'da', gw. *GPC*, 867.
106. adwyth: drwg, aflwydd, anffawd, *GPC*, 30.
107. nad: bloedd, cri, ysgrech, cwynfan, *GPC*, 2547.

4. [*Cyfoeth Calon*]

Llawysgrifau: *A* = LlB. Ych. 14974, 24–5; *B* = Bangor (Mostyn) 9, 113v–115.

Amrywiadau: 7. *A* . . . vn . . . 8. *A* . . . chwynfan . . . 9. *A* Afrad . . . 12. *B* . . . ddychan . . . *A* . . . ddeuallt . . . 19. *B* . . . ow pa ham 28. *A* . . . sy a mwy o goweth 29. *B* . . . nae . . . 38. *A* gwmpniwr . . . 39. *A* . . . a dyn . . . 41. *B* . . . chwnychaist . . . 44. *A* . . . ni achwyn . . . 55. *A* . . . nefoedd . . . 63. *A* . . . caü . . . 68. *A* Garedig . . . 71. *B* ar . . . 73. *B* . . . bay 79. *B* . . . ir . . . *A* Finis per Dicc Hughes *B* Richard Hughes ai k.

Ceir copïau o'r gerdd hon yn *CLlC*, I, 11–13; *CLl*, 206; *CRC*, 3–6; *CerRC*, 102–3; *BBAGB*, 26–8.

Nid oes teitl i'r gerdd hon yn y llsgrau. Rhoes J. H. Davies y teitl cyffredinol *Carol i'w gariad* iddi yn *CLlC*, I, 11, a dilynwyd ef gan Fyrddin Fardd. D. Lloyd-Jenkins a roes y teitl uchod iddi yn *CerRC*, 102.

Fersiwn ar yr awdl-gywydd yw'r mesur hwn, ond ei fod yn acennog yn hytrach na sillafog; yn ddiweddarach dechreuwyd ei alw'n Fesur Salm am fod Edmwnd Prys wedi ei ddefnyddio mor llwyddiannus yn ei Salmau Cân. Nid yw'r brif-odl yn cael ei chynnal am fwy nag un pennill ar y tro yn y fersiwn hon.

Y mae thema'r gerdd hon yn debyg iawn i un y gerdd flaenorol (rhif 3), ond yn hon y mae'r bardd yn siarad yn uniongyrchol â'r ferch heb y ffrâm ymddiddanol sydd i'r gerdd honno. Nid oes yn hon, chwaith, yr ysbryd chwareus, doniol sy'n brigo i'r wyneb yn y gerdd ymddiddan lle mae'r bardd yn gwylio ac yn gwrando yn hytrach na bod yn rhan o'r ddrama (er nad oes amheuaeth â pha un o'r cariadon y mae'n ochri). Y mae'n arwyddocaol hefyd fod cerdd 3 yn gorffen ar nodyn o gytgord a'r cariadon yn mentro gyda'i gilydd, yn wahanol i'r gerdd hon lle nad oes sicrwydd o gwbl beth fydd diwedd y stori. Y mae'r pennill olaf yn cynnig dau ddiweddglo; naill ai bydd Duw a'r ferch yn trugarhau, neu bydd y bardd yn marw o dorcalon, sydd yn un o'r themâu mwyaf cynhyrchiol yn y canu serch. Y mae'r gerdd yn gorffen gyda'r un darlun ag y dechreuodd, sef y posibilrwydd y bydd y cariadlanc yn marw fel yr alarch.

6. nwy': nwyf, angerdd, chwant, asbri, ynni, *GPC*, 2600.

7-8. alarch gwyn: y mae'r gred fod yr alarch mud yn canu unwaith pan fo ar farw yn digwydd ym marddoniaeth Saesneg y cyfnod. Cyhoeddwyd madrigal Orlando Gibbons (1583-1625), 'The Silver Swan who living had no Note/When death approached un-locked her silent throat' sy'n seiliedig ar hyn cyn 1612, a daeth yn boblogaidd ar unwaith, yn ddigon buan i Hughes ei chlywed. Fel Hughes yr oedd Gibbons yn was yn y llys – yr oedd yn organydd yn y Capel Brenhinol yn nheyrnasiad James I, o 1603 ymlaen.

13. deuliw'r ôd: un o'r ymadroddion stoc a ddefnyddir i ddisgrifio harddwch y fun.

22. llysu: ymwrthod â, gadael, nacáu, troi heibio, *GPC*, 2276.

28. cyweth: amr. ar 'cyfoeth', gw. ll.29.

29. mael: <S.'vail', proffid, elw, budd, lles, *GPC*, 2305.

32. cym'ro: cymero, *GPC*, 759.

34. siwrl: <S.'churl', taeog, un anfoesgar.

39. (g)wardd: cywasgiad o 'gwahardd', *GPC*, 1561.

40. gymesur: <cymesur, cytbwys, cymedrol, gweddus, rhesymol, *GPC*, 761.

43. lliwiant: edliwiad, danodiad, *GPC*, 2195.

46. fwnws: <mwnws; cyfoeth, golud, arian, *GPC*, 2511.

5. [*Cwynfan Serch*]

Llawysgrifau: *A* = LlB. Ych. 14974, 26-26v; *B* = Bangor (Mostyn) 9, 116v-117; *C* = Bangor 5945, 153-4.

Amrywiadau: 8. *AC* . . . hi syn peri 13. *C* . . . dyrnasa 15. *A* . . . ar i *B* . . . doethed 20. *B* . . . i ddiwedd . . . 31. *AC* . . . y myn . . . 32. *AC* . . . cerddodd . . . *B* . . . havl . . .

Cyhoeddwyd y gerdd hon yn *CLlC*, I, 16-18; *CLl*, 208; *CRC*, 8-9; *CerRC*, 105; *BBAGB*, 61-2. Nid oes teitl iddi yn yr un o'r llsgrau ond rhoes J. H. Davies y teitl uchod iddi a dilynwyd ef gan Fyrddin Fardd yn *CLl.* Dewisodd D. Lloyd-Jenkins ei galw yn *Arwain Dolur* yn *CerRC*.

Dwy gerdd yn unig sydd ar y mesur hwn, sef cwpledi odledig o wyth sillaf yr un yn odli a, a, b, b (y llall yw rhif 1). Hwn oedd un o hoff fesurau'r Ficer Prichard ac yr oedd yr odlau cyson yn werthfawr iddo ef a'i fwriad addysgol fel *aide memoire*.

Yn y gerdd hon y mae'r bardd yn siarad â Duw yn ll.1-32, gan geisio cyfiawnhau iddo'i hun ei gariad seithug trwy ddyfynnu hanesion am arwyr Beiblaidd a syrthiodd i fagl merched deniadol ond anfoesol. Cyfeirir at y ferch yn y trydydd person yn y llinellau hyn. O ll.33 i'r diwedd y mae'n annerch y ferch yn yr ail berson ac yn erfyn yn uniongyrchol am iddi ei garu ar fyrder.

2. arwain: cario, gwisgo, cludo, dwyn, *GPC*, 214.
14. Sele: Solomon.
30. wrantu: sicrhau, cadarnhau, dilysu, *GPC*, 1578.
rhydda: rhy dda.
31. elfydd: cywasgiad o hefelydd, tebyg, hafal, cyffelyb; gwelir mewn cymal negyddol fel yma, *GPC*, 1205.
44. sifftio: <S. 'to shift', ymdaro, ymdopi, *GA*, 1271.

6. *Carol Cariad*

Llawysgrifau: *A* = LlB. Ych. 14974, 22-3; *B* = Bangor (Mostyn) 9, 125-125v; *C* = Bangor 5945, 147-9; *D* = LlGC. 832 E, 94.

Amrywiadau: Teitl: *AC* karol oi gariad *B* dim teitl *D* Cwynfan Llangc am ei Gariad mewn dyll o Ymadrodd a elwir Anadiplosis. 1. *D* Y fi 'di'r . . . 2. *B* . . . arglwydd nef . . . *D* . . . Tad . . . 3. *D* Sydd fal llong rhwng craig a thonn 4. *AC* O gariad . . . rwy'n kirio. *D* Am deg ei Bronn yn dryllio. 5-8. Ddim yn *D* 6. *B* wuf i yn . . . 7. *B* Heb vn . . . 8. *B* Ond . . . ner . . . 9. *B* . . . glwyde yr ais *D* . . . curiodd f'ais 10. *B* . . . fenaid . . . *D* . . . fy Mun Lednais Lân ddiwg 11. *A* Mae arnaf glwyfe . . . *D* . . . rhai 'nafau mwy na mêl 13. *B* Golwg meinwar . . . *AC* . . . fal dan . . . 14. *B* . . . finion 15. *A* Yn sym . . . *B* Louwon liniedd sydd . . . *C* Un sy'm . . . *D* Un im . . . 16. *B* At bryd a ladd . . . *D* . . . cyd ladd . . .

17-24. *AC* Calon fyngwir galon i
  Oedd ag ihi ymgowleidio
Ymgowleidio hon ni chawn
  Pei cawn ni feiddiwn geisio:

D Ymgowleidio a hi pei cawn
  Er cael, ni feiddiwn geisio,
Rhag cael nag (ped siwr y ceid)
  Rhag ofn im cariad ddigio.

25. *D* . . . os . . . 26. *AC* . . . ercha *D* . . . mi archa 27. *D* Eli ni chaf dim . . . 28. *B* . . . oes *D* I safio f'oes mi colla. 31. *D* Am . . . 32. *B* Ond . . . *BD* . . . moi. 34. *A* . . . gyd tyrrodd *D* . . . ynghyd 35. *D* Y dydd y lluniodd meinir lonn 36. *D* Yn nwyrydd honn . . . 37. *AC* . . . hithe . . . *D* Hithe wreiddiodd . . . *B* . . . yn fy . . . 38. *D* Och'neidion trymion amal 39. *D* Clafach clafach . . . 40. *AC* . . . gariad . . . *D* Gann ofyd . . . 41-4. ddim yn *D* 45. *D* Gofalus ffrins na fyddwch ddig 46. *B* Fo rhoes y meddig fi heibio *D* Mae'r Meddig im rhoi heibio 47. *AC* Help . . . *B* . . . mwu yn y mvw *D* . . . chaf tra byddwyf byw 48-56. dim ond 'Och! trwm &c' yn *B*.

D Derbyn, darllen du ar wynn
A chwedi hynn; ystyria,
A thi gei weled Meinir gu
Mae fi sy'th garu fwya.

Davydd ap Huw'r Go o Fodedern ai cant 1610.

Y mae testun y gerdd hon a phroblem ei hawduraeth yn fwy cymhleth na'r mwyafrif o gerddi Richard Hughes. Y mae *C* yn gopi o *A* a'r ddau yn gwahaniaethu oddi wrth *B* a *D*. Y mae *D* yn perthyn i ddechrau'r ddeunawfed ganrif ac yn gopi llwgr. Er bod gwallau yn *B* y mae'n well copi na'r un o'r lleill am ei fod yn fwy cyflawn ac yn cadw'r ffurf, yn arbennig y gair cyrch a'r cyrch-gymeriad, drwyddo. Y mae *A* i bob pwrpas wedi gadael allan un pennill trwy gywasgu at ei gilydd benillion 4 a 5 ac *C* wedi dilyn yn ffyddlon; mae *D* yn hepgor y byrdwn sydd yn y tri fersiwn arall ac mae'r testun yn amrywio'n sylweddol, er nad oes amheuaeth mai'r un gerdd ydyw yn y bôn. Oherwydd y cymysgu yng nghanol *A* ac *C* collir y gair cyrch yn y testunau hynny, ond fe'i cedwir yn gyson yn *B*.

Ni phriodolir y gerdd hon i Richard Hughes yn yr un o'r llawysgrifau, ond yn *B* y mae yng nghanol y cerddi a briodolir iddo. Y mae yng nghanol cerddi Hughes yn *A* hefyd, ond yno fe'i priodolir i 'Lln ab Hwlkyn o Fôn', ond ni ellir rhoi llawer o bwys ar hyn gan mai ychwanegiad diweddarach ydyw'r enw, a'r enw gwreiddiol wedi ei flotio allan. Printiwyd fersiwn *A* gan J. H. Davies, 'A Welsh Love Song of the 16th Century', *Y Cymmrodor*, 14 (1901), 98-100 ac yn *CLlC*, III, 49-51; gan T. H. Parry-Williams yn *CRC*, 21-3 a Thomas Parry yn *OBWV*, 217-19. Yr unig un o'r golygyddion hyn sy'n priodoli'r gerdd yn ddibetrus i Lywelyn ab Hwlcyn o Fôn yw Thomas Parry; y mae'r lleill yn llai pendant. Barn Ifor Williams yn 'Rhys Goch ap Rhiccert', *Y Beirniad*, 3 (1913), 234-5 oedd, 'Oherwydd . . . safle'r gân yn y llawysgrif, a'r tebygrwydd mewn mydr a syniad, gwell gennyf wrthod Llywelyn ap Hwlcyn fel ei hawdur, a'i rhoi i Dic Hughes, nes cael goleuni pellach arni.' Yn llsgr. *D* dywedir ar ddiwedd y gân, 'Davydd ap Huw'r Go o Fodedern ai cant 1610', ond gwrthodir y dadogaeth hon gan D. W. Wiliam, 'Y Traddodiad Barddol ym Mhlwyf Bodedern, Môn: yr ail ganrif ar bymtheg', *AASFCT*, 1973, 81-3 ac awgryma yntau mai 'gwell yw ei rhoi i Richard Hughes neu ei gadael yn ddienw'. Pledio awduraeth Llywelyn ap Hwlcyn o Fôn a wna Bobi Jones mewn trafodaeth ddifyr 'Ow! Ow!' yn *Barddas*, 149, 8-9, er ei fod yntau'n cydnabod mewn cromfachau, '. . . y gellid awgrymu . . . awduraeth Dic Hughes i Garol Cariad'. Ni fynega Brinley Rees ei farn ar yr awduraeth yn y nodyn ar 'Walsingham' (gw. rhif 7), dim ond nodi, 'O'r un ar ddeg o gerddi rhydd "o waith [Ri]chart Hughes" yn ôl y rhestr sy ar ddiwedd y llsgr. [Bangor (Mostyn) 9], dwy garol neilltuol o gywrain eu ffurf, sy heb enw'r bardd odanynt: "Myfi vwr merthur tostur lef . . ." a [Walsingham].'

A oes awgrym yn y geiriau gofalus hyn fod Brinley Rees yn amau gallu Hughes i ddefnyddio'r mesurau mwy cywrain hyn? Ymddengys i mi fod y dystiolaeth gynradd a'r trafodaethau beirniadol yn gryfach o blaid awduraeth Hughes na neb arall ar hyn o bryd. Y mae'r oslef bruddglwyfus o gariad gwrthodedig yn cydfynd ag un o'r *personae* a ddefnyddiai Hughes wrth drafod cariad, fel beirdd y canu caeth o'i flaen. Noda O'Sullivan, *Developments*, 213, fod cyfartaledd uchel o gerddi serch y canu rhydd yn arwain i ddisgrifiad o salwch y bardd ac yn darogan ei farwolaeth buan oni chaiff ei foddhau. Â'r traddodiad yn ôl o leiaf cyn belled â Dafydd ap Gwilym a'i gyfeiriadau at saethau, picelli ac arfau milwrol/ffalig tebyg, felly ni ddylid meddwl mai benthyciad o gerddi Saesneg yw hyn.

Y mae'r terfyniadau yn *-e* a geir mewn rhai ffurfiau lluosog, e.e. *glwyde*, *glwyfe*, ac yn nherfyniad y rhagenw *hithe* a welir yn *A* a'r copi yn *C* yn adlewyrchu tafodiaith William Salesbury, y copïydd, o bosibl, gan nas ceir yn *B*, lle y ceir y ffurfiau safonol, *glwydau*, *glwyfon* a *hithau*.

3. Megis llong . . .: Awgryma O'Sullivan, *Developments*, 224, fod y ddelwedd o longddrylliad wedi ei benthyca'n uniongyrchol neu'n anuniongyrchol o'r Eidaleg drwy'r Saesneg, gan fod Wyatt (1503-42) a Surrey (1517-54) wedi cyfieithu un o sonedau Petrarch sy'n disgrifio'r cariadfab fel llong heb lyw a fydd yn suddo oni all gyrraedd harbwr ei gariad.

5. glwydau f'ais: un o'r delweddau a olrheinir gan O'Sullivan, *op.cit.*, 214, i ddylanwad Ddafydd ap Gwilym. Mae'r darlun o asennau fel clwydi a barrau i amddiffyn calon y mab rhag cariad yn dra effeithiol.

15. gwa'dd: gwahardd; mae un yn gwahaodd a'r llall yn gwahardd.

54. amdo: gwisg y marw, 'shroud', *GPC*, 83.
clul: amr. ar cnul <S. 'knell', sŵn caniad cloch angladd, *GPC*, 522.

55. elor: ffrâm o goed i gario arch i'r bedd, 'bier', *GPC*, 1207.

7. '*To the tune of Walsingham*'

Un copi o'r gerdd hyfryd hon a gadwyd, sef Bangor (Mostyn) 9, 126v-7. Nid yw enw Richard Hughes wrthi, ond daw rhwng 'Bywyd y Bugail' ac 'Englyn i'r Tybaco', yn y llsgr. a phriodolir y faled a'r englyn i Hughes yn benodol. P'un a yw hyn yn ei gwneud yn fwy neu'n llai tebygol fod cerdd ddienw rhyngddynt hefyd yn perthyn iddo, anodd bod yn siŵr.

Fel 'Carol Cariad', sydd hithau heb ei phriodoli i Hughes dan amgylchiadau tebyg, rhaid tynnu sylw at y ffaith fod y gerdd hon yn gywreiniach ei ffurf na dim arall a ysgrifennodd Hughes, er bod ei englynion yn dangos ei fod yn gynganeddwr o fath. Nid yw'r gerdd tu hwnt i'w allu cynganeddol ac nid yw'r mesur yn rhy gymhleth. O blaid awduraeth Hughes gellir awgrymu bod y gerdd yn amlwg yn dal rhyw berthynas â'r cerddi Saesneg a oedd yn boblogaidd yn negawd olaf yr unfed ganrif ar bymtheg ac a oedd yn dal cysylltiad â'r dôn *Walsingham*. Nid oes teitl fel y cyfryw i'r gerdd Gymraeg ond y mae 'To the tune of Walsingham', wedi ei ysgrifennu wrth ei phen. Trafodwyd arwyddocâd hynny gan Brinley Rees yn 'Tair Cerdd a Thair Tôn', *B*, 31 (1984), 69-73. Yno dangosodd fod nifer o gerddi seiliedig ar faledi yn dechrau gyda'r geiriau, 'As I went to Walsingham', neu 'As you came from the holy Land/of Walsingham'. Un o'r rhai mwyaf poblogaidd oedd cerdd gan Syr Walter Raleigh, c. 1592, y gellir ei gweld mewn amryw o'r blodeugerddi o farddoniaeth yr unfed ganrif a'r bymtheg neu'r Dadeni (ond nid yw'n cyfateb i'r patrwm o ymddiddan rhwng gŵr ifanc a merch). Sylwodd Brinley Rees ar y tebygrwydd rhwng yr amryw gerddi Saesneg a'r un Gymraeg, er nad cyfieithiad mohoni o'r un ohonynt; e.e. yr oeddynt yn gerddi ymddiddan rhwng dyn a merch ifanc, gwneir cais ofer i gysuro'r ferch sy'n gofidio am rywbeth amhenodol a wnaeth yn y gorffennol, a 'gwelir fod perthynas agos o ran thema, ac o ran dull a naws, rhwng y gerdd Saesneg a'r gerdd Gymraeg' (t. 72).

Byddai Hughes, yn anad neb, mewn lle i fanteisio ar boblogrwydd cerddi Walsingham gan ei fod bron yn sicr yn Llundain, neu yn y fyddin, ac mewn cysylltiad â Saeson erbyn 1592. Gellir ychwanegu mai cerdd o waith bardd o ogledd Cymru yw hon (gw. ar ll. 12 isod). Ateg arall, o bosibl yw un ymadrodd arbennig sy'n gyffredin rhwng y gerdd hon ac un arall o gerddi Hughes, sef yr ymadrodd 'am ei ham', (ll. 26) a'r un ymadrodd yn 'Cerdd gwynfan gŵr ifanc fod ei gariad yn ei wrthod' (rhif 8, ll. 19), 'fy rhoi i fyw am ei ham'.

Y mae'r ffaith fod y gerdd i'w chanu ar y dôn 'Walsingham' yn awgrymu cysylltiad rhwng y gerdd a'r pentref bychan yn swydd Norfolk lle'r oedd tŷ'r Forwyn Fair, a drosglwyddwyd yn wyrthiol o Nazareth, yn wrthrych defosiwn a phererindodau niferus. Cryfheir yr elfen Babyddol yn y gerdd gan y ddau gyfeiriad at 'wen Fair' (ll. 24) a 'Crist, er mwyn dy Forwyn Fam' (ll. 27). Cyfeiriwyd eisoes yn y Rhagymadrodd (t. xi) at y posibilrwydd fod gan Hughes gydymdeimlad â Phabyddion oherwydd ei gefndir yn Llŷn, a bod rhai o'i gyfeillion agosaf yn dod o deuluoedd a achlesai'r Hen Ffydd, ond gan na ellir bod yn siwr fod hon yn un o'i gerddi ni ellir ei defnyddio gydag unrhyw sicrwydd i brofi ei Babyddiaeth na dadlau fod y cyfeiriadau Pabyddol hyn yn profi mai Hughes yw'r awdur. Yn anffodus ni ellir mynd ymhellach na chyfeirio at y posibilrwydd, oni ddaw gwybodaeth bellach i law.

8. grain: amr. ar 'graen'<S. 'grain', gwedd/golwg lewyrchus, *GPC*, 1522.
12. miawn: amr. ar 'mewn' a gofnodir o'r G16 yng ngogledd Cymru, *GPC*, 2450.
26. ham: achos, amgylchiad, cymhelliad, *GPC*, 1818; ceir enghr. arall o'r ymadrodd 'am ei ham' yn rhif 8, 'Cerdd cwynfan gŵr ifanc fod ei gariad yn ei wrthod.'

8. *Cerdd cwynfan gŵr ifanc fod ei gariad yn ei wrthod*

Llawysgrifau: *A* = LlB. Ych. 14974, 25-6; *B* = Bangor (Mostyn) 9, 115-16; *C* = Bangor 5945, 145-7; *D* = Mostyn 162, 118-19.

Amrywiadau: *ABD* dim teitl 7. *BD* . . . kâr 9. *BD* . . . lawer . . . 10. *B* . . . dyn . . . *D* . . . dyna . . . 19. *B* . . . fyw . . . 31. *BD* . . . mi a . . . 41. *A* . . . odyd . . . *C* . . . ydwyd . . . 42. *BD* . . . ach karo 49. *B* . . . wylo'r . . . *D* . . . wylo yr . . . 50. *BD* . . . grydigrwydd . . . 53-60. *AC BD* 57-60, 53-6.

Y mae llinellau 53-60 yn *AC* yn rhedeg 57-60, 53-6 yn *BD* sy'n cadarnhau perthynas y parau llsgrau hynny â'i gilydd.

Yn *C* yn unig y ceir y teitl a ddefnyddir uchod – nid oes teitl o unrhyw fath yn y llsgrau eraill. Ar ddiwedd *AC* ceir 'finis'; yn *B* ceir 'Richard Hughes ai k' ac yn *D* 'Terfyn'.

Cyhoeddwyd y gerdd o'r blaen yn *CLlC*, I, 14-16; *CLl*, 207-8; *CRC*, 6-8; *CerRC*, 104-5 ond bod ll.25-40 wedi eu hepgor. Y mae'r ffynonellau print yn deillio'n uniongyrchol o LlB. Ych. 14974, 25-6 yn achos *CLlC* a *CRC* ond copïwyd *CLl* o gopi J. H. Davies yn *CLlC*, fel yn yr achosion eraill. Davies a roes y teitl 'Cân cwyn i'w gariad' (a geir hefyd yn *CLl*) i'r gerdd, mae'n debyg. Rhoes Jenkins y teitl 'Ffarwel' iddi yn *CerRC*.

Priodolir y gerdd i Hughes yn *B* ac *C* ac y mae yng nghanol ei gerddi yn *A*.

Perthyn y gerdd hon i'r traddodiad o'r bardd yn glaf o gariad ac yn dihoeni oni fydd y ferch yn trugarhau wrtho; delwedd arall a ddefnyddir i bwysleisio diymadferthedd y carwr yw o fod 'yn y glud' ac yn methu symud o gwbl – y mae'r ferch wedi ei garcharu. Ond mae'n nodweddiadol o ganu Hughes ei fod yn dal yn optimistaidd yn y pennill olaf, er iddo fod yn cwyno drwy'r gerdd i gyd, eto nid yw wedi anobeithio'n llwyr.

19. ham: achos, cymhelliad, amgylchiad, gw. *GPC*, 1818; y mae hwn yn ymadrodd braidd yn anghyffredin ond ceir ef mewn cerdd arall sy'n ddienw ond yng nghanol cerddi Hughes yn Bangor (Mostyn) 9 a gall y defnydd o'r ymadrodd ategu'r ddadl o blaid awduraeth Hughes i'r gerdd honno hefyd, gw. rhif 7, ll.26.
20. (l)lwyrgam: niwed dirfawr, camwri, cam dybryd, *GPC*, 2247.
33. glud: gliw, past, *GPC*, 1412.
34. haeach: o'r braidd, o gwbl, prin, *GPC*, 1801.
56. ansyber: anfoesgar, anghwrtais, *GPC*, 158.

9. [*Carol ymddiddan hen ŵr a sawdwr*]

Llawysgrifau: *A* = LlB. Ych. 14974, 26v-28v; *B* = Bangor (Mostyn) 9, 111v-13v; *C* = Cwrtmawr 114, 139-41 [ll. 1-60 yn unig ac mae ll.47-8 yn eisiau].

Amrywiadau: *A* karol *BC*, dim pennawd 3. *AC* . . . amal . . . 6. *A* Er Crist a rowch im gardod *C* Er Crist a roid di geiniog 7. *AB* . . . wif a . . . 8. *C* Gwna . . . 9. *A* . . . ymrawd *C* . . . yn knawd 13. *AC* kymerwch . . . 14. *A* . . . all ych . . . 15. *B* Sowldier ywf [sic] . . . 17. *A* . . . Sowldier . . . *B* . . . sawldier . . . 18. *A* . . . worth . . . *C* . . . obeth 20. *C* . . . eilweth 21. *C* . . . gofyn doro . . . 22. *C* Oni ellid di yn . . . 24. *B* . . . roe . . . 28. *B* . . . farw . . . 30. *B* . . . ithe 31. *C* . . . ydwy . . . 33. *C* . . . galon . . . 36. *C* . . . chario gway fi baswn 37. *C* . . . oi gael 38. *A* . . . di afael . . . 39. *C* . . . basid . . . 47. *A* . . . yn ych . . . 47-8. *C* ——- 50. *B* mi dygaswn . . . 51. *C* Imi naill ai tai ai tir 54. *A* . . . wrth . . . 56. *A* . . . amser . . . 57. *B* . . . ffafre . . . 77. *A* . . . o bydd . . . 88. *A* . . . chewch . . . 89. *A* . . . ben.

Priodolir y gerdd hon i 'Rich: Hughes ai kant' yn *A*, a 'Richard Hughes ai k.' yn *B*. Cyhoeddwyd hi o leiaf deirgwaith o'r blaen, gw. *CLlC*, I, 25-9; *CLl*, 212-13; *CRC*, 10-13. Ffynhonnell eithaf yr holl gopïau hyn yw llsgr. *A*.

Cyfeiria Brinley Rees at amryw o gerddi Saesneg a gofrestrwyd gan gwmni'r Stationers gyda theitlau, 'The complaynte of a serwynge man of his Dystresse in Age', 'a Dyologe betwene youghte and age,' ac ar 13 Awst 1579, 'a ballat betwixte a souldiour and an aged Man', sy'n ddisgrifiad cywir o'r gerdd Gymraeg, ond bod y dyddiad yn edrych yn rhy gynnar i gerdd Hughes, gw. *DCR*, 74.

Y mae ymddiddan rhwng henwr a gŵr ifanc lle mae'r henwr yn cynghori neu rybuddio'r gŵr ifanc yn thema bur gyffredin, ac mae'r gerdd hon yn un dda o'i bath ac yn rhoi darlun realistig, a chwerw ar brydiau, o'r ffawd erchyll a ddisgynnai i ran milwyr clwyfedig yn niwedd oes Elizabeth. Y mae'n gerdd wahanol iawn ei naws i'r cerddi serch a ganwyd ar yr un mesur.

Y mae'r darlun cymdeithasol a geir ynddi yn rhoi gwedd wahanol ar fyd rhamantus y milwr a'r anturiaethwr yn oes Elizabeth. Yr oedd teyrnasiad Elizabeth yn gyfnod o chwyddiant a thwf yn y boblogaeth ac yn gyfnod o gyni ac eisiau i bobl nad oedd ganddynt yr egni na'r gallu i frwydro am eu bywoliaeth – yn enwedig yr hen, yr ifanc iawn a'r anabl. Byddai milwr a glwyfwyd yn ystod un o gyrchoedd tramor y fyddin ac na allai mwyach ennill ei fywoliaeth yn y fyddin honno, yn gorfod begera am ei fara, fel yn y gerdd hon. Cyfrifid milwyr clwyfedig gyda phobl a oedd yn dioddef o glefydau erchyll fel aelodau o'r hyn a elwid yn 'poor by casualty' y dylid eu hachlesu, ond ychwanegwyd at drueni'r tlodion yn gyffredinol yn niwedd y ganrif gan gyfresi o hafau oer a gwlyb a ddinistriodd y cnydau a chodi prisiau hanfodion fel grawn a bara ymhell tu hwnt i allu'r tlodion a'r anabl i'w prynu. Y canlyniad oedd newyn ac eisiau cyffredinol ymhlith graddau is cymdeithas, a cheisiodd yr awdurdodau gadw trefn ar y niferoedd cynyddol o grwydriaid a chardotwyr trwy basio deddfau a oedd yn fwyfwy gormesol. Dyma gefndir y gerdd hon ac nid oes amheuaeth fod Hughes wedi gweld digon o enghreifftiau o hen gymdeithion yn dioddef cyni a phoen ac yn dibynnu ar drugaredd pobl a oedd yn methu cynnal eu teuluoedd eu hunain na chael dau ben llinyn ynghyd. Ceir y cefndir hanesyddol yn Glanmor Williams, *Recovery*.

Y mae tôn y gerdd hon yn hollol wahanol i'r cerddi rhydd eraill am fod yma chwerwder nas ceir yn y lleill, hyd yn oed pan fo'r bardd yn dychanu ac yn dweud y caswir, fel yn rhif 3. Mae'r eirfa a'r darluniau a geir yn gignoeth a diarbed. 'Cleiriach' yw'r hen filwr, a'r terfyniad '-ach' yn awgrymu'r dirmyg a deimla'r hen filwr; y darlun a rydd ohono'i hun yw o hen geffyl wedi ei droi 'i borfa oer, fynyddig' (ll. 65-8), lle y gellir ei anghofio'n llwyr am y bydd o'r golwg. Darlun arall yw'r un o ddisiau wedi treulio a gwisgo oherwydd y chwarae caled a fu gyda hwy yn ystod gwyliau'r Nadolig yn cael eu taflu heibio ar ddiwedd y Gwyliau pan nad oes eu hangen mwyach (ll. 93-6).

12. cleiriach: <Gwydd. 'cléireach' = clẹrigiwr, hen ŵr musgrell, *GPC*, 496; y mae'r terfyniad '-ach' yn awgrymu dirmyg.
15. sawdwr: milwr.
    serfing man: <S. 'serving man', milwr.
49. dygaswn: < tygaswn, tybiaswn.
59. amryfys: cyfeiliornus, beius, *GPC*, 100.
72. feger: <S. 'beggar', cardotyn, un sy'n begera.
83. ced: rhodd, ffafr, bendith, elw, etc. *GPC*, 445.
87. grod: <SC. 'grote', darn o arian bath cyfwerth â phedair ceiniog > rhywbeth bychan, diwerth, gw. *GPC*, 1535.
92. fflatrio: <S. 'flatter', gwenieithio, cynffonna, *GPC*, 1294.
93. ffel: <S. 'fell' = call, cyfrwys, annwyl, deallus, *GPC*, 1281.
95. disie: disiau, 'dice'.
106. mael: <S. 'vail' = elw, lles, mantais, budd, etc. *GPC*, 2305.

10. *Byd y Bugail*

Llawysgrifau: *A* = LlB. Ych. 14974, 75v; *B* = Bangor (Mostyn) 9, 125v-6; *C* = WS 1640 (2)

Amrywiadau: *AB* Di-deitl. *C* 'Byd Y bigail./Being the same in Welch, to a daintie new tune'. 1. *AC* . . . bigail . . . *B* . . . bigel . . . 2. *A* . . . foi gwna hi . . . *BC* . . . i gwna fo . . . 3. *A* . . . gantho yr . . . *C* . . . Moe in, cael Y . . . *AC* . . . gwairgloddie . . . *C* . . . hofain . . . *B* . . . pen i mynno . . . 4. *A* Ar . . . *B* . . . newddion . . . *C* . . . lasferyn . . . 6. *A* Ar . . . *C* Ei biban . . . *B* . . . newddion . . . 7. *A* Ei . . . 8. *A* Bara gwyn, kwrw, kaws lonaid . . . *B* . . . loned . . . *C* Bara achaws, cwrw da lonaid . . . 9. *A* . . . oi anos pan . . . *B* . . . i annos pen . . . *C* . . . yw anhos Pan . . . 10. *AC* . . . yr . . . *A* . . . ar lasfryn . . . 12. *A* Rag . . . *B* . . . mihefin . . . *C* . . . myhefyn . . . *C* . . . dan . . . 13. *A* Rag . . . *C* . . . I dwlk ne glawdd . . . 14. *B* . . . grwyn . . . ddefaid *A* . . . neu oen kynta a ryno *B* . . . ne rwyn cynta rynno *C* . . . ne or oen cyna a rrynno 15. *BC* . . . ddyrnill . . . *C* . . . baxe . . . 18. *A* . . . plethv . . . *C* . . . yn wastad . . . 19. *A* . . . sybewyd . . . *C* . . . ar I . . . *B* . . . gofynno 20. *A* . . . ar . . . 22. *A* . . . pan ddel newyn . . . *C* . . . pan ddel mwynen . . . 23. *C* . . . kytio . . . 24. *C* . . . bwyd gore . . . 25. *A* . . . firio . . . *C* . . . cnsanau . . . 27. *A* . . . ar . . . figales *B* . . . ai . . . figeilies *C* . . . ai . . . figeles 28. *A* . . . yn ail bob yn . . . *B* . . . bob yn bob yn . . . *C* . . . bob yn ail, bob yn . . . 29. *A* Ei . . . *C* . . . nabkin . . . *C* . . . oi bocket . . . 30. *AC* Hi . . . *A* . . . tripia ar . . . 33. *A* Fi . . . 34. *C* . . . piban . . . *AB* . . . chwthwch . . . *B* . . . ynghodei . . . *C* . . . I ynghodan I . . . 35. *C* . . . chwi I . . . 37. *A* . . . o . . . *C* . . . ar . . . 38-9. yn *C* yn unig 39. . . . biban . . . *B* R. Hughes . . . *C* Terfyn R.H. Printed by A.M. for H.G.

Y mae hon yn un o gerddi hyfrytaf a phwysicaf Richard Hughes. Cyhoeddwyd y tri phennill cyntaf yn *CLlC*, V, 49, a'r un tri phennill yn *OBWV*, 117, gan ddifetha'r gerdd yn llwyr wrth hepgor y pedwar pennill dilynol, am fod chwaraeon llai parchus yn cael eu henwi yn y penillion diweddarach, o bosibl. Cyhoeddwyd y saith pennill yn *BBAGB*, 62-4. Yr hyn sydd yn gwneud y faled hon yn arwyddocaol yw iddi gael ei hargraffu a'i chyhoeddi c.1620, gw. Eiluned Rees, *Libri Walliae*, I (Aberystwyth, 1987), 2452. Hwn yw copi *C*, uchod. Tynnodd J. H. Davies sylw ati yn 'An Early Welsh Printed Ballad', *JWBS*, 2 (1916-23), 243-6, lle y disgrifiodd hi:

> The ballad, which is entitled *Byd y bigail*, is printed on one side of a sheet measuring 10¼ by 6½ inches. It is stated to be 'Printed by A.M for H.G.' A.M. probably stands for Augustine Mathews, who printed and published books and ballads from 1619 to 1640, and H.G. for Henry Gosson, who published books and ballads between 1603 and 1640.

Awgryma'r teitl, '*Byd Y bigail./Being the same in Welch, to a daintie new tune.*' (sydd yn *C* yn unig, gw. Amrywiadau uchod), mai cyfieithiad neu'n debycach efallai, lled-gyfieithiad neu aralleiriad o gerdd Saesneg yw'r faled. Y mae'r unig gopi a erys o'r faled brintiedig yng nghasgliad Samuel Pepys yng Ngholeg Magdalene, Caergrawnt, a chyhoeddwyd hi yn H. E. Rollins, *The Pepys Ballads, I (1532-1625*, (Cambridge, Mass., 1929), 195-9. Rhoes Rollins gopi o'r faled yn union fel y mae gyda'i holl gambrintiadau a chyfrannodd J. H.Davies ddiweddariad a chyfieithiad. Cyfeiriodd hefyd at y copi llsgr. (*A*) uchod, gan ychwanegu, 'the printed version is the better of the two except that the English compositor made many mistakes in setting up the Welsh text'. Enghreifftiau amlwg o hynny yw 'hofain' am 'hofian' (ll.2), a'r cymysgu cyffredin rhwng '*u*' ac '*n*', 'biban/piban' (ll.4, 34), 'Dnw' am 'Duw' (ll.27), 'ynghodan' am 'ynghodau'. Awgryma hyn nad oedd Hughes yn abl, am ryw reswm neu'i gilydd, i arolygu gosod y teip, a'r posibilrwydd yw ei fod eisoes wedi marw (os yw'r dyddiad 1620 yn agos at ei le), neu'n rhy wael ei iechyd. Ond pwy arall fyddai'n debyg o fod eisiau cyhoeddi'r faled yn Gymraeg? Faint o werthiant a fu arni? Y mae'r ffaith ei bod yng ngasgliad Pepys yn dangos nad oedd y gwerthiant yn gyfyngedig i Gymry Cymraeg yn unig.

Y mae dau dorlun pren ('wood-cuts') uwchben y ddwy golofn o brint llythyren ddu, othig (gw. *BBAGB*, 62 am ddarlun o'r faled brintiedig). Nid yw'r naill na'r llall yn ymddangos yn arbennig o addas, er bod y gŵr ifanc ar y chwith yn cario cod, os nad costrel, pastwn hir a allai fod yn ffon fugail, het gantel lydan a bacsau. Y mae'r torlun pren uwchben y golofn ar y dde yn fwy ac yn dangos person mewn gwisg fwy ffurfiol, gyda dwbled dynn yn cael ei chau â rhes o fotymau bach a choler fawr gydag ymylon ffwr iddi, yn sefyll i fyny tu ôl i'r pen yn debyg i'r 'ruff' a oedd mor nodweddiadol o oes Elizabeth; sgert hir, bron at y fferau, wedi ei hymestyn â ffardingal, a rhes o glymau neu ddolennau addurnol i lawr y blaen; sgidiau ysgafn yn cael eu cau â rhuban a het gorun uchel a chantel wedi ei godi ar y blaen. Nid yw'n amlwg o gwbl pwy a gynrychiolir gan y llun hwn. Os y feinwen sydd yma, nid yw'n ymddangos yn gymeriad deniadol o gwbl. Mae'n sefyll yn gadarn gyda'i thraed ar led a'i dwylo ar ei chluniau, fel petai'n herio'r bugail llai i wneud ei waethaf.

Nid yw'r faled Saesneg, 'The Shepherd's World', y mae'r gerdd hon yn drosiad ohoni wedi goroesi, ond darganfu Brinley Rees gerdd o'r enw *A Ballett of a sheperd* sydd ar yr un mesur ond bod yr odlau'n acennog, yn llsgr. LlB. Cotton Vespasian A 25, 145. Dyfynnir y pennill cyntaf o bump yn *DCR*, 74, n.5,

> J am a poore sheperd yet borne of hye blode
> this lyffe lykes me So well, J thinke none so good
> J raigne & J rowll my floke at my wyll
> my whestell wyll make them go to or stande styll
> therfor J wyll presume to say this one thinge
> me thinke better kepe sheep then be a ryche king.

Nid hon yw ffynhonnell y faled Gymraeg, fodd bynnag, er bod cyfeiriad at 'my bag and my bottell' mewn pennill arall a bod y ddwy linell olaf yn cael eu hailadrodd ar ddiwedd pob pennill fel yn y gerdd Gymraeg. Nid yw'r penillion eraill yn cyfateb o gwbl i'r faled Gymraeg. Gwelodd Saunders Lewis dras hynafol iawn i'r faled:

> Ond y mae'r gathl hon yn gerdd ddysgedig a nodweddiadol o'r Dadeni. Mae ei hachau'n mynd yn ôl at Theocritus, a cheir y testun a'r mesur hefyd, neu o leiaf fôn y mesur, mewn cân Eidaleg o'r bymthegfed ganrif . . .

Â ymlaen i ddyfynnu'r gerdd mewn Eidaleg, gw. Adolygiad ar *Dadeni, Diwygiad a Diwylliant Cymru*, Glanmor Williams, yn *LlC*, 9 (1966-7), 117.

3. hofian: <S. 'to hove', crwydro, hofran. *GPC*, 1886.
8. goludd: <coludd, perfedd, ymysgaroedd, *GPC*, 545; yma, llond ei fol, digon o fwyd.
9. gostog: <costog, ci cymwys i warchod, *GPC*, 570.
14. 'rynno: rhynnu, marw o oerni, trigo.
15. ddyrnfyl: <dyrnfyl, ll. dyrnfol, menyg *GPC*, 1146.
    bacsau: <? SC 'bagges'; coes hosan a wisgid dros esgid; *GPC*, 245-6; yma botasau lledr. Ar wahân i eirfa Wiliam Llŷn yn niwedd yr G16 hon yw'r engh. gynharaf o'r gair.
19. syberwyd: moesgarwch, cwrteisi.
20. gwryd: chwe throedfedd, *GPC*, 1740.
23. cwtio: cydio, cael cyfathrach rywiol, *GPC*, 662.
24. enllyno: enllynio; blasuso, mwydo bwyd, *GPC*, 1218.
28. dyrïe: ll. dyri; cerddi rhydd, baledi, penillion telyn, *GPC*, 1146.

11. [*Owen Gwyn a'r Cobler*]

Un copi'n unig sydd o'r gerdd hon, sef Bangor (Mostyn) 9, 121v-22, a cheir yr enw 'Rich: Hughes' ar ei hôl. Ar yr olwg gyntaf nid yw'n ffitio i batrwm cerddi Hughes, gan fod y mwyafrif o'i gerddi dychanol/doniol ar ffurf englynion a'r mesurau rhyddion yn cael eu cadw, ar y cyfan, ar gyfer cerddi mwy syber fel ei gerddi serch. Ond nid yw hon yn rheol haearnaidd, gan y ceir cerdd fel 'Tri o Saeson Seisnig', sy'n fwriadol yn gwneud sbort am ben y Saeson, mewn mesur rhydd, gw. rhif 12. Ceir enw Hughes wrth y gerdd hon a hynny yng nghanol ei gerddi mewn llsgr. sy'n cynnwys un o'r casgliadau gorau o'i waith, sef Bangor (Mostyn) 9. Nid yw Owen Gwyn yn ymddangos wrth ei enw yn yr un o gerddi eraill Hughes ond ceir englynion i grydd/cobler o'r enw Morgan (gw. rhif 27), a hynny mewn cyd-destun doniol/difrïol.

6. syrn: adferf, braidd, yn rhannol.
   ansyber: anfoesgar, anghwrtais, angharedig, *GPC*, 158.
10. (g)ordderch: cywely, cariad, *GPC*, 1469.
11. (d)diwad: heb nacâd, *GPC*, 1053.
13. saig: bwyd.
23. t(h)raen: <S. 'train', rhywbeth sy'n dilyn fel cynffon gwisg, neu'n ffigurol, corff o ddilynwyr; saif yr ymadrodd, 'rhwydd ei thraen' am y wraig.
25. pilgrim: 'pvlgrem', yn y llsgr., pererin.
31. fab ordderch: bastard, mab anghyfreithlon, *GPC*, 2293.
35. llun . . . ar gŵyr: fel petai wedi ei argraffu ar gŵyr, 'wax impression', yr un ffunud â.
37. fer: coes, esgair, hegl, *GPC*, 273.
44. siacnab: 'sicakab' yn y llsgr. Awgrymir diwygio i siacnab, <S. 'jacknape', epa dof, a disgrifiad difrïol o wryw.
    Ceir 'siacanab' yng Ngeiriadur William Salesbury, 1547, ond hwn yw'r engh. gyntaf o'i ddefnyddio'n llenyddol.

12. [*Cerdd Hela*]

Un copi o'r gerdd hon a gadwyd sef LlB. Ych. 14888, 91v. Nid oes teitl i'r gerdd ond ar ei diwedd ceir y nodyn canlynol,

> 'Ag felly'n mlaen Richard Hughes ai cant o ger ar y Saeson'.

Awgryma'r ôl-nodyn mai cerdd y gellid ei hymestyn mewn cwmni oedd hon, efallai gyda mwy nag un yn cyfrannu penillion.

Ceir fersiwn arall o'r gerdd gan Lewis Morris sy'n dechrau, 'Tri o Saeson Seisnig, o wŷr bonheddig glân' . . ., a dywedir ei bod, 'In imitation of an old Welsh verse'.

Ceir fersiynau tebyg yn Saesneg, a rhai ohonynt yn dychanu'r Cymry; y maent hefyd ar yr un mesur:

> There were three jovial Welshmen,
>   As I have heard men say,
> And they would go a-hunting
>   Upon St. David's Day . . .

a fersiwn arall sy'n dechrau:

> There were three men of Gotam,
>   as I haue heard men say,
> That needs would ride a hunting
>   vpon Saint Dauids day . . .

Y mae'r gwrthrychau sy'n cael eu hela yn amrywio'n fawr o gerdd i gerdd. Trafodir y cerddi Saesneg gan Iona a Peter Opie (gol.), *The Oxford Dictionary of Nursery Rhymes* (Oxford, 1973), tt. 421-3. (Yr wyf yn ddiolchgar i'r Dr Osian Ellis am y cyfeiriad hwn.) Ymddangosodd y gerdd fel baled yn 1632, ond yr oedd yn hen y pryd hwnnw, oherwydd cyfeirir at un pennill yn *The Two Noble Kinsmen*, c.1613. Ar wahân i'r cyfeiriad hwnnw, ymddengys y fersiwn Gymraeg yn hŷn na'r rhai Saesneg.

Y mae'r motif o'r diniweityn yn hela creaduriaid dan gam-argraff yn mynd yn ôl yn y Gymraeg o leiaf i chwedl *Peredur fab Efrawg*; yn y chwedl y mae Peredur yn corlannu ewigod dan yr argraff mai geifr wedi bwrw eu cyrn oeddynt; y mae fersiwn Hughes yn agosach at y fersiwn hwnnw nag at yr un fersiwn Saesneg a welwyd.

13. [*Pennill telyn*]

Un copi o'r pennill bach hwn a gadwyd, sef yr un yn llsgr. Don C.54, 41, yn Llyfrgell y Bodleian, Rhydychen. Daw yn union ar ôl englyn Hughes sy'n cyfeirio at 'em siriol', (rhif 41). Fel yn achos yr englyn nid oes teitl uwch ei ben ond ceir yr enw 'Ric: Hughes', ar ei ôl, eto, fel yn achos yr englyn, felly gellir tybio fod rheswm da dros ei briodoli i Hughes.

Hwn yw'r unig enghraifft o'r hyn y gellid ei alw yn bennill telyn, neu'n un o'r hen benillion, yng ngwaith Hughes, ac y mae iddo beth o swyn y penillion hynny. Anaml iawn y priodolir y penillion hynny i awduron adnabyddus, a diddorol yw gweld enw Richard Hughes wrth hwn.

1. Awyr . . .: y pedair elfen sylfaenol yng nghosmoleg yr oesoedd canol.
3. aethnen: poplysen gyda dail crynedig, 'aspen' *GPC*, 40.

14. [*Hiraeth am Bwllheli*]

Un copi sydd o'r englyn hwn sef LlB. Ych. 14891, 59v a cheir yr enw 'Rich: Huws' wrtho. Nid yr un englyn sydd yn y ffynhonnell arall a roddir yn y *Mynegai*, sef Bodewryd 2, 208 er bod tebygrwydd yn y llinell gyntaf, 'Er maint ymhob braint a brynti – fy mhechod' . . .

Y mae'r enw 'Richard Hughes' a'r cyfeiriad at hiraethu am Bwllheli yn ategu awduraeth Hughes. Y mae'r englyn wedi ei ysgrifennu i fyny ymyl y tudalen fel ychwanegiad amlwg. Anfonodd J. H. Davies gopi o'r englyn i Fyrddin Fardd mewn llythyr ar 9 Tachwedd 1900, ond nis cynhwyswyd yn *CLl*; gw. y llythyr a'r englyn yn Mary Ellis, 'Gohebiaeth rhwng J. H. Davies a Myrddin Fardd: 1899-1920', *Taliesin*, 25 (1972), 87.

15. [*I Gadwaladr Cesail*]

Un copi o'r englyn hwn sydd wedi ei gadw ac ni chofnodir ef yn y *Mynegai* ar hyn o bryd. Nid oes teitl iddo yn y llsgr. ond priodolir ef yn glir i 'Dic Huws Cefn llanfair'. Ceir ef wedi ei ysgrifennu i fyny ymyl hanner uchaf ffolio 48 yn llsgr. LlB. Ych. 14891, ac wrth ei ochr ar hanner isaf yr un ffolio ceir englyn gan Gadwaladr Cesail sydd fel petai'n gysylltiedig ag ef (gw. Atodiad 1, rhif 2).

Awgrym arall fod cysylltiad rhwng yr englynion yw'r copi o englyn Cadwaladr Cesail (gyda'i enw) a chyda'r teitl, 'Englyn o waith yr un gwr pan gowse gilgwyth gan Rich. Hugh Cefn llanfair', mewn llsgr. arall, sef LlB. Ych. 14888, 86v. Ymddengys fod pwy bynnag a gopïodd yr englynion yn credu mai Cadwaladr Cesail oedd gwrthrych englyn Hughes. Mae'n bosibl fod yr englyn yn perthyn i'r un dosbarth â'r englynion i Siôn Galgarth, sef englynion sy'n feirniadol o swyddogion bwrdeistrefol Pwllheli. A oedd Hughes a Chesail yn bleidiol i garfanau gwahanol mewn rhyw ffrwgwd gyfreithiol neu fwrdeistrefol ym Mhwllheli? Byddai'r cyfeiriad at siryf Soch (?Abersoch) ac at ei 'barti', sef ei gefnogwyr yn ategu'r dehongliad hwn. Tybed ai ystyr drosiadol ynteu ystyr lythrennol sydd i'r '[c]ilgwyth', gwth, hergwd, hwrdd y dywedir i Hughes ei roi iddo?

3. cwesti: Nid yw'r ffurf arbennig hwn yn *GPC* ond mae'n bosibl ei fod yn amrywiad ar y berfenw 'cwestio', cynnal ymholiad cyfreithiol, cwyno, hysbysu trosedd, *GPC*, 636.
4. dwndria: ffurf orchmynnol y ferf dwndriaf a all olygu naill ai, cadw sŵn, dadwrdd, clebran neu peri ofn, bygwth, erlid, *GPC*, 1105. Y mae'r engh. gynharaf o'r ffurf (1609) tua'r un amser â'r engh. hon.

   Mae'n bosibl fod cymysgu yma â'r ferf dwrdiaf, dweud y drefn, ceryddu, tafodi, *GPC*, 1106.

16. *I Siôn Galgarth pan aeth yn faeli Pwllheli*

Llawysgrifau: *A* = LlB. Ych. 14892, 76; *B* = LlGC. 672, 110.

Amrywiadau: 2. *B* Yw swyddwr . . .

Ceir yr un teitl i'r englyn yn y ddwy lsgr. a phriodolir ef i 'Richard Hughes' yn *A* ac i 'Richd. Hughes' yn *B*.

Copïwyd y casgliad o englynion sydd yn *A* tua diwedd yr G17 yn ôl y *Catalogue of Additions to Manuscripts in the British Museum, 1841-5* (London, 1850), 25-6.

Ymddengys nad oedd apwyntiad Siôn Galgarth yn faeli Pwllheli yn plesio Richard Hughes. Yr oedd teulu Cefnllanfair, fel eraill o sgwieriaid Llŷn ac Eifionydd, yn berchen eiddo ym Mhwllheli, sef melin feirch ar ffordd Abererch ac yn 1590 yr oedd Huw ap Rhisiart, tad Hughes, yn berchen gardd a oedd ar osod i John Thomas ap Madog am 8d. y flwyddyn, gw. J. Jones-Pierce, 'A Caernarvonshire Manorial Borough', *TCHsG*, 5 (1944), 28 a 37. Yr oedd gan y teulu bleidlais pan etholid swyddogion y fwrdeistref. Yr oedd dau faeli a'u gwaith hwy oedd gofalu am weinyddiaeth y dref dan y siryf, sef cynrychiolydd y Goron yn y sir. Yr oedd yn swydd gyfrifol yn y dref, ond ymddengys nad oedd Siôn Galgarth yn gymeriad a enynnai lawer o barch, oherwydd ceir dyrnaid o englynion iddo gan Hughes ac un neu ddau o feirdd eraill, sy'n amheus eu crefft ac amharchus eu cynnwys, gw. rhifau 17 a 18.

Galgarth: epithed disgrifiadol, difrïol.

1. Suddas: y ffurf Gymraeg ar Judas (Iscariot), a therm o ddirmyg, bob amser.
3. filain: <S. 'villein', taeog; geill fod yma ddau ystyr S. 'villain', dyn drwg, yn ogystal; o ganlyniad ni fydd bri Pwllheli yn well o'i gael fel swyddog.
4. Gawell: <cawell, yn ffigurol, bol, gw. *GPC*, 442.

17. *Pan losgodd ei gal gan Saesnes*

Un copi sydd o'r englyn hwn sef LlB. Ych. 14892, 76v ac yn anffodus y mae'r llinell olaf yn anodd iawn ei darllen gan ei bod ar waelod tudalen sydd wedi ei rhwygo; ni ellir bod yn siŵr fod hwn yn waith Hughes ond mae ei leoliad a'i gynnwys yn awgrymu hynny. Yn y llsgr. ar ff. 76v ceir pedwar englyn i Siôn Galgarth, rhifau 273-6. Rhif 274 yw'r englyn hwn; mae rhifau 273 (rhif 16) a 276 (rhif 18) yn cael eu priodoli i Hughes a neb arall a rhif 275 yn eiddo 'Sr Moris'. Y mae enw 'Richard Hughes' yn amlwg oddi tan englyn 273 ac ar yr un llinell ceir pennawd yr englyn hwn,

'Pan losgosdd i gal gan Saysnes'   Richard Hughes.

Y mae ei gynnwys, gyda'r geiriau Saesneg doniol yng ngenau'r hŵr, yn swnio'n nodweddiadol o waith Hughes ac yn awgrym cryf ei fod yn ddilys. Unwaith eto ceir enghraifft o wneud sbort am ben Siôn Galgarth, trwy gyfeirio ato fel petai'n anifail.

Os yw'r englyn yn waith dilys Hughes (a chredaf ei fod), y mae'n enghraifft unigryw ohono'n defnyddio englyn proest.

1. didirion: di(neg.) +tirion, garw, cwrs, caled.
   durs: <turs, pig, gylfin; ceg, yma.
2. gweirio: amr. ar cyweirio; trin yn greulon, curo, *GPC*, 831.
   hers: <S.C. 'ers'> 'arse', pen ôl, tin, *GPC*, 1858-9.

18. *I gachdy Siôn Galgarth*

Llawysgrifau: *A* = LlB. Ych. 14892, 76v; *B* = LlB. Ych. 14974, 21v.

Amrywiadau: 1. *B* Gwychdeg iawn . . . 3. *B* A baw . . . 4. *A* . . . o fewn y tŷ.

Hwn yw'r pedwerydd englyn i Siôn Galgarth sydd yn llsgr. LlB. Ych. 14892, 76v, sef rhif 276. Nid oes teitl iddo yn y llsgr. ond y mae'n dilyn englyn rhif 275 sy'n mynd dan y teitl, *J Siap Siôn Galgarth*, ac ymddengys fod y ddau yn gysyllt-iedig. Awdur englyn 275 yw 'Sr Moris', 'o Langefni' yn ôl y *Mynegai*, er na ddywedir hynny yn y llsgr. hon. Y mae englyn Sr Moris yn darllen fel a ganlyn:

Cachdv oer gida ergydion – tinau
   Tynell o faw dynion
Hwnt kiliwch rhag haint kalon
Kroes Dvw ar Pap rhag siap Sion

Yn *B* (sydd yn llaw Wiliam Salesbury), ceir teitl uwchben yr englyn, 'I gachdy Siôn Galgarth'; priodolir yr englyn i 'Richard Hughes' yn *A* ond nid oes enw wrtho yn *B*, ond y mae yng nghanol y tudalennau lle ceir cerddi Hughes yn llsgr. Salesbury, felly gellir bod yn weddol hyderus ei fod yn englyn dilys.
Yn yr englynion carbwl a di-chwaeth hyn ceir cipolwg ar haen is nag arfer o fywyd bwrdeistrefol a barddol Cymru ar droad yr unfed ganrif ar bymtheg; ymddengys fod Hughes yn gyfarwydd â bywyd tafarn ym Mhwllheli yn ogystal â Llundain, a byddai'n ddadlennol iawn pe ceid rhagor o dystiolaeth am y math o fywyd a ffynnai yn y lleoedd hynny yn ogystal ag yn neuaddau'r uchelwyr.

Unwaith eto Siôn Galgarth a ddychenir, er na ddywedir pam, o leiaf yn union-gyrchol. Awgryma tôn yr englyn fod Siôn wedi adeiladu rhywbeth dieithr a enynnai syndod a rhyfeddod ym Mhwllheli a'i fod wedi arwain at dynnu coes a difyrrwch ymhlith rhai o'r beirdd lleol. Ai awgrym o ymdrech Siôn, y baeli, i ddod ymlaen yn y byd sydd yma?

3. crach: pobl iselwael, dirmygus, *GPC*, 574.

19. [*I Ned Fychan*]

Un copi llsgr. sydd o'r englyn hwn, sef Cwrtmawr 25, 168 a ysgrifennwyd gan Wiliam Bodwrda, 1593-1660, gor-nai Hughes. Rhydd J. H. Davies y dyddiad 1647 i'r llsgr. (gw. *CLlC*, I, 4), ond ni chofnodir dyddiad mwy penodol na 'XVIIc' yn y disgrifiad o'r llsgr. yn y catalog o lsgrau Cwrtmawr, 28. Nid oes pennawd i'r englyn ond odditano ceir y geiriau, 'Rich: Hughes i Ned Fychan pan oedden ynghales voyage'. Yn ôl J. H. Davies:

> Cyfeirir yn y fan hyn yn ddiammeu [sic] at ymgais lwyddiannus y Saeson yn 1596 i gymeryd porthladd Cadiz yn yr Yspaen. Os trown i'r *State Papers* am y flwyddyn 1596, gwelwn fod y fyddin a aeth i Gales, neu Cadiz, yn cynnwys tua phump cant a hanner o Gymry ac yn eu plith gant a hanner o sir Gaernarfon . . . *ibid.* 4.

Ailgyhoeddwyd y geiriau hyn mewn nodyn yn *CLl*, 203, a daethant yn un o'r ychydig 'ffeithiau' a ailadroddir yn gyson am fywyd Richard Hughes. Os anwybyddir y nodyn hwn nid oes dim yn yr englyn ei hun i gynnal y fath ddehongliad ac mae digon o dystiolaeth fod llawer o'r teitlau a'r nodiadau sydd yn Cwrtmawr 25 wedi eu hychwanegu gan Wiliam Bodwrda, y copïydd, gryn amser ar ôl yr ymosodiad ar Cadiz.

Ar y llaw arall, yr oedd Wiliam Bodwrda yn siŵr o fod yn gwybod hanes ei hen ewythr a oedd yn ffrind agos i'w dad, Huw Bodwrda, ac mae'n bosibl bod traddodiad teuluol tu ôl i englyn fel hwn. Gan fod Wiliam tua phump ar hugain oed pan fu farw Hughes yng ngwanwyn 1619 mae'n debygol ei fod wedi cyfarfod ag ef droeon yng nghwmni ei dad; canodd Siôn Cain gywydd i'r ddau pan oeddent yn glaf yr un pryd, gw. Atodiad 1, rhif 4. Gwyddys, hefyd, fod cyfyrder Hughes, y Capten Siôn Salesbury, ar y fordaith a'i fod wedi codi milwyr yng ngogledd Cymru ar gyfer yr ymgyrch yng ngwanwyn 1596.

Magodd yr ymosodiad ar Cadiz gryn enwogrwydd a chynhyrchodd fflyd o gyhoeddiadau, o adroddiadau hunan-ganmoliaethus gan y gwahanol arweinwyr i adroddiadau llai trystfawr gan lawer o'r milwyr a'r morwyr cyffredin. Disgrifiwyd yr adroddiadau hyn fel '. . . a body of documentation for the Cadiz expedition that is unequalled by the sources surviving for any other Elizabethan naval venture.', Paul E. J. Hammer, 'Myth-Making: Politics, Propaganda and the Capture of Cadiz in 1596', *The Historical Journal*, 40 (1997), 622. Nid yw'n amhosibl felly fod rhywfaint o wir yn y stori hon.

Nid oes umrhyw awgrym pwy oedd Ned Fychan.

3. ddi'meiriach: diymarbed, diymochel, di-ball, *GPC*, 1066.
4. bed: dwy enghraifft yn unig a roddir yn *GPC*, 266, o 'bed', sef (1) fel arddodiad neu gysylltair, hyd (2) fel enw <S. 'bead', glain, glain paderau; y mae'n fenthyciad tra chyfyngedig a dwy enghraifft yn unig a gynigir, y ddwy yng ngweithiau Pantycelyn yng nghanol y C18. Er y cyfeiriad at 'fendith Mair' yn y drydedd linell mae'n annhebyg mai cyfeirio at baderau, 'rosary', yr oedd Hughes, a'u bod hwy wedi ei gadw'n ddiogel ar y fordaith beryglus. Mae'n bosibl mai benthyciad syml o'r Saesneg 'bed' sydd yma, yn enwedig o gofio am y cyferiad at 'fy nyth ' yn y llinell gyntaf.

20. *I hosanau botymog*

Un copi llsgr. o'r englyn hwn a gadwyd, sef yr un yn llaw Wiliam Bodwrda yn Cwrtmawr 25, 15. Cyhoeddwyd ef eisoes yn *CLl*, 216 (gyda rhai amrywiadau orgraffyddol, e.e. 'cydachod' a 'cydenog' sy'n dilyn y llsgr. bob tro) ac yn *BBAGB*, rhif 23. Copïwyd Cwrtmawr 25 tua 1647 (meddai J. H. Davies, *CLlG*, I, 4) a cheir yn y llsgr. amryw o gerddi nas ceir yn unman arall, yn enwedig englynion yn ymwneud â bywyd cymdeithasol pen Llŷn. Ai'r gŵr llys yn ei wisg ffasiynol a'i hosanau siapus, lliwgar, o wead main sy'n gwneud sbort yn yr englyn hwn am ben hosanau di-siâp, blewog, brethyn cartref pen Llŷn?

2. pryfed cadachog: cynigir amryw o wahanol ystyron Saesneg i'r trychfil neu'r cynrhonyn hwn yn *GPC*, 2920, e.e., 'palmer-worm', 'hairy caterpillar', 'grass-hopper' i enwi rhai. Efallai mai cyfeirio at natur flewog neu wlanog yr hosanau y mae'r gymhariaeth.
3. codau anial: mae'r hosanau fel bagiau 'anial' a all fod yn ansoddair canmoliaethus, rhyfeddol, gwych, neu'r gwrthwyneb, anferth, eithafol, dros ben', *GPC*, 130.
   cudynnog: modrwyog, cyrliog, *GPC*, 627.

21. [*I gwch ynys Enlli*]

Un copi llsgr. o'r englyn hwn a gedwir a hwnnw yn LlB. Ych. 14983, 35v, llsgr. a gysylltir yn bennaf â sir Fôn am fod ynddi amryw o gerddi John Gruffydd, Llanddyfnan, yn ei law ei hun ac felly'n dyddio o ganol yr G17.

Ymhlith englynion amrywiol gan feirdd eraill ceir yr englyn hwn i gwch ynys Enlli. Cyhoeddwyd ef eisoes yn *CLl*, 215, ac yn *BBAGB*, rhif 24. Yr oedd cysylltiadau teuluol rhwng Hughes ac Enlli; ar y naill law yr oedd Plas Bodwrdda, lle'r oedd nai Hughes, Huw Bodwrda a'i deulu yn byw, ym mhlwyf Aberdaron lle'r oedd y porthladd i Enlli; ar y llaw arall teulu ei nain Bodfel oedd perchnogion yr ynys. Yr oedd enw drwg i'r ynys ar droad yr G17 fel cyrchfan môr-ladron a smyglwyr ac yr oedd yn ffynhonnell elw nid bychan i deulu Bodfel. Byddai'n naturiol i Hughes fod yn gyfarwydd â'r ynys.

Y mae'r englyn yn gelfydd yn cynnal un ddelwedd drwyddo, sef y cwch fel caseg yn llamu dros y tonnau a'r rhwyf, neu'r llyw, yn ffrwyno ei symudiadau. Y mae'r cysylltiad rhwng ceffylau a'r môr yn mynd yn ôl cyn belled â'r mythau Groegaidd.

1. waneg: <gwaneg, ton.

22. *Pan oedd yn gla' lesg yn Ffrainc*

Llawysgrifau: *A* = LlGC. Ych. 16B, 274 [298]; *B* = Cwrtmawr 25, 110; *C* = LlB. Ych. 14974, 20; *D* = LlB. Ych. 14892, 22v; *E* = Caerdydd 4.410 [= 84], 416; *F* = LlGC, 9176 A, 19v.

Amrywiadau: Teitl: *A* Pan oedd yn gla' lesg yn Ffrainc *B C D E F* dim teitl 1. *D* Mae . . . *D* . . . rywn . . . 2. *D* . . . ffordd . . . 3-4. *C* daw'r esgyll o englyn arall 4. *D* . . . nawr . . . *A B E* = Rich: Hughes *C D F* dim enw awdur.

Y mae rhannau o *A* gan gynnwys yr englyn hwn mewn llaw 'nid annhebyg ar yr olwg gyntaf i law Bodwrda', Ifans, *Wiliam Bodwrda*, 556, a cheir y teitl ynddi a all gofnodi traddodiad teuluol, gw. ar rif 19; ceir geiriad tebyg yn yr un llsgr. wrth ben yr englyn i'r Frenhines Elizabeth, 'pan oedd . . . yn gla lesg', gw. rhif 29. Os yw'r cyfeiriad at fod yn glaf yn Ffrainc yn ddilys, mae'n bosibl fod yr englyn yn dyddio o gyfnod Hughes yn y fyddin, pa bryd bynnag oedd hynny.

Mae *B* yn llaw Bodwrda ac *C* yn llaw Wiliam Salesbury, cyfyrder Hughes, ac er nad oes pennawd nac enw awdur wrtho y mae yng nghanol casgliad Salesbury o englynion Hughes. Mae *D* hefyd yn cynnwys amryw o englynion Hughes, gw. rhifau 16–18. Mae *E* yn llaw Dafydd Jones o Drefriw ac *F* yn llaw Peter Bailey Williams, rheithor Llanrug a Llanberis rhwng 1792 ac 1836.

Mae'n debyg mai o *B* y copïodd Myrddin Fardd y testun a geir yn *CLl*, 217, gan fod y llsgr. yn ei feddiant ar un cyfnod.

23. [*I Thomas Prys*]

Un copi llsgr. sydd o'r englyn hwn, sef Caerdydd 84, 946 sydd yn llaw Dafydd Jones o Drefriw. Y mae'n ddi-deitl ond ar ei ddiwedd dywedir, 'Ric: Hughes i Tho: Price Esq'. Rhaid mai Thomas Prys, Plas Iolyn (c.1564–1634) yw gwrthrych yr englyn. Nid oes tystiolaeth uniongyrchol fod Hughes ac yntau yn adnabod ei gilydd ond gan fod y ddau yn gyfoeswyr ac yn adnabod yr un bobl, e.e. Capten Siôn Salesbury a'i frawd iau Wiliam Salesbury, a Huw Llwyd, Cynfal, y mae'n dra thebygol eu bod yn gyfarwydd â'i gilydd, hefyd. Treuliai'r ddau gyfnodau yn Llundain bob yn ail ag ymweliadau â'u cartrefi yng ngogledd Cymru. Y mae'r darlun a roddir o Thomas Prys yn yr englyn hwn yn cyfateb yn rhyfeddol i'r darlun traddodiadol o Prys; ceir disgrifiad llawnach, ond hynod debyg yn ei hanfodion, mewn dau gywydd a ganwyd iddo, sef cywydd mawl Rhisiart Cynwal, gw. *BBAGB*, rhif 73, a chywydd marwnad Huw Machno, *ibid.*, rhif 84. Pwysleisir hoffter Prys o feirch, cŵn a hebogau yn y cywyddau a chyfeirir at ei nawdd ef a'i hynafiaid i feirdd a cherddorion; cyfeiria Machno at ei enwogrwydd fel bardd serch yn ogystal. Yr oedd anturiaethau rhywiol Prys yn ddiarhebol ymhlith ei gymheiriaid ac ymffrostiai yn ei gampau carwrieithol; gallai'r rheini droi o chwith weithiau fel y tystia'r carchariad a ddioddefodd ar ôl treisio'i nith, gw. D. H. Evans, '"Cywydd i ddangos mai Uffern yw Llundain",' *YB*, 14, troednodyn 26 a nodyn 72. Darlun llawer mwy cwrtais a geir gan Fachno pan gymherir Prys â merchetwyr sifalrïaidd y cylch Arthuraidd, sef Lawnslod a Gwalchmai, ond canu marwnad swyddogol noddwr yr oedd Machno a gweddustra oedd y prif anghenraid: cyfarch ffrind a chydymaith mewn anturiaethau yr oedd Richard Hughes yn yr englyn hwn ac felly gallai fod yn llawer llai gofalus ei dafod, ond yr un Thomas Prys a welir yn yr holl gerddi. Daw hiwmor cynnil Hughes i'r golwg yn y ffordd y mae'n disgrifio Prys trwy ddefnyddio termau ffurfiol, canmoliaethus, y cerddi mawl – 'llatai', 'gwreiddwych', 'graddol', 'myntumiwr', ac wedyn yn tanseilio'r difrifoldeb a'r ffurfioldeb yn llwyr gyda'r gair olaf, 'hŵr'. Gellir dychmygu Prys ei hun yn morio chwerthin wrth glywed yr englyn treiddgar hwn yn cael ei adrodd mewn rhyw dafarn yn rhywle. Dim ond bardd a oedd yn adnabod Prys yn drylwyr a allai gyfleu portread mor gywrain a chyflawn ohono mewn cyn lleied o eiriau.

1. gwreiddwych: gwrolwych, dewr ragorol, *GPC*, 1705.
2. graddol delynwr: telynor wedi graddio mewn eisteddfod, wedi ei urddo, *GPC*, 1520.
3. myntumiwr: amr. ar maentumiwr, <S. 'maintainer', un sy'n maentumio, cynnal; cynheiliad, *GPC*, 2311.

24. [*I Rys Cain*]

Llawysgrifau: *A* = LlGC. Ych. 11816 B, 218; *B* = Caerdydd 84, 952.

Amrywiadau: 3. *B* Gwirdant owrrant . . .

Nid oes teitl i'r englyn hwn yn y llsgrau ond priodolir ef i Richard Hughes, yn y ddwy lsgr. Y mae Rhys Cain yn fyw yn englyn Hughes yn ôl y ferf yn ll.4, . . . '*yw* Rhys Cain', felly fe'i canwyd cyn 1614 pan fu farw Cain. Yn *A* dilynir ef yn syth gan englyn arall i Rys Cain gan Edward Maelor:

> Pan oedd kain y glain yn glynu yn i bwnck
> bv benkerdd beirdd Cymrv
> pann aeth kain pennaeth kanv
> faeth naws dysk yn nos dv.
> Edd maelor ir vn gwr.

Awgryma'r englyn hwn fod Cain wedi marw pan ganwyd ef a rhydd y *BywC*, 1620 fel dyddiad marw Edward Maelor. Ond awgryma Huw Ceiriog Jones, *Gwaith Huw Ceiriog ac Edward Maelor* (Caerdydd, 1990), xxiii, fod 1603 yn nes at ddyddiad ei farw, a byddai hynny'n dyddio'r englyn o leiaf ddegawd yn gynharach. Ond sylwer nad yw Jones yn cynnwys yr englyn hwn yn ei argraffiad safonol o waith y bardd.

Yn ôl yr *Handlist*, o lsgrau'r Llyfrgell Genedlaethol 3, 70, copïwyd y rhan fwyaf o'r cywyddau a'r englynion yn NLW 11816 B yn yr ail ganrif ar bymtheg cyn iddi ddod i ddwylo Owen Gruffydd, Llanystumdwy, yn nechrau'r ddeunawfed ganrif, pan ychwanegodd ef nifer o'i gerddi ei hun at y llsgr. . . .

Un o lsgrau Dafydd Jones o Drefriw mewn dwy gyfrol drwchus, hirgul, yw Caerdydd 84; copïwyd hi yng nghanol y ddeunawfed ganrif.

Ceir englynion Richard Hughes i Siôn Cain, mab Rhys, yn yr un llawysgrifau hefyd, ac mae'n ddiddorol sylwi fod dwy ddalen o *Cydymaith Diddan* (Caer Lleon, 1766), Dafydd Jones, wedi eu rhwymo rhwng ffolio 4 a 6 yn LlGC 11816 B; gw. ymhellach ar rif 25 a'r Rhagymadrodd, t. xxxiii–xxxiv.

Ar ôl marw Simwnt Fychan yn 1606, yr olaf o benceirddiaid mawr yr G16, gellid dadlau mai Rhys Cain, y pencerdd a'r arwyddfardd o Groesoswallt a disgybl ac etifedd llenyddol Wiliam Llŷn, oedd yr amlycaf o'r beirdd a ganai yn negawd cyntaf yr G17. Yr oedd ef (a'i fab Siôn) trwy ei gysylltiad uniongyrchol â Wiliam Llŷn, yn bont rhwng disgyblion Gruffudd Hiraethog a oedd wedi bod mor ddylanwadol ar ôl ail Eisteddfod Caerwys, a beirdd ac ysgolheigion yr ail ganrif ar bymtheg. Y mae'r englyn hwn yn llawn epithetau canmoliaethus i ddisgrifio Rhys Cain, ymadroddion fel 'rhos coch', 'clo eurwawd', 'cist gynnwys', sy'n dangos yn glir fod Hughes (er nad oedd fardd proffesiynol) yn hyddysg yn ieithwedd beirdd yr uchelwyr ac yn deall dirgelion a chonfensiynau'r canu mawl. Disgrifiodd Dafydd Nanmor Rys ap Rhydderch o'r Tywyn fel 'rhos haf', (*OBWV*, rhif 78, ll.1), i grybwyll un engh. yn unig. Canodd Cain i dylwyth Richard Hughes ym Modwrdda ac i'w ffrind mawr, y Capten Siôn yn y Rug, prif gartref Salesbury, nid nepell o Groesoswallt. Rhaid fod Hughes wedi torri ei siwrnai rhwng Llundain a phen Llŷn yn y Rug lawer tro a gallai gyfarfod â Chain yno; mae'n amlwg o'r englyn hwn ac o'r rhai a ganodd i fab Rhys, sef Siôn Cain (rhif 25) fod Hughes yn hoff ohono. Ar Rys Cain gw. E. D. Jones, 'Presidential Address', *Arch. Camb.*, 112 (1963), 1-12.

1. Cist gynnwys: yr oedd Rhys Cain fel cist neu goffr yn cynnwys holl wybodaeth farddol/achyddol/herodrol ynys Brydain.
   irlwys: ir+(g)lwys, ffres, newydd + tirion, hyfryd, teg, pur, *GPC*, 1413.
   eurlain: aur+(g)lain, anwylyd euraid.
   clo: awdurdod, cadernid, diogelwch, *GPC*, 506.
   eurwawd: <aur+(g)wawd, cân aur.
3. cwrrant: ?cefngrwm, 'hunchbacked' ?amr. ar 'cwrrwm' gw. *GPC*, 648.

25. *I Siôn Cain*

Llawysgrifau: *A* = LlGC. 11816 B, 214v-15; *B* = Caerdydd 84, 954.

Amrywiadau:Teitl, *A* Englynion o waith Mr Rich: Hughe (sic) i Sion Cain o Groesoswallt *A* Richard Hughes ai kant *B* Dick Hughes neu Ricar: Hughes Regiaped.

Ceir yr englynion hyn yn yr un llsgrau â'r englynion i Rys Cain, tad Siôn (rhif 24) – o'u blaen yn *A* ac ar eu hôl yn *B*. Ni ellir dyddio'r englynion hyn mwy na'r lleill er ei bod yn ymddangos fod Rhys Cain yn fyw y ddau dro ac felly maent cyn 1614 pan fu ef farw. Ymddengys fod Siôn Cain wedi cyhuddo Richard Hughes o ganu'n anfedrus (ll.1-2) ond nid yw'r gerdd honno wedi goroesi, hyd y gwyddys. Fel yn yr englyn i Rys Cain dengys Hughes ei wybodaeth o ofynion y Gyfundrefn Farddol pan yw'n atgoffa Siôn mai ei ddyletswydd ef oedd moli nid dychanu (ll.9-10) ac na fyddai ei dad, y pencerdd Rhys Cain, byth yn ymostwng i oganu (ll.3-4). Awgryma ll.17-18 fod y cellwair rhwng Siôn Cain a Hughes yn mynd yn ôl dros gyfnod, ond bod Hughes yn maddau iddo 'er mwyn dy dad' (ll.8), bob tro. Ceir enghraifft arall o'r cyfeillgarwch rhyngddynt yn y cywydd a ganodd Siôn Cain i Richard Hughes a Huw Bodwrda pan oedd y ddau yn sâl yn eu gwelyau (gw. Atodiad 1, rhif 4); y mae hoffter y bardd o'r ddau yn amlwg yn y cywydd. Parhaodd y cysylltiad rhwng Siôn Cain a theulu Bodwrdda hyd genhedlaeth mab yr Huw claf; erys llythyr oddi wrth Wiliam Bodwrda (gor-nai Hughes), dyddiedig Hydref 1647 at Siôn Cain yn cwyno fod dysg farddol ac achyddol y beirdd yn dirywio, gan eithrio Cain ei hun, wrth gwrs, gw. Dafydd Ifans, 'Wiliam Bodwrda (1593-1660)', *CLlGC*, 19 (1975-6), 97.

1. laci: <S. 'lackey', gwas troed, sy'n gyfieithiad o deitl swydd Hughes, 'regiaped' neu 'footman', *GPC*, 2050. Yn ôl yr *OED* yr oedd yr enw wedi magu'r ystyr difrïol 'toady', 'one who is servilely obsequious', erbyn diwedd yr G16 ac nid yw'n syn felly nad oedd Hughes yn hapus gyda'r disgrifiad.
3. branc: <S. 'prank', tro chwareus, tric, cast; mae'n gysylltiedig â'r ferf '(to) prance' am geffyl neu oen; yng ngeirfa William Salesbury, 1547, y ceir y ffurfiau gyntaf, *GPC*, 2869.
   afanc: anghenfil chwedlonol a oedd yn byw mewn dŵr; yma defnyddir ef mewn ffordd ddifrïol i dynnu coes Cain.
7. glol: <clol, <S. 'knoll', penglog, corun, copa; clol abad yw pen moel a oedd fel copa eilliedig mynach, *GPC*, 506. Y mae digon o dystiolaeth fod Siôn Cain wedi colli ei wallt, gw. hefyd ll.19, 'y Cain moel'.

26. [*I Twm Tegid*]

Y mae'r unig gopi o'r englyn hwn yn llsgr. LlB. Ych. 14892, 17v, yn dilyn yn syth ar ôl yr englyn canlynol ar feddwdod a briodolir i Robert ap Rhys Wyn o Raianog:

> Rwy'n ofni meddwi am vddyn o gwrs
> garowsio im herbyn
> yma rhaid imi er hyn
> feddwi ne fod yn fowddyn.

Heb bennawd ar wahân, daw'r englyn a briodolir i 'Rich: Hughes', a dilynir yntau gan englyn i Forys Berwyn gan Twm Tegid.

Ymddengys fod Hughes yn adnabod yr holl feirdd hyn. Yn ogystal â'r englyn hwn cyfeirir at Dwm Tegid yn yr englynion i Forgan y crydd (rhif 27) ac yn yr englynion i Siôn Salesbury (rhif 28). Canodd tad Robert, sef Rhys Wynn o Raianog, englyn i Hughes, gw. Atodiad 1, rhif 1. Canodd Morys Berwyn gywydd mawl i nai a ffrind Hughes sef Huw Bodwrda, ac i Ruffydd, brawd hynaf Hughes, a'r penteulu yng Nghefnllanfair ar ôl marwolaeth Huw ap Rhisiart, i ddathlu siryfiaeth Gruffydd, a diau iddo ymweld â Chefnllanfair ar yr achlysur, gw. *BBAGB*, rhif 17.

Yn y *Mynegai*, priodolir c.35 o gerddi i Twm Tegid a chysylltir ef yn bennaf â Dyffryn Clwyd, ond y mae pump o gerddi eraill a briodolir i 'Twm y prydydd o Llanfyllin', a uniaethir weithiau â Thwm Tegid. Priodolir un englyn i Tegid, 'A ŵyr neb cudeb lle cais' . . . sydd yn cael ei briodoli i Hughes mewn amryw o lsgrau, ac er ei bod yn debycach mai Hughes biau'r englyn, awgrymir eu bod yn canu'r un math o gerddi.

Awgryma'r cysylltiadau hyn, er mor frau yr ymddengys y dystiolaeth o bosibl, fod y beirdd hyn yn adnabod ei gilydd yn bur dda ac yn cyfarfod i gydyfed a chyfnewid englynion. Yn yr englyn hwn gwelir dirmyg arferol Hughes at aelodau is y frawdoliaeth farddol, eto nid amharai hyn ar ei hoffter o'u cwmni, fe ymddengys, os yw'r englyn i Twm Tegid yn gysylltiedig â'r un gan Rys Wyn sy'n cyfeirio at 'garowsio' a 'meddwi'. Dengys yr englyn hwn i Twm Tegid gyfoeth yr iaith ddifrïol, sgatolegol, a oedd at wasanaeth Hughes a chynifer o eiriau a chyfansoddeiriau lliwgar a manwl ddisgrifiadol sydd wedi diflannu o'r iaith.

1. herwr: crwydryn, lleidr, ffoadur, *GPC*, 1860.
   colerog: 'yn gwisgo coler'; defnyddir am farchog neu ysgwïer fel arwydd arbennig. *GPC*, 543. A oedd coler arbennig yn gallu dynodi clerwr, yn ogystal?
3. aflneddog: 'gafl yn heigio o nedd', 'nits', *GPC*, 2561.
4. refrboeth: <rhefr = twll tin, anws poeth.
   rog: <S. 'rogue', cnaf, gwalch, dihiryn, *GPC*, 2988. Yn yr G16 y benthyciwyd rog i'r iaith, ac ar wahân i engh. ym Morgannwg a chan Siôn Dafydd Rhys yn 1592, pan oedd yn byw yn Aberhonddu, Hughes oedd un o'r rhai cyntaf i'w ddefnyddio.

27. *Englynion i Forgan y crydd*

Un copi o'r englynion hyn a gadwyd sef Bangor (Mostyn) 9, 127v-28, a hwy yw'r gerdd olaf a briodolir i Hughes yn y llsgr. honno. Priodolir y gerdd i 'R.Hu.' yn ddigon clir. Y mae'r agwedd ddychanol a geir yn yr englynion yn nodweddiadol o rai o gerddi Hughes, yn arbennig y rhai sy'n cyfeirio at aelodau is cymdeithas, neu feirdd fel Twm Tegid (rhif 26), nad oeddynt yn benceirddiaid, neu'n wŷr bonheddig a ganai ar eu bwyd eu hun fel Huw Llwyd, Cynfal, a Hughes ei hun.

Awgrymir bod Morgan yn perthyn i Twm Tegid (ll.8), neu efallai mai cyfeirio at eu tebygrwydd fel rhyw fath o feirdd y mae. Naill ffordd neu'r llall, nid ystyriai Hughes ei fod yn ddigon cymeradwy i ganu'n 'fwynlan . . . i gynnig – pleser/Mewn plasau nodedig'. Tybed ai'r ffaith ei fod yn grydd a barai'r dirmyg (geilw Hughes Twm Tegid, hefyd, yn 'gobler', ddwywaith, gw. rhif 28, ll. 43 a 45)? Yn sicr, nid oedd Morgan o dras farddol, oherwydd 'hangmon' oedd ei daid (ll.2-3), tra oedd Hughes ei hun o hil farddol ddilychwin.

2. hangmon: <S. 'hangman', crogwr; yr engh. gynharaf yn *GPC*, 1813, yw un gan gyfoeswr Hughes, sef Thomas Prys o Blasiolyn
6. balfan: bach. < palf, llaw, pawen. Y mae'n ddifrïol yn y cyd-destun hwn.
8. deiryd i: bod yn perthyn i; yr un tylwyth.
9. ludlyd: <lludlyd, budr, llwm (am wisg); dirmygus (am ymddygiad), *GPC*, 2218.
   ledlwm: <lled+llwm, carpiog, hanner noeth, bratiog, *GPC*, 2134; cf. Twm Tegid sydd yn 'groenllwm', noethlwm, carpiog (gw. rhif 28, ll.29) ac yn 'din-noeth, bennoeth' (rhif 26, ll.4).
10. mawrgest: < mawr+cest, bol mawr.
11. hogwm: ?amr. ar 'hogyn'? nid oes cyfeiriad yn *GPC*.
15. Suddas: Judas Iscariot
16. gerdd Wyddelig: defnyddir yr ansoddair '(G)wyddelig' mewn ffordd ddifrïol gydag enwau, i olygu 'milain, gwyllt, barbaraidd', *GPC*, 1755, ond ni chofnodir engh. ohono gyda 'cerdd' er bod 'odl Wyddelig' yn hen gyfuniad.

28. [*I Siôn Salesbury*]

Llawysgrifau: *A* = LlB. Ych. 14974, 20bv-21v; *B* = Bangor 5945, 9 a 15; *C* = Bangor (Mostyn) 9, 122v-23v.

Amrywiadau: 1. *AC* . . . fal . . . *B* . . . ai[*super*] fal . . . *AC* . . . perad . . . *C* . . . prelad neu . . . [r + neu *super*] 2. *B* Ar ai kair . . . [wedi eu groesi allan] *ABC* eleni . . . 3. *C* A . . . 13. *A* . . . rhydwr . . . *B* . . . rhydiwr . . . *C* . . . rhidiwr . . . 14. *A* nol . . . *C* Yn ol . . . 15. *AC* Oi . . . 17. *A* . . . bro iiant . . . *B* . . . bro i dant [llwyddiant *super*] *C* . . . bro heiant . . . 20. *ABC* . . . am waed 22. *A* . . . kaeth . . . *B* . . . cachets . . . *C* . . . kaeg . . . 23. *B* . . . ei serch yw . . . 25. *B* . . . raff . . . 26. *AB* yt dewgwd . . . *B* . . . du . . . 27. *C* . . . y rog . . . 29. *A* . . . a ban *B* . . . ba ban . . . 33. *AB* . . . gnafri . . . 34. *A* . . . eleni *BC* . . . yleni – noethedd 35. *A* Nesu a el . . . *B* Nesa i hel . . . 41. *A* . . . dryglam oer *B* . . . dryglam oer [wedi ei groesi allan a 'I'r' wedi ei roi ar ddechrau 42] *C* . . . deryglam oer . . . 43. *B* . . . a'i . . . 44. *B* . . . sarph 45. *B* Crach . . . . . dig 47 *B* . . . y Diawl . . . 49. *C* . . . ofeg serth fo rydd mastr . . . 50. *C* Hwr . . . 52. *AB* . . . bowdwr . . . 53. *C* Pen fo'r . . . 56. *B* 'N Ceisios [sic] i go gas gan 57. *AB* Ow Sion . . . 58. *C* O anos i . . . 60. *C* Ymi . . . braf . . . 64. *B* . . . dig . . . 69. *C* . . . sawdwyr, helwyr dau . . . *A* . . . kig *B* . . . cu 72. *AB* . . . ro yr . . . *B* Diwedd *C* Ric: Hughes.

Y mae rhai o'r englynion mewn trefn wahanol yn *C*; ar y cyfan cytuna *AB* a'i gilydd, ond nid bob amser. Y mae 18 o englynion yn *AB* sef 72 o linellau. Yn *C* ceir dwy gyfres o englynion – pedwar englyn wedi eu rhifo 1-4 sy'n cyfateb i linellau 57-72 yn *AB*, gyda'r enw 'Ric: Hughes' ar ôl y pedwerydd englyn; ceir llinell ar draws y ddalen o'u blaen ac ar eu hôl. Wedyn daw 14 o englynion sy'n cyfateb i linellau 1-56 yn *AB* a 'Rich: Hughes' ar eu hôl hwythau. Ymddengys fod copïydd *C* yn credu fod dwy gyfres annibynnol o englynion yma, ond ymddengys copïwyr *AB* yr un mor sicr mai un gyfres ydynt.

Ceir un o'r englynion, sef ll.21-4, '(Ai) Clust dyllog rog wir eigion . . .' fel englyn annibynnol mewn dwy lsgr. arall, a chyhoeddwyd ef ar ei ben ei hun yn *CLl*, 216:

(a) *Peniarth 91, 6*

Clust dyllog rog wir eigion – gwyddleidr
gweddill caetts a chyffion
Anghowir serch ynghâr Sion
A mi roessoch i mrysson
Richard Hughes footman

(b) *LlB. Ych. 14888, f.86v*
Englyn o waith Rich: Hughes Cefn llanfair Esqr. pen roes Gwr mawr o Gymrü vn i gani dychan iddo pan oedd yn byw yn llyndain

Ai clisd dyllog rog o eigion – gwydd Leidr
gweddyll caige a chyffion
Anghowyr serch y nghar Sion
A mi roessoch i mryson
Richard Hughes Esqr. ai cant
gair Saisneg yw caige

(c) *Cynfeirdd Lleyn, 216*
Pan roese Gwr mawr o Gymru un i ganu dychan iddo pan oedd yn byw yn Llyndain

Ai clisd dyllog rog o eigion – gwydd leidr
Gweddyll *caige* a chyffion
Anghowyr serch y nghaer Sion
A mi roesoch i mryson

Caige – Cage

Ymddengys fod Myrddin Fardd yn copïo o LlB. Ych. 14888, f.86v neu o ffynhonnell debyg iawn.

Y mae *B* wedi defnyddio *A* yn ôl ei arfer, ond aeth llaw ddiweddarach at *B* wedyn a chynnig darlleniadau amrywiol mewn rhai mannau, sydd weithiau'n ymddangos fel petaent yn gwneud gwell synnwyr na'r copi gwreiddiol, ond beth oedd ffynhonnell y 'cywiriadau' hynny, ni ddywedir. Yn aml maent yn cywiro'r gynghanedd, ac mae'n bosibl mai cynganeddwr gwell oedd yn newid o'i ben a'i bastwn ei hun. Derbyniwyd rhai ohonynt fel y gwelir oddi wrth yr amrywiadau uchod. Nid yw'r un o'r tri chopi'n gywir, o bell ffordd, ac oherwydd nad yw'r cyd-destun yn wybyddus mae'n anodd dehongli'r englynion yn foddhaol.

Y mae'r cymeriadau a enwir yn yr englynion yn adnabyddus o gerddi eraill; yn ogystal â Hughes ei hun ('Dic' ll.45), y prif gymeriadau yw Siôn Salesbury, cyfyrder Hughes (arno gw. Rhagymadrodd *passim*) a Thwm Tegid, bardd y canodd Hughes englyn iddo (rhif 26) ac y cyfeirir ato yn yr englynion i Forgan y crydd. Fel y crybwyllwyd uchod y mae'n bosibl fod dwy gerdd wedi eu cymysgu yn yr englynion hyn a bod hynny'n ychwanegu at y dryswch wrth geisio deall y stori:

1. Cerdd ddoniol yn dychanu Siôn Salesbury am ei anturiaethau carwriaethol niferus, yn arbennig un a oedd yn ymwneud mewn rhyw fodd â chwt ieir ac a arweiniodd at ladd nifer o'r ieir; hawliai tylwyth yr ieir dâl galanas oddi ar Salesbury. Y mae'r *motif* hwn yn galw ar gof antur Dafydd ap Gwilym yn y cwt gwyddau ac yn awgrymu rhywfaint o wybodaeth arwynebol, o leiaf, o Gyfraith Hywel.
2. Cerdd yn dychanu Twm Tegid am iddo ef ganu gogan i Richard Hughes. Fel y gwelwyd yn rhif 26 dirmygai Hughes Tegid fel bardd (er ei fod yn ddigon parod i gydyfed ag ef, fe ymddengys), a cheir ganddo eirfa eang o ansoddeiriau cyfansawdd i gyfleu ei ddirmyg trahaus. Y mae'r darlun a gyflea o fardd o radd gymdeithasol is yn un bywiog ac yn bur wahanol i'r cysyniad arferol o feirdd yr uchelwyr.

Y mae'n bosibl fod y ddwy gerdd wedi eu cysylltu trwy'r englyn a geir yn annibynnol, sef, ll.21–4. Y mae'r pennawd esboniadol i'r englyn hwnnw sy'n sôn am ŵr mawr (?Salesbury) o Lundain a gafodd fardd (?Tegid) i ganu dychan i Hughes yn amlwg yn ymgais i esbonio'r cyd-destun. Canodd Tegid amryw o gerddi i deulu aml-ganghennog Salisbury/Salesbury yn Nyffryn Clwyd.

1. Siôn Salbri: gw. Rhagymadrodd t. xi.
prelad: gŵr eglwysig o radd uchel.

5. holbren: amr. ar rholbren, 'rolling pin', *GPC*, 3093.
pwt tindew: un byr, llydan o gorffolaeth, yn enwedig o gwmpas y pen ôl.

7. baetiwr: <S. 'to bait', un sydd yn baetio, poenydiwr, heriwr, pryfociwr, *GPC*, 248; ni roddir engh. o'r ffurf enwol ond ceir digon o engh. o'r ferf.

8. afanc: anghenfil, chwedlonol weithiau, sy'n byw mewn dŵr, *GPC*, 41.

10. t(h)arw'r offeiriad: gwaith tarw'r offeiriad oedd mynd o gwmpas y plwyf yn cenhedlu lloiau ar fuchod tyddynwyr na allent fforddio cadw tarw eu hunain. Mae'n bosibl fod yma gyfeiriad llawchwith hefyd at fuchedd rhai offeiriaid, pan gofir am y cyfeiriad yn ll.1 uchod at Salbri fel 'prelad'.

13. reidwr: ?<S. 'rider', marchog; yn *GPC*, 2079, ceir y ffurfiau, reider, reidar, ridar, ond nid reidwr. Ceir 'reider' ar ddechrau'r G17 yng nghanu Edward Urien.
llesgwas: <llesg+(g)was ar ddelw llesg+(g)ŵr; fel enw gallai llesg olygu diogyn, oferddyn, *GPC*, 2157.

14. llowdwr: amr. ar llawdr, trowsus, clos, brits, *GPC*, 2106.

15. burboeth: poeth iawn, chwilboeth, tanbaid, pranciog, *GPC*, 2931. Daw'r engh. gyntaf o Eiriadur Thomas Wiliems, Trefriw , 1604-7; bu Salesbury farw yn 1611, felly mae'r engh. hon yn perthyn i'r un cyfnod. Y mae'r engh. diweddarach yn grefyddol eu naws.
barbwr: er mai torri gwallt oedd un agwedd ar waith barbwr yr oedd hefyd yn feddyg. Yn 1461 corfforwyd cwmni y 'Barber-Surgeons' gan Edward IV. Cwyd y doniolwch o'r ddau syniad y gallai'r barbwr 'dorri' cal Salesbury am ei fod yn 'gweithio' nes mynd yn chwilboeth, a/neu ei wella o'r clefyd (?gwenerol) a barai i'w gal fynd yn 'burboeth'.

16. chwistrell: 'syringe', 'squirt', 'clyster' gw. *GPC*, 857-8. Unwaith eto ceir amwysedd bwriadol rhwng chwistrellu dŵr i ddiffodd y gwres/tân ac offeryn meddyginiaethol i liniaru haint.

21. rog: gw. ar rif 26.4.
eigion: dyfnderoedd y môr, uffern, tywyllwch, *GPC*, 1190.

22. coeg: dall, unllygeidiog; ond cellweirus, ffroenuchel hefyd, gw. *GPC*, 529.
chyffion: <cyffion, offeryn cosb a ddaliai draed troseddwr a'i garcharu ar ei eistedd, 'stocks', *GPC*, 727.

25. Tegid: gw. rhifau 26-7.
gegid: <cegid, gwenwynig (am blanhigyn, fel arfer), *GPC*, 449.
goegwan: <coegwan, oferedd, dirmyg, haerllugrwydd gwan, *GPC*, 531.

27. ogan: <gogan, anair, anghlod, dychan, gwawd, *GPC*, 1435.

28. lowt: <S. 'lout', llabwst, hurtyn, twpsyn, *GPC*, 2070. Ceir yr enghreifft-iau cynharaf o'r benthyciad yng ngwaith cyfoeswyr Hughes, Siôn Mawddwy, Siôn Tudur, Huw Roberts, Llên, etc.

29. Twm: Twm Tegid, gw. rhifau 26-7 ac uchod, ll.25.
groenllwm: noethlwm, tlawd, *GPC*, 603; cf. 'ledlwm' yn rhif 27.9.
grinllwyd: gwyw, gwelw, llwydaidd, *GPC*, 598.

33. gnafri: cnafri <S. 'knavery', dyhirwch, cyfrwystra, *GPC*, 517.

37. taeog: gŵr caeth, 'villein' cf. 'taeogwas lleuog', fel disgrifiad o Tegid yn englyn Hughes, rhif 26.
costog: ci gwarchod; taeog, dyn sarrug, cerlyn, *GPC*, 570.

39. sowter: <S. 'souter'. cobler; cf. Morgan y crydd.
mab ordderch: mab o gariadferch; bastard, *GPC*, 2293.

40. sowteraidd: cobleraidd, tebyg i gobler.
41. deuogwarth: < taeog+(g)warth.
dryglam: llam drwg; tynged, siawns, damwain, anffortun, *GPC*, 2091-2.
42. gweflgam: gwneud ceg gam, *GPC*, 1615.
Gaflgarth: cyfeiriad at Siôn Gaflgarth, o bosibl? Y mae'r englynion hyn fel petaent yn gysylltiedig â'r englynion i'r gŵr hwnnw.
43. gobler: <S. 'cobbler' = gwneuthurwr neu gyweiriwr esgidiau, cf. Morgan y crydd.
44. gene: naill ai amr. ar 'genau', gweflau, ceg, safn, cf. 'gweflgam', ll. 42; neu amr. ar 'cenau' = epil ci, llew, blaidd, etc. > cnaf, gwalch, dyn drygionus, cf. ll. 65, isod.
gonyn: <conyn, grwgnachwr, gw.*GPC*, 553.
45. sowter: gw. ll. 39 a 40.
gablu: <cablu = difenwi, athrodi, melltithio, gw. *GPC*, 372.
Dic: cyfeiria Hughes ato'i hun fel 'Dic' a gelwir ef felly ym marwnad Hugh Roberts, gw. Atodiad 1, rhif 6, ll.32, 95.
47. coblyn: ellyll, ysbryd drwg.
49. haster: ?<S. 'haste' = prysurdeb, brys, dim engh. yn *GPC*.
51. greithiog: <creithiog = 'scarred'.
afl: <gafl, ffwrch, 'crotch'; cyfeirir yn ddifrïol at ffwrch Tegid yn yr englyn iddo, gw. rhif 26.3, lle mae'n 'aflneddog'.
diblog: ans. caglog <dibl, cagl, godre budr, yn enwedig o gwmpas y penôl, fel mewn defaid; daw'r engh. gynharaf yn *GPC*, 955, o Eiriadur Walters, 1770.
dewblaster: plaster tew, powltis, *GPC*, 2820.
52. budr: atgas, aflan, ffiaidd.
gostog: gw. ll.37.
arw: <garw = bras, anfoesgar, sarrug *GPC*, 1383.
bwdr: <pwdr = afiach, llygredig, *GPC*, 2937
gaster: <caster = casineb; un engh. a roddir yn *GPC*, 438 a honno yng Ngeiriadur William Salesbury, 1547.
55. hofian: hofran, cyhwfan, *GPC*, 1886; cf. rhif 10, ll.3.
61. dau frodyr: ni ddywedir pwy yw'r ddau, ond sonnir am ddau Siôn yn ll.64; ceir engh. yma o ddefnyddio'r hen rif deuol.
seigiau: yn ffig., dau sy'n darparu seigiau, sef gwleddoedd.
bos: ?<pos = tew, corffol; awgrymir yn *GPC*, 2858 mai gair geiriadurol ydyw a daw'r unig ddwy engh. a roddir o ddwy lsgr. o'r 17g.
63. wrageddwr: <gwrageddwr = puteiniwr, merchetwr, gw. *GPC*, 1697.
oddau: <goddau = amcan, bwriad, perwyl, nod, gw. *GPC*, 1425.
64. bos: gw. ar ll. 61.
annos: hysio, symbylu, gw. *GPC*, 152.
anynad: anfoddog, afrywiog, gwrthnysig, *GPC*, 171.
gene: amr. ar 'cenau' gw. uchod ar ll.44, a *GPC*, 461.
68. dwrch: <twrch, baedd gwyllt; term canmoliaethus am filwr yn yr hen ganu ond term difrïol yn y cyd-destun hwn.
69. sawdwyr: milwyr
70. atgas: annymunol, ffiaidd, gwrthun, *GPC*, 227.
72. Gred: <Cred = y byd Cristionogol, *GPC*, 585.

29. *Ar farwolaeth y Frenhines Elizabeth*

Llawysgrifau: *A* = LlGC. Ych. 16B, 251; *B* = Cwrtmawr 25, 40; *C* = Wynnstay 6, 125; *D* = Bodewryd 2, 269; *E* = Bangor 92, 28v; *F* = LlB. Ych. 4892, 22v; *G* = LlB. Ych. 14892, 88v; *H* = Caerdydd 1.2, 442; *J* = Coleg Iesu 88, 8; *K* = Caerdydd 3.68, 74.

Amrywiadau: 1. *CEG* . . . yw/r wllys . . . *F* . . . yw/r wyllys . . . *K* . . . yr wllus . . . *CEFK* . . . heb fawr allu . . . *G* . . . am hynny . . . *J* . . . ag velly . . . 2. *K* . . . ni all I . . . 3. *A* . . . fu . . . *BD* . . . fi . . . *F* . . . vi . . . *J* . . . mi . . . *K* . . . men gwau I mi . . . 4. *AD* . . . rhag y . . . *J* . . . rhag offn . . .

Y mae hwn yn un o englynion enwocaf Hughes fel y dengys nifer y copïau a oroesodd. Nid yw pob un o'r copïau uchod yn y *Mynegai* ac mae'n ddigon posibl y deuir ar draws enghreifftiau eraill ohono wrth i'r llsgrau gael eu mynegeio'n fanylach. Er ei boblogrwydd nid oes un copi boddhaol o'r englyn – maent i gyd yn wallus mewn rhyw ffordd neu'i gilydd.

Y mae *B* yn llaw Wiliam Bodwrda, gor-nai Hughes, a rhydd ef ychydig o wybodaeth ychwanegol am yr englyn. Y mae *A* yn un o lsgrau Bodwrda hefyd, ond nid ef a gopïodd yr englyn hwn. Ceir pennawd yn *A*:

> Englyn a yrrodd Rich: Hughes mewn llythyr att i frawd pan oedd y Frenhines Elsbeth yn gla lesg.

a cheir nodyn pellach yn dangos fod Bodwrda wedi copïo'r englyn i'w gasgliad ffolio, 'vide 7. fol. 104'. Mae'r casgliad hwnnw ar goll, ysywaeth, gw. Ifans, *Wiliam Bodwrda*, 565–71, lle ceir disgrifiad o *A*. Ceir yr enw 'Richard Hughes' dan yr englyn.

Mae'n bosibl mai llithriad a achosodd adael allan y gair 'ofn' yn *A*, 4 a thrwy hynny wneud y llinell yn fyr o sillaf.

Yn *B* ceir pennawd gwahanol gan Fodwrda:

> At ei ffrinds pan oedd y Frenhines Elsbeth yn glaf iawn

a'r enw 'Risiart Hughes' dan yr englyn.

Yn *D* ceir y pennawd:

> 'Ar farwolaith Frenhines E',

a 'Rich.d Hughes ai ct.' ar ei ôl. Y copi hwn yw'r unig un sy'n dilyn *A* trwy adael allan 'ofn' yn ll.4.

Yn *J* ceir y pennawd:

> Rich Hugh.Regina pedissequus; to one of the country that would have him write some news after the Queen's death.

Cyhoeddwyd englyn *J*, gyda'r pennawd, yn *B*, 3 (1926–7), 125.

Mae *K* yn wallus iawn ac mae'n amlwg na wyddai'r copïydd, Robert Thomas, ?Carneddi, Beddgelert (gw. Daniel Hughes a Graham Thomas, *Catalogue Caerdydd*, 230), ddim o hanes na chysylltiadau'r englyn pan gopïodd ef, c.1730-5, oherwydd rhydd ef fel ateb i'r englyn 'Ymhob man dy arian heb dorath', gw. Atodiad 2. Ysgrifennwyd y ddau englyn i fyny ymyl y tudalen.

Ceir y nodyn hwyaf ar ôl yr englyn yn *H*:

> Dick Huws pan oedd y frenhines yn glaf ag vn yn gofyn iddo fo newyddion a ffam na sgrifen[ ] fo beth oedd o newydd yn llvnden. ynte oedd ffwtman ir frenhines [....] oedd ddoedvd na sgrife[....] i bod hi yn berigyl am dani. 1602
> i ben fo oedd y frenhines:
> fel y d[ ] yr englyn vchod

Copïydd y llawysgrif hon oedd Thomas Evans, Hendreforfudd; yr oedd yn fardd ac yn gopïydd diwyd a arferai gofnodi'r dyddiad pan gopïai eitem i'w gasgliad. Os dilynodd ei arfer yn yr achos hwn y mae'r copi hwn yn agos iawn i ddyddiad marw'r Frenhines ac adeg tybiedig cyfansoddi'r englyn. Am yrfa Hughes fel ffwtman, gw. Rhagymadrodd, xxiv-xxxi.

30. *Englynion o waith Richard Hughes pan oedd y gwn powdr Treson*

Llawysgrifau: *A* = LlB. Ych. 14974, 19v; *B* = Bangor (Mostyn) 9, 113-13v; *C* = Cwrtmawr 69 C, 19; *D* = Darnau Brogyntyn, dim rhif; *E* = LlB. Ych. 14892, 11v; *F* = LlB. Ych. 14982, 83v-4; *G* = Caerdydd 66 [2.202], 331; *H* = Caerdydd 19 [2.68], 760; *J* = LlGC. 11993 A, 85; *K* = LlGC. Ych. 16 B, 272; *L* = Bodewryd 2 B, 269.

Amrywiadau: Teitl. *A* y teitl sydd uwchben yr englynion uchod; *BDFGHJ* heb deitl; *C* Ar Frad y powdr gwn/conspired to ha[ve]/been effected/Nov. Ao. 1605; *E* Pedwar Englyn a wnaed yn Llvnden ir Powdwr Treson Novemb. 5; *K* 6 Englyn i ddoctor Rhisiart Fychan Esgob Llundain/pan ymkanwyd chwthu a gwnpowdr tu/r/ Parlament ano 1605; *L* Englynion ei [sic] Escob Vauchan ar y Powdwr frad. 1+17. *AF* . . . fydd . . . *GH* . . . fu . . . *CDE+KL* ___ 3+19. *J* . . . wedlyd . . . *L* . . . hefyd waedlid . . . 4. *F* . . . ffi . . . 5+13. *F* ffi . . . *K* Phi . . . *B* . . . enidiav *D* . . . eneidiau *CF* . . . anianol *E* . . . anianol*eneidawl 6+17. *CEF* Drwy . . . *KL* gañ . . . *C* . . . nynni . . . *F* . . . waith . . . 7. *D* i rwyn . . . *L* I gwyr a . . . 9+21. *AB* Ffei o . . . *CE* ffydd . . . *C* . . . rhy . . . *CEF* . . . urddoliant *D* . . . vrdduniad *J* . . . addoliad 10. *D* oer . . . *J* I . . . *L* Ar . . . *C* . . . dwl . . . 11. *F* ffi . . . 12+24. *C* Purdan . . . pardwn *J* Ei burdan gwael . . . *KL* Purdan . . . bardwn 13+1. *A* . . . dystodd *L* . . . ddysrodd 15+1. *AB* . . . lan ___ *L* oi . . . 17+9. *A* . . . lu . . . *A* . . . yn *B* . . . hvn *KL* . . . hwn 18+10. *KL* henw . . . *AB* . . . traythodd 20+12. *KL* Ddyscyblion *A* . . . ai . . . 23+7. *KL* . . . bradwyr . . . 24+8. *B* ym rhydain/yn r India . . . mwy i . . . *KL* . . . le mwy i.

Dengys y nifer o gopïau a wnaed o rai o'r englynion hyn mor boblogaidd oeddynt. Nid yw amryw o'r englynion unigol wedi eu cofnodi yn y *Mynegai*, a daethant i'r golwg yn sgîl edrych am rywbeth arall mewn llsgr. arbennig. Diau y daw engreifftiau eraill i'r fei wrth i'r mynegeio fynd rhagddo. Mewn pedair llsgr. yn unig y ceir y chwech englyn, sef *ABKL*, ond mae gwahaniaeth sylfaenol rhwng *AB* ar y naill law a *KL* ar y llaw arall, fel y gwelir wrth edrych ar y teitlau, uchod ac ar drefn yr englynion. Y mae teitlau *KL* yn ystyried yr englynion fel mawl i Richard Vaughan, Esgob Llundain yn 1605 am ei ran ef yn rhwystro'r cynllwyn rhag llwyddo. O ganlyniad daw'r ddau englyn sy'n crybwyll yr esgob (ll. 13-16 a 21-4) ar ddechrau'r gyfres yn *KL* (ll. 1-8), gan bwysleisio rhan yr esgob. Copïwyd rhannau o *K* gan Wiliam Bodwrda, gor-nai Hughes ac ysgrifennwyd rhannau o *L* c. 1620 a'r gweddill gan Robert Lewis, Carnau, c. 1720, gw. Daniel Huws, 'Robert Lewis of Carnau', *CLlGC*, 25 (1987-8), 118-20. Y mae'r ddwy lsgr. yn gysylltiedig â Gwynedd – *K* â sir Gaernarfon ac *L* â sir Fôn, ac yn y ddwy ceir pwyslais ar ran yr Esgob Vaughan, mab Nyffryn, yn yr hanes. Yn *CEF* ceir yr un pedwar englyn (ll. 1-12, gydag un englyn arall nad yw'n rhan o'r gyfres gyfan); tri yn *D* (ll. 1-12); dau yn *J* ac un yr un yn *G* a *H*.

Nid yw pob llsgr. yn cytuno mai Hughes yw'r awdur. Yn *A* enwir ef yn y pennawd; yn *B* ceir 'Richard Hughes ai k' ar y diwedd; yn *H* ceir 'Dic: Huws ai kant' ar ôl yr unig englyn (ll.1-4); yn *K* ceir 'Rhissiard Hughes ai k.' ac yn *L* Richd. Hughes Cefn Llanvair a'u cant'. Yn *CDG* y mae'r englynion yn ddienw; yn *C* y mae englyn nad yw'n perthyn i'r gyfres; yn *EF* priodolir dau englyn (ll.1-8) i 'Rich: Hughes' a ll.9-12 ynghyd â'r un englyn (dienw) sydd yn *C* nad yw'n rhan o'r gyfres i 'Evan lloyd Jeffre' yn *E* ac i 'Jevan Llwyd Jeffrey' yn *F*. Yr englyn hwnnw yw:

Un ffydd, un grefydd, un Gred – un ffenestr,
Un ffynnon agored;
Un Duw union gogoned,
Ffordd y Fall yw'r llall ar lled.

Yn *J* (dau englyn), y mae'r cyntaf yn ddienw (ll.1-4) a'r ail (ll.9-12) yn cael ei roi i 'Siôn Clywedog neu Rich. Hughes'.

Copïwyd *A* gan Wiliam Salesbury ac ynghyd â *B* y mae'n cynnwys y casgliad gorau a mwyaf dibynadwy o'r cerddi, er nad yw'r naill na'r llall yn ddi-feth. Y mae *K* yn rhannol yn llaw Wiliam Bodwrda, gor-nai Hughes a oedd yntau'n gopïydd manwl sydd weithiau'n cynnwys gwybodaeth ychwanegol a eill gynrychioli traddodiadau teuluol. Y mae'r dystiolaeth lawysgrifol, felly, yn gadarn o blaid awduraeth Hughes.

9. urddoliant: anrhydedd, parch.
14. esgob: Richard Vaughan, Nyffryn, Llŷn, gw. Rhagymadrodd, t. xi.
22. ffel: gwyliadwrus, gochelgar, cyfrwys, deallus, *GPC*, 1281.

31. [*Englyn i Moses Powell*]

Hyd y gwyddys nid oes copi arall o'r englyn hwn sydd yn Don C.54, 49v, yn Llyfrgell y Bodleian, sef coflyfr Richard Roberts. Cyfreithiwr llwyddiannus yn Llundain oedd Roberts ac ymddiddorai yng ngweithgareddau'r llys brenhinol yn ogystal â'r llysoedd barn. Y mae ei goflyfr yn llsgr. bwysig sy'n cofnodi cerddi a sylwadau yn Gymraeg a Saesneg ar ddigwyddiadau gwleidyddol cyfoes. Nid oes amheuaeth mai pleidwyr Essex oedd ffrindiau Roberts a gwneir sbort am ben ei brif elyn yn negawd olaf yr G16, Robert Cecil. Byddai Hughes yn cydymdeimlo â'r safbwynt hwn, er ei fod yn ddigon hirben i beidio â mynegi hynny ar goedd fel y gwelwyd yn y Rhagymadrodd. Copïwyd y llsgr. ar ôl 1602 (gw. ff. 49v), yn rhannol gan frawd Roberts, sef Hugh Roberts (gw. Rhagymadrodd, t. lvii). Ceir y pennawd canlynol uwchben y gerdd a 'Richard Hughes' ar ei hôl:

> I found fault with this carol and therupon writing to Moises Powell honest Dicke Hughes cominge to see me and seeing my letter writ presently this Englyn.

Dengys y pennawd hwn beth oedd barn un gŵr a oedd â chysylltiadau pwysig iawn ganddo beth a feddyliai o Hughes: iddo ef 'honest Dicke Hughes' ydoedd. Os yw'r dyddiad 1602 yn cyfeirio at ddyddiad y copïo (a chredaf ei fod) rhydd *terminus ad quem* cyfansoddi'r englyn. Cadwyd tribannau a ganwyd gan Moses Powell i Harri Jones ar achlysur anfon calennig ar ffol. 38, ac mae'n bosibl mai hi oedd y garol y gwelsai Richard Roberts fai arni – gellir deall pam nad oedd Roberts yn ei hoffi:

kylenig blwyddyn newydd
Ar yr vrddasawl ar anwyl garedig
Meistr HARRY JONES o waith
Moises Powell dros Rissiart Roberts.

Dydd da i Meister HARRY
fowrglod hynod heini
1 Blwyddyn happvs gen dduw naf
A ddymynaf ichwi.

Mawr barch i gymrv ydych
Ai phorth ai help yn fynych
2 J weithio i lles a rhwystro i kamm
rhinweddav dinam kenych.

Drwy amlder iawn orchmynnion
A mynych ddwys anerchion
3 Hwdiwch ddibris anrheg rwydd
yn arwydd kariad kalon.

Fo roes ACONSTANVS
J frenin mawr Alphonsus
4 yw gylenig anrheg ffôl
Mewn gweithgâr brenol wiwdlws.

Pen ddarfv i agori
trwy ddisgwil trysor mowrfri
5 Ni chaed yno gwedi hyn
ond gwael wybedyn ynddi.

y brenyn mawr fal gwrda
a brisie'r rhodd yn fowrdda
6 Er nad oedd hi ond anrheg wan
o ran i amhevthvndra.

SYNETES dwrn didifar
a gafodd dâl diolchgar
7 Am roi llond i gapp o ddwwr [sic]
J ryw ryfelwr kerddgar.

Felly rwy kyn hyfed
lle bym i kyn fynyched
8 fentrio y rhyglyddach bodd
gymerid rrodd kyn waeled.

Y kappan hwn iw wisgo
er nad ydiw iw brisio
9 ffynnon lawn ewyllys da
A gewch y gwrdda ynddo.

Mi a ddymvnwn arnoch
Er a allwyf eroch
10 Er fy mwyn i wisgo fo
Am kofio pen i gwisgoch.

Y Meister JONES garedig
kymmerwch hwn yn ddidig [sic]
11 Na edrychwch ar y rhodd
ond bodd y gwr ai kynig.

Archaf i chwi bevnydd
trwy iechyd a llawenydd
12 Radawl vrddas gen dduw gwyn
A llawer blwyddyn newydd.

Ych ffyddlon ewyllysiwr da

RICHARD ROBERTS.

Dilynir y garol gan y pennawd sydd uwchben yr englyn. Gellir tybio i Hughes ganu'r pum englyn (rhif 32), i gyd-fynd gyda'r calennig i Harry Jones yn lle carol wrthodedig Moses Powell. Nid yw Moses Powell yn cael ei gofnodi yn y *Mynegai* fel bardd ar hyn o bryd.

Yr oedd cysylltiadau Cymraeg Richard Roberts â'r Gororau a sir y Fflint yn arbennig. Os oedd Moses Powell yntau o'r un ardal, ai dyna pam nad oedd Hughes, o ben Llŷn, yn deall ei acen, gw. ll.4? Ond hoffai Hughes y mesur a ddefnyddiodd, sef y mesur Triban, un o'r mesurau rhyddion a ddefnyddiodd Hughes ei hunan mor llwyddiannus.

32. *Englynion . . . dros Risiart Robertes . . . at Harry Jones . . .*

Yng nghoflyfr Richard Roberts, sef Don C.54, 38, yn unig y ceir yr englynion hyn, hyd y gwyddys, a dilynant, o bosibl, yr hyn a drafodir yn y nodyn ar yr englyn blaenorol, rhif 31. Gan fod yr englynion hyn yn cyfeirio at galennig o gap fel yng ngherdd wrthodedig Powel, mae'n bosibl fod Roberts wedi cael Hughes i ganu'r englynion yn lle tribannau Powel.

Ymddengys fod Harry Jones wedi helpu Richard Roberts mewn rhyw fodd a bod Roberts wedi anfon cap nos du a gwyn iddo yn galennig i ddiolch am y ffafr, gyda'r englynion hyn o waith Hughes.

7. arwain: cario, cludo, dwyn, *GPC*, 214.
8. y SEALE: ymddengys bod Harri Jones yn cario sêl mewn cod fel rhan o'i waith; awgryma hyn ryw swydd gyfreithiol, o bosibl, yn enwedig am fod cysylltiadau â'r gyfraith yn frith trwy'r llsgr. ac yn nheulu Roberts. Yr oedd cyfreithiwr o'r enw Harry Jones yn gweithio i Syr Thomas Egerton, gw. Rhagymadrodd, xxxix, Bald, *John Donne*, 97.
9. sad: cadarn, sefydlog.
10. o'i: i'w.
11. pigin: <S. 'biggin', cap plentyn; ceir y gair yng ngeirfa William Salesbury, 1547, ond ni chofnodir engh. ohono yn cael ei ddefnyddio cyn hyn, *GPC*, 2800.
    piogen: amr. ar pioden, yr aderyn du a gwyn, 'magpie'; rhaid mai cap du a gwyn oedd hwn.
17. meilyd: ymafael.

33. *Englynion dros Elis Sutton am alw meistres Powel yn hen*

Ceir yr englynion hyn eto yn unig yn llsgr. Don C.54, 41. Ni ddywedir pwy yw Meistres Powel na'i nai, Elis Sutton, yn y llsgr., ond mae'n bosibl ei bod hi'n wraig neu'n fam i Moses Powel (gw. ar rif 31). Ceir yr enw 'Richard Hughes' yn llawn dan yr englynion yn ogystal ag yn y teitl uwchben.

2. siwio: <S. 'to sue', erfyn, ymbil am gymod.
4. rhyglyddwch:haeddwch, plesiwch.
6. gywraint: <cywraint, medrus, doeth, celfydd, *GPC*, 835.
8. hunedd: cysgadrwydd, cwsg, *GPC*, 1924.
10. ddyl: ddylai? Gair gwneud gan William Owen-Pughe yw 'ddyl' yn ôl *GPC*, 1135.

34. [*I Robert Morgan*]

Un copi o'r englyn hwn sydd wedi goroesi sef llsgr. LlB. Ych. 14892, 23v, a gopïwyd tua diwedd yr ail ganrif ar bymtheg (gw. ar rif 16); yn anffodus hwn yw'r englyn olaf ar y tudalen a rhwygwyd y gwaelod fel bod amryw o'r geiriau ar goll neu'n annarllenadwy.

Ceir y pennawd canlynol i esbonio amgylchiadau cyfansoddi'r englyn (cf. amryw o'r cerddi yn Don C 54, sydd hefyd yn ymdrin â chydnabod y bardd yn Llundain):

> Dic Huws yn Llunden a ddaeth i stafell Mr Robert Morgan oedd yn chwarae ar y Gambo, fe a'i trawodd [ ] droed: ynte yn digio a dyngodd ag a scowliodd ag [a] fygythiodd. Dic Huws yn canu iddo fel hyn.

Naill ai y mae mwyseirio yma, *gamwth/gambo*, neu mae cam-ddehongli. Mae enghreifftiau o 'gamwth' <S. 'gamut', sef yr holl raddfa o synau y gellir eu chwarae ar offeryn neu eu canu â'r llais, yn mynd yn ôl i 1566, gw. *GPC*, 1378-9, ond nid oes enghraifft o 'gambo' < S.taf. 'gambo/gambrel', cert ysgafn dwy olwyn, sy'n hŷn nag 1866 (*GPC*, 1378). Y tebygolrwydd felly yw mai enghraifft o gam-ddehongli sydd yn y teitl ac mai chwarae rhyw offeryn cerddorol yr oedd Robert Morgan. Dilornir campau cerddorol Morgan trwy ddefnyddio'r gair 'bugad', gair sy'n cyfleu sŵn brefu yn wreiddiol, i ddisgrifio'i ymdrechion. Dengys yr englyn fod gan Hughes glust gerddorol ac os cysylltir yr englyn hwn â'r cyfeiriadau eraill at wybodaeth Hughes o gerddoriaeth, gw. Rhagymadrodd, xxxix-xl, y mae'n bur ddadlennol.

1. bugad: rhuad, brefiad, twrw, sŵn, – gair onomatopeig sy'n gwatwar ymdrechion Morgan, *GPC*, 347.
3. rhimyn: stribed, darn hirgul o rywbeth *GPC*, 3074, ?yn drosiadol am ddyn tal tenau?
   remwth: <rhemwth, dyn glwth, person barus, llabwst trwsgwl, *GPC*, 3054.

35. *Englyn Unodl Union*

Rhoddir y teitl hwn uwchben yr englyn yn Thomas Coryate, *Coryats Crudities, 1611,* intro. W. M. Schutte (Scolar Press facsimilie, 1978), dim tudalennu.

Uwchben yr englyn ceir y geiriau, 'Incipit Richardus Hughes Cambro-Britannus Regi a Pedibus' ac ar ei ôl, 'Explicit Richardus Hughes Cambro-Britannus Regi a Pedibus'.

Mewn nodyn ar yr englyn dywed J. H. Davies, 'An Early Welsh Printed Ballad', *JWBS*, 2 (1916-23), 243-6, 'It will be noticed that the writer's nationality and his position at Court are in no danger of being overlooked', gan gyfeirio at y geiriau uchod. Y mae'n annheg â Richard Hughes, gan fod geiriau tebyg o flaen yr holl gerddi sydd ar ddechrau'r gyfrol. Ar gysylltiad Hughes â Thomas Coryate, a hanes *Coryats Crudities*, gw. Rhagymadrodd, t. xi.

1. [G]andish: Thomas Cavendish (?1555-92), y trydydd gŵr i arwain mordaith o amgylch y byd, 1586-8.
   Drâc: Sir Frances Drake (c.1545-96), yr enwocaf o holl forwyr oes Elizabeth a'r gŵr cyntaf i hwylio o amgylch y byd, rhwng Rhagfyr 1577 a Medi 1580.

36. *Cymro pan oedd yng ngharchar yn Llundain*

Llawysgrifau: *A* = LlB. Ych. 14974, 20; *B* = LlB. Ych. 14892, 22v; *C* = LlB. Ych. 14892, 88v; *D* = LlB. Ych. 31060, 143v; *E* = Bangor (Mostyn) 9, 127v; *F* = Bangor (Mostyn) 6, 122; *G* = Bangor 92, 28; *H* = Bangor 703, 81; *I* = Cwrtmawr 25, 41; *J* = Cwrtmawr 25, 116; *K* = Cwrtmawr 114, 116; *L* = Cwrtmawr 114, 141; *M* = Wynnstay 6, 125; *N* = LlGC. Ych. 253 A, 382; *O* = LlGC. 21700 D, 184v;

Amrywiadau: *H* Holiad 1. *B* Klywch hynwy/n/gofyn ar gais . . . *GM* Clowch hyn rwyn gofyn ar gais . . . *F* Oes vndeb kudbed . . . *D* . . . gvdeb *I* . . . cevdeb . . . *AEHIJLNO* . . . lle . . . *D* . . . ple . . . *BGHIM* . . . sonian *CF* . . . soniwn *N* . . . sonio 2. *AH* Drwy . . . *N* oi . . . 3. *B* F wyr . . . *C* . . . ar . . . *O* . . . a melais *BGHIM* Ateb *D* atteb i hwnnw 5. *F* kanaf . . . *A* . . . fynghyfell *BG* . . . sy'n . . . *D* . . . sad . . . *N* — *O* . . . syngefel 6. *BDGM* Yn . . . *FI* . . . o . . . 7. *AH* Mae dyn . . . *ADH* . . . eden . . . *C* . . . o hoeden . . . *E* . . . hwndeg (ar ymyl y ddalen 'hoeden') *JK* . . . howden . . . *M* . . . hoedan . . . *O* . . . lyndon . . . *B* . . . sa[ ] *G* . . . siosi *J* . . . hawsi *M* . . . sosi 8. *BCDGMN* Nid . . . *FI* Ag nid . . . *B* . . . y [ ] *CGMNO* . . . y cyfell . . .

Fel y gwelir wrth nifer y llsgrau yr oedd yr englynion hyn yn hynod boblogaidd, weithiau gyda'i gilydd fel pâr, dro arall fel englynion annibynnol. Mae'n ddigon posibl y deuir ar draws engh. eraill wrth i'r llsgrau gael eu mynegeio. Maent yn ddienw mewn amryw o lsgrau a phriodolir yr englyn cyntaf i ddau fardd arall mewn dwy lsgr. sef *E*, lle y ceir 'Will: Davies ai kant' dan yr englyn cyntaf ac 'R. Hughes' dan yr ail ac *F* lle ceir 'Jvan llwyd Sieffrey' dan y cyntaf a 'dic hughes' dan yr ail. Yn y gweddill o'r llsgrau y maent naill ai'n ddienw neu gellir dadlau dros eu priodoli i Hughes am ryw reswm neu'i gilydd. Yn *A* y maent yng nghanol englynion eraill a briodolir i Hughes ac yn llaw Wiliam Salesbury, gw. *passim*., felly gellir derbyn hynny fel tystiolaeth o blaid ei awduraeth. Yn *B* y mae'r ddau englyn ar waelod dalen sydd wedi rhwygo gan golli darnau o'r drydedd a'r bedwaredd linell o'r ail englyn a lle y disgwylid gweld enw awdur. Ceir teitl yn rhai o'r llsgrau, e.e. *B* 'Kymro yngharchar yn llynden', *C* 'kymro pan oedd yngharchar yn llvnden', *G* 'kymro oedd yngharchar [ ] llundain', *M* 'cymro yngharch yn llin[ ]'.

Felly mae tystiolaeth dda fod yr ail englyn yn sicr yn eiddo i Hughes, ac efallai'r cyntaf hefyd.

Cyhoeddwyd yr englynion eisoes yn *CLlC*, I, 6 a chodwyd hwy i *CLl*, 204.

1. cudeb: anwylder, serch, hoffter, cariad, *GPC*, 627.
7. hoeden: <S. 'hoyden', 'rude, boor' am ddyn yn wreiddiol; am ferch fel rheol, yn ddiweddarach; merch benwan, mursen, coegen, *GPC*, 1883.
   sawsi: <S. 'saucy' = 'insolent', 'presumptuous' yn wreiddiol ond wedyn 'wanton', 'lascivious'. Yn ôl *OED*, yr oedd yn derm condemniol iawn yng nghyfnod Shakespeare, i.e. yn oes Hughes.

37. *I gwest yn Amwythig: dros Wil Wmffreys*

Llawysgrifau: *A* = LlGC. Ych. 16B, 274; *B* = LlB. Ych. 14974, 19v; *C* = LlB. Ych. 14892, 13v; *D* = LlB. Ych. 14990, 14; *E* = Bangor 5945, 12; *F* = Bangor 703, 80; Argraffwyd yn *CLl.* 216.

Amrywiadau: Teitl: *A* = 1 eng: at gwest yn y mwyddig dros Wil Wmffreys *C* = At Gwêst yn y mwythig dros Wil: Humffres *BDEF* = Englyn i Gwest 1. *B E* . . . gwest . . . 2. *C* . . . devwr . . . 3. *A* . . . ynghar . . . *B* . . . ywr . . . 4. *E F* Helpiwch . . .

Ceir enw Hughes yn *A*, 'Rich: Hughes', a *C*, 'Rich: Huws'. Y mae'n ddienw yn *B*, ond y mae ynghanol casgliad Wiliam Salesbury o gerddi Hughes, a'r un modd yn *F* lle mae gydag englynion eraill, rhai wedi eu priodoli i Hughes ac eraill yn ddienw. Yn *E* y mae'n ddienw ond daw yn union o flaen englynion Hughes i Siôn Salesbury (gw. rhif 28). Y mae'r dystiolaeth lawysgrifol o blaid awduraeth Hughes, felly.

Y mae *A* yn rhannol yn llaw Wiliam Bodwrda, gor-nai Hughes, ac felly o bosibl yn cadw gwybodaeth deuluol. Y mae'r copïydd yn nodi wrth ben yr englyn '*vide 7. fol. 104*', sef fod yr englyn i'w gael hefyd yn un o'r casgliadau ffolio a wnaeth Bodwrda ond sydd bellach wedi diflannu. Y mae'n ddigon posibl fod *C* yn gopi o *A*, gan fod llaw Bodwrda i'w gweld yn *C*; y mae *D* yn gopi o *C* gan Hugh Maurice, un o weithwyr Owain Myfyr ar ddiwedd y ddeunawfed ganrif. Y mae *E* fel rheol yn gopi ffyddlon o *B* ond yma cywirwyd 'ywr' yn 'ydyw'r' yn ll.3. Ysgrifennwyd *F* gan y Parch. Richard Williams, offeiriad Machynlleth, yn niwedd y ddeunawfed ganrif, a cheir casgliad o englynion Hughes ar dud. 76-81.

Nid oes cyfeiriad arall at Wil Humffreys yng ngherddi Hughes.

38. [*I Robert Wiliam, Caergybi*]

Llawysgrifau: *A* = Coleg Iesu, 88, 73; *B* = LlGC, 5274 D, 2.

Amrywiadau: 1. *B* Gwaed . . . *A* . . . dros . . .

Nid oes pennawd nac enw awdur yn *B* ond ceir y nodyn canlynol uwchben yr englyn yn *A*,

> 'Dick Hughes pedissequus to a grand leacherous fellow Robert William of Holihead, being at the porter's lodge in Ludlow'

sy'n ymddangos yn ddigon pendant. Nid yw Robert Wiliam yn hysbys, ond ymddengys ei fod yn y carchar yn Llwydlo oherwydd y 'Porter's Lodge' oedd carchardy'r castell. Gallasai Hughes fod yno ar fusnes cyfreithiol gan mai Llwydlo oedd 'prifddinas' Cymru yn y cyfnod hwn yn ôl A. H. Dodd, 'A Lost Capital', *Studies in Stuart Wales* (Caerdydd, 1952), 49-75. Yn Llwydlo, dan gadeiryddiaeth Llywydd Cyngor y Gororau, y gweinyddid cyfraith a threfn yng Nghymru a'r Gororau, a thyrrai uchelwyr Cymru yno ym mlynyddoedd olaf Elizabeth a dechrau cyfnod y Stiwartiaid.

Y mae llsgr. *A* yn cael ei disgrifio gan Gwenogvryn Evans, *Report*, (1902), II, 86-90, fel:

> . . . very miscellaneous, and the quality of the poetry is of the feeblest, but the numerous notes to the Englynion throw light on the social habits of certain districts in North Wales, and of certain Welshmen in London, about 1600.

Byddai Hughes yn gartrefol yn y ddau ddosbarth.

1. ferchedas: <(m)erchetos, ffurf fachigol ar y ll. 'merched', a'r terfyniad tafodieithol '-as' sy'n gyffredin yn siroedd Môn ac Arfon = merched bach/ieuainc.
   Arlliw difrïol sydd i'r ffurf bachigol yn y cyd-destun hwn, *GPC*, 2433.

39. *I ferch a gipiasai ei bwrs ef*

Llawysgrifau: *A* = LlB. Ych. 14974, 35v (dau englyn); *B* = Coleg Iesu 88, 16; *C* = Caerdydd 3.239, 65; yr ail englyn yn unig a geir yn *BC*

Amrywiadau: 1. *C* . . . ich prydd-der 4. *B* . . . croeg . . .

Priodolir y ddau englyn hyn i Hughes yn *A* ond mae'r ail englyn yn ddienw yn y ddwy lsgr. arall. Yn ogystal â phriodoli'r englynion i *R:H* ceir y teitl 'Englynion i ferch a gippiase i bwrs ef' uwchben yr englynion yn *A*. Yn *B* ceir y teitl Saesneg, 'A well wishers wish to his wench'.

Y mae *A* yn llaw Wiliam Salesbury, *B* yn gasgliad o gerddi sy'n gysylltiedig â gogledd-ddwyrain Cymru a Llundain (Gwenogvryn Evans yn *Report*, 2, 86-7, dan y rhif Jesus 18) a disgrifir *C* yn fanwl yn Graham C. G. Thomas a Daniel Huws, *Summary catalogue of the Manuscripts of South Glamorgan Libraries, Cardiff Central Library, commonly referred to as the 'Cardiff MSS* (Aberystwyth, 1994), 248-9. Cynnwys y llsgr. achau ac arfau yn ogystal â barddoniaeth, yn arbennig canu rhydd; y mae tt. 54-66 yn llaw Owen Gruffydd, Llanystumdwy.

Y mae'n bosibl mai'r englyn cyntaf yn unig y dylid ei roi i Hughes; dim ond yn *A* y ceir y ddau ac yn *BC* y mae'r englyn yn ddienw. Y mae'r englyn cyntaf yn defnyddio'r ail berson unigol i gyfarch y ferch, 'ban wel*aist*', ond yn yr ail englyn cyferchir y ferch yn yr ail berson lluosog mwy parchus. Ond a chymryd bod y ddau englyn yn waith dilys Hughes y maent yn perthyn i'r *genre* o englynion doniol/masweddus/dychanol sydd mor nodweddiadol o'i waith. Disgrifia'r lladrones a geisiodd ddwyn ei arian fel 'bun ŵyl', dau air canmoliaethus a geir yn y canu serch drwy'r canrifoedd. Diau bod y lladrones yn ymddwyn yn weddus i geisio twyllo ei phrae, ond mae'r defnydd eironig o'r disgrifiad hwn yn gelfydd iawn. Awgrymir yn yr ail englyn fod priodi (a beichiogi'n arbennig), yn gymaint cosb â charchar i'r ferch; a yw hyn yn taflu goleuni ar y ffaith nad oes unrhyw gyfeiriad at wraig na phlentyn yn hanes

Richard Hughes? Ai fel carchar yr ystyriai ef briodas a chodi teulu? Er ei enwogrwydd fel bardd serch y mae agwedd Hughes at ferched yn llawer llai parchus yn ei englynion, pan nad yw'n dilyn confensiynau arbennig. Lladron yw merched fel rheol, fel y dengys yr englyn i'r dafarnwraig (rhif 40), yn ogystal; ai fel lladron ei ryddid yr edrychai arnynt yn y pen draw?

1. hyffordd: ffordd agored, *GPC*, 1962.
   ŵyl: < gŵyl, llednais, swil, anymwthgar, *GPC*, 1760.
4. ddieuro: <di+euro, dwyn ei aur.
5. bâr: digofaint, llid, dicter, *GPC*, 256.
8. crog:y crocbren.

40. *I Dafarnwraig anonest*

Llawysgrifau: *A* = Bodewryd 2B, 64; *B* = Gwyneddon 19, 55.

Amrywiadau: 2. *A* . . . dilio . . . 3. *B* . . . gwnog . . .

Ceir copi *A* o'r englyn hwn ar fil printiedig (rhif 172) ar gyfer talu treth ecséis. Ar y bil ysgrifennwyd pum englyn yn ymwneud, yn dra phriodol, â thafarnau. Tadogir un ar 'Richard Mredidd' ac atebir hwnnw gan englyn 'Jo. Dd. Evan'. Mae'r tri englyn arall, gan gynnwys yr un dan sylw, yn ddienw a di-deitl. Ceir yr un englyn gyda'r pennawd, 'Englyn i dafarnwraig an-onest' yn *B*, 55, lle y priodolir ef i 'Risiard Huws'. Dilynir ef gan englyn , dan y pennawd, 'atteb':

> Mae hostes yn nes i ni – ofidus
>   A feidr wneud cam-gyfri;
>   Ag wrth hon, gwarth i'w henwi,
>   Angyles ywch hostes chwi.
>   Gruffydd Peilin

Y mae'r ddwy lsgr. yn gysylltiedig â Sir Fôn; *A* wedi ei hysgrifennu'n rhannol c.1620 a'r rhan fwyaf o'r gweddill, gan gynnwys yr englynion, gan Robert Lewis, Carnau, c. 1720, gw. Daniel Huws, 'Robert Lewis of Carnau', *CLlGC*, 25 (1987-8), 118-20. Llsgr. o gerddi gan amrywiol feirdd gan gynnwys y copïydd, David Ellis, 'curad Amlwch', fel y geilw ei hun, yw *B*; ceir ei lofnod a'r dyddiad 1776 ar dudalen 1.

Nid oes rheswm i beidio â derbyn yr englyn hwn fel gwaith Richard Hughes gan ei fod yn cydfynd â'r math o englynion sinigaidd/dychanol eraill a ysgrifennodd am fywyd tafarn, fel y gwelwyd eisoes.

1. siad: <S.jade, ceffyl, yn wreiddiol > benyw ddrwg.
3. gwrog: ?amr. ar 'gwriog', gwraig briod, *GPC*, 1710
4. hostes: <S. 'hostess', tafarnwraig, lletywraig.
   Daw'r engh. cynharaf yn yr G16, yn y canu rhydd, *GPC*, 1900.

41. [*Meddwl am ferch*]

Llawysgrifau: Don C.54, 41.

Hwn yw'r unig gopi o'r englyn hwn hyd y gwyddys. Copïwyd ef yn union o dan yr englynion i Meistres Powel dros Ellis Sutton (gw. rhif 33). Nid oes teitl iddo ond ceir yr enw 'Ric: Hughes' o dan yr englyn.

Yn anffodus nid oes unrhyw awgrym pwy oedd yr 'em siriol' y meddyliai Hughes amdani.

4. moddau: ?ll. modd ond nid oes engh. yn *GPC*.

42. [*Englynion i ferched*]

Nid oes sicrwydd fod yr englynion hyn yn perthyn i Hughes, gan na phriodolir hwy iddo; ond y maent yng nghanol y cerddi eraill a gopïodd Wiliam Salesbury yn LlB. Ych. 14974, 20-1. Y mae iddynt y slicrwydd geiriol, y mwyseirio a'r dôn sardonig sydd mor nodweddiadol o ganu caeth Hughes pan fo'n trafod merched. Cyhoeddwyd hwy eisoes yn *CLl*. 217.

43. *Englynion Dau Syniad*

Llawysgrifau: *A* = Mostyn 165, 213; *B* = Bangor (Mostyn) 9, 80v; *C* = LlB. Ych. 14974, 22; *D* = LlB. Ych. 12230, 465.

Amrywiadau: *C* yr englyn cyntaf yn unig Teitl. 3. *C* diengaist i Nan o-nest 4. *C* ag o nan n o nest *B* trefn yr englynion yn wahanol – daw ll. 9-12 o flaen ll. 5-8.

Mae'r copïau a erys o'r englynion hyn yn amlwg anfoddhaol. Yn *A* daw'r enw 'Richard Hughes' ar ôl y trydydd englyn. Yn *B* ceir 'Rich: Hughes' ar ôl yr englyn cyntaf a 'Rich: Hughes' ar ôl y trydydd. Ni phriodolir hwy'n benodol i Hughes yn *C* ond y maent yng nghanol cerddi Hughes yn llaw William Salesbury, ac ymddengys ei fod ef yn eu priodoli iddo. Yn y llsgrau i gyd cysylltir hwy ag englyn/ion a briodolir weithiau i 'Capt. Wm. Midleton' (*A*), 'Cap: Midleton' (*B*), ac o'u blaen daw'r teitlau canlynol – *A* 'Englynion Dau Synnied', *B* 'Amphibologia', *C* 'englyn i vn a ddarfase iddi feichiogi a mynd oi gwlad ag ynyll plentyn a throi i henw'.

Awgryma'r englynion hyn yr un math o gefndir ag a geir yn y canu tafarnaidd lle ceir mwyseirio a pheri difyrrwch trwy slicrwydd geiriol. Gwelir yma'r un math o ddihidrwydd ynghylch merched ag a welir yn rhai o'r englynion eraill.

44. [*Meurig*]

Llawysgrifau: *A* = LlB. Ych. 14974, 20; *B* = LlB. Ych. 14982, 11v; *C* = LlB. 14892, 86; *D* = Cwrtmawr 25, 112; *E* = LlGC 672, 109; F = Bangor 703, 78.
Argraffwyd yr englyn yn *CLl*, 216.

Amrywiadau: 1 *C* Mirig . . . *AC* . . . ryw . . . *C* . . . merion 2 *BCD* . . . merion . . . 3 *AE* . . . o frig . . .

Priodolir yr englyn i 'Rich Hughes' yn *BE* yn unig, ond y mae yng nghanol y casgliad o gerddi Hughes yn *A*, ac y mae'n amlwg fod Wiliam Salesbury, y copïydd, yn ei ystyried fel un o englynion Hughes. Yn *F* priodolir ef i 'Hen Law'. Yr oedd chwarae geiriol fel yn yr englyn hwn yn un o hoffterau Hughes.

Y teulu pwysicaf ym Môn a arddelai'r enw Meurig oedd teulu Bodorgan, ond nid oes cysylltiad rhwng Hughes a hwy, hyd y gwyddys. Yr oedd cysylltiad tenau rhwng teulu Cefnllanfair a sir Fôn yng nghenhedlaeth Hughes, trwy briodas ei frawd hynaf, Gruffydd, â Siân, merch Rhys Wyn ap Huw o Fysoglen, Llangeinwen, nid nepell o Fodorgan.

45. [*Y Gwran derr*]

Llawysgrifau: LlB. Ych. 14896, 50v.

Un copi sydd o'r englyn hwn a hwnnw'n cael ei briodoli i 'Richard Hughes'. Y mae'n englyn sy'n dilyn patrwm llawer o englynion eraill Hughes, gyda'i dôn chwareus ar draul y gwran, y Diawl ei hun, a'i fenthyciadau o'r Saesneg. Y mae'r llinell gyntaf yn fyr ac yn wallus yn y llsgr.

1. gern: <cern <S. 'kern', mintai o filwyr traed neu ysbeilwyr, ciwed, gw. *GPC*, 468.
   gwran: wrann, yn y llsgr.; gŵr bychan, dinod, distadl, *GPC*, 1699.
   derr: <S. 'dere, dear'; cyndyn, pengaled, anhydrin, sarrug, *GPC*, 931.
3. hapiodd: <S. 'to hap', digwyddodd, damweiniodd, *GPC*, 1823.

46. [*Y Pistol*]

Llawysgrifau: *A* = Cwrtmawr 25, 159 *B* = Cwrtmawr 114, 159.

Amrywiadau: 4. *AB* . . . yn debig i ti. (sic).

Ceir yr enw 'Rich: Hughes' wrth yr englyn yn *B*. Printiwyd ef yn *CLl*, 216.

1. hasti: <S. 'hasty' = cyflym, byrbwyll. Benthyciwyd y gair yn y bymthegfed ganrif, *GPC*, 1826.

47. [*Tybaco*]

Llawysgrifau: *A* = Bangor (Mostyn) 9, 127; *B* = Mostyn 144, 518; *C* = Caerdydd 1.5, 422; *D* = Wynnstay 6, 124; *E* = Bod. Welsh e.3, 30; *F* = LlGC. Ych. 16B, 275; *G* = Bangor 92, 28; *H* = LlGC. 5273D, 127v; *J* = LlGC 11087B, 107v; *K* = Caerdydd 2.1069, 81; *L* = LlGC 6238 A, 386.

Amrywiadau: 1. *G* Hyn . . . 2. *H* [ ] r . . . *K* . . . poena . . . *L* . . . poeni . . . 3. *B* Par arfer poeri . . . *C* Pa'r i arfer poeri . . . *DG* Pa arfer poeri . . . *E* Para arfer poeri . . . *F* Pa arfer poeiri . . . *K* Pa'r a arfer poeri . . . 4. *B* . . . genyn . . . *F* . . . ginym . . . *A* . . . i/n . . . *B* . . . i i . . . *F* . . . ni . . . *J* . . . i (n) . . .

Priodolir yr englyn hwn i 'R.Hughes' yn *A* (un o'r ddau gasgliad gorau); yn *B* 'Dick Hvwes ai kant'; yn *C* 'Rich Hughes'; yn *H* 'Dick: Hughes'; yn *J* 'R: Hughes'; yn *K* 'Richard Hughes'; mae *DEGL* yn ddienw ac yn *F* y mae'n wythfed mewn cyfres o 11 o englynion a briodolir i 'Sr Huw Roberts'. Ceir pennawd uwchben yr englyn mewn rhai llsgrau, e.e. *A* 'Vn englyn ar Tobacco'; *J* 'Englyn ar Tabaco', ac yn *L* 'Englyn ar losgi tobacco'. Yn *H* ef yw'r englyn olaf o dri lle mae'r ddau englyn blaenorol yn trafod Sbectol, gw. rhif 48.

Yr oedd ysmygu neu 'yfed' tybaco yn dod yn gynyddol boblogaidd yn nechrau'r ail ganrif ar bymtheg a cheir amryw gerddi ar y pwnc yn y Gymraeg. Y mae traddodiad sy'n mynd yn ôl i'r ddeunawfed ganrif (yn un o lsgrau, Ieuan Fardd) yn honni mai Thomas Prys o Blasiolyn, Wiliam Midleton y bardd a rhywun o'r enw Thomas Coet oedd y bobl gyntaf i ysmygu ar y stryd yn Llundain a bod y Llundeinwyr yn tyrru i weld y rhyfeddod, gw. G. J. Williams, 'Wiliam Midleton a Thomas Prys', *B*, 11, 113-14. Un o'r ychydig a gondemniai'r arfer newydd o'r cychwyn cyntaf oedd y brenin James ei hun.

48. [*I Sbectol*]

Llawysgrifau: *A* = LlGC. Ych. 5273D, 127v.

Y mae'r ddau englyn hyn yn dod o flaen yr englyn ar dybaco (gw. rhif 47) yn y llsgr. hon fel petaent yn rhan o'r un gyfres, a chan fod yr englyn hwnnw'n cyfeirio at dybaco fel 'gelyn y golwg', nid yw'r cysylltiad rhyngddynt yn anaddas o gwbl. Ond nid yw'r englynion hyn ar y sbectol yn ymddangos yn y llsgrau eraill sy'n cynnwys yr englynion i Dybaco. Y mae'r englynion hyn hefyd yn gwbl wahanol eu naws. Y mae'r cyntaf yn englyn digrif sy'n awgrymu rheswm da pam y dylai 'f'ewyrth' gael sbectol, a'r ail yn amcanu at fod yn ddisgrifiad o sbectol. Ceir enw 'Dick: Hughes' wrth odre'r englyn i Dybaco, a'r awgrym yw fod copïydd yr englynion yn credu mai ef oedd awdur y tri.

Yr oedd sbectol yn rhywbeth cymharol gyffredin erbyn diwedd yr unfed ganrif ar bymtheg. Caent eu mewnforio o'r Cyfandir yn aml, a gwerthid hwy yn y trefi mawrion, ac mewn ffeiriau o gwmpas y wlad. Yr oeddynt yn syml eu gwneuthuriad, dim ond cylchoedd o wydr wedi eu cysylltu â darnau o weiren, sef y 'ddôl' y cyfeirir ati yn y llinell gyntaf. Yn sicr byddai Hughes yn gyfarwydd â'u gweld yn Llundain, o gwmpas y llys ac yn y siopau, ac nid yw'n amhosibl iddo ddod â rhai i Lŷn.

1. ddôl: <dôl, cylch, tro; *GPC*, 1073.
dryntol: dole, hanner cylch, *GPC*, 1095; gall 'dryntol' gyfeirio at yr hanner cylch o weiren a fyddai am y trwyn i gysylltu'r ddau gylch o wydr o flaen y llygaid.

4. fâr: <bâr, chwant, trachwant, rhaib, *GPC*, 256.

5. triagl: meddyginiaeth.

7. dwyrod: dwy rod, olwyn, cylch, *GPC*, 3083.
ddwyffagl: <dwy+ffagl, golau i'w gario, lamp, tors, *GPC*, 1274; yma, rhywbeth sy'n gwneud pethau'n gliriach, ac na ellir ei diffodd ('ddi-ddiffod').

8. rewlyd: <rhewlyd, rhewllyd, iasol, *GPC*, 3064.
ddifyglyd: ffagl a oedd yn llosgi'n lân ddi-fwg ar noson rewllyd.

49. *In Nomine Iesu*

Un copi sydd o'r englyn hwn, hyd y gwyddys, sef LlB. Ych. 14974, ff.100, yn llaw Wiliam Salesbury; nid yw gyda'r prif gasgliad o gerddi rhwng ff.19v a 35v, ond ceir enw'r bardd wrtho yn y ffurf 'dik Hughes'. Y mae yn un o'r llsgrau mwyaf cynhwysfawr o gerddi Hughes. Y mae iddo beth o naws y pennill telyn (rhif 13) sydd yntau'n rhestru ffenomenau naturiol.

3. gynog: 'gwnog' yn y llsgr., sef 'yn gwisgo gŵn', 'gowned', *GPC*, 1795.

50. [*Y Tri Gelyn*]

Un copi sydd o'r englyn hwn a hwnnw yn Bangor (Mostyn) 9, 127v, lle mae'n ddi-deitl a dienw. Ond gan ei fod ynghanol cerddi Hughes yn y llsgr. gellir ei dderbyn fel englyn dilys hyd oni ddaw tystiolaeth bellach. Gan na welodd J. H. Davies na Myrddin Fardd y llsgr. hon nis ceir yn *CLl*.

3. melyn: y mae'r cyfuniad 'cythrel melyn' ac 'angau melyn' yn digwydd; golyga marwol, anghymodlon, annymunol, gw. *GPC*, 2422.

51. *Ar garreg fedd*

Llawysgrifau: *A* = LlB. Ych. 14974, 19v; *B* = LlB. Ych. 14990, 88; *C* = LlB. Ych. 15003, 162; *D* = Bangor 703, 79.

Amrywiadau: Teitl. *A* Englyn oi waith ef ar fedd *B* Ar garreg vedd *C* Ar garreg bedd *D* Ar fedd 2. *A* . . . in perchi . . . 3. *B* . . . vil . . . *C* . . . fil . . . 4. *AD* . . . mi a wn . . . *D* Richd Hughes.

Ceir yr englyn hefyd yn *CLl*, 216, lle y dilynir testun *A* yn ffyddlon. Y mae dyddiadau *B* ac *C* yn ansicr.

Y mae *D* yn gasgliad o farddoniaeth a ysgrifennwyd gan y Parch. Richard

Williams, offeiriad Machynlleth, yn niwedd y G18. Ar 78-81 ceir casgliad o englynion gan gynnwys rhai gan Richard Hughes. Ef yn unig sy'n rhoi enw Hughes wrth yr englyn hwn, ond yn *A* y mae ar ddechrau'r casgliad o gerddi Hughes a gopïwyd gan Wiliam Salesbury, ac y mae'r pennawd yn cynnwys y geiriau '. . . oi waith ef', sy'n dangos fod Salesbury yn credu mai gwaith Hughes ydoedd.

Perthyn yr englyn hwn i'r traddodiad cyffredin lle mae'r marw yn annerch y byw o'r bedd ac yn ei atgoffa y bydd yntau, y byw, yn y bedd cyn bo hir.

52. [*Cerdd*]

Llawysgrifau: Don C.54, 40v.

Y mae'r pennill bach hwn yn enghraifft unigryw (hyd y gwyddys) o gerdd Saesneg gan Hughes; hi yw'r gerdd gyntaf o'i waith sydd yn llsgr. Don C.54. Ceir 'R: Hughes' dan y gerdd. Dengys fel yr oedd mwyseirio yn apelio at y bardd, fel mewn rhai enghreifftiau yn y Gymraeg, a pham y disgrifiodd Hugh Roberts ef yn ei farwnad, 'Yn fwysedd fardd . . .'.

Diweddarwyd yr orgraff yn y testun ond dyma fel y mae yn y llsgr.:

Eies seas to see the sightes yd daily view
Hart sease to knowe what certeine sight reveales
Hand cease to publish what the hart holds true
Tonnge cease to tell what hand and hart conceales
Tell onley this they erre who ere they be
That saie or thinke that thought is alwaies free.

R: Hughes

NODIADAU AR ATODIAD 1

1. [*I Richard Hughes*]

Llawysgrifau: *A* = Wynnstay 2, 256; *B* = Wynnstay 6, 53; *C* = Bangor 92, 26; *D* = LlGC 672D, 100.

Amrywiadau: Teitl: *A* I un a roese bluen i deiliwr *B* Englyn a wnaeth Rhees Wynn o Arianog i Richard Hugs oedd ddyledwr i dailiwr yn Llundain ag yn caru i wraig a phan fv farw y tailiwr hi briododd hettiwr ag aeth yr hettiwr yn flin am yr arian *C* dideitl *D* Englyn o waith Rhys Wynn arianog i Richard [Llwyd wedi ei rwbio] Huws oedd ddyledus i Dailiwr yn Llundain a bu farw yr Tailiwr hi briododd hettiwr yr hwn aeth yn flin am y ddyled 1. *A* . . . o lewdwr – rwyddwalch 2. A roddaist . . . *BD* A gentiast . . . . *C* A gentiest . . . 3. *C* . . . ydwyt . . . ôl-nodyn: *C* Rees Wynn o arianog, i Richd. Hughes oedd ddyledwr [ ]l[ ] yn llundain a gwraig hwn ar ol i farw a [y gweddill ar goll am fod gwaelod y ddalen wedi rhwygo i ffwrdd].

Y mae llsgr. *A* yn llaw Wiliam Bodwrda, gor-nai Hughes, ac y mae'r englyn yn gwahaniaethu peth oddi wrth y tri chopi arall. Ni chysylltir ef â Hughes, efallai am nad yw'n dangos Hughes mewn goleuni rhy barchus – darlunir ef fel godinebwr a dyledwr. Ni chysylltir ef â Rhys Wyn, Graeanog, chwaith. Y mae *B* yn llaw Owen Gruffydd, y bardd a'r copïydd o Lanystumdwy.

Mae'n amlwg na wyddai copïydd *D* am dŷ a theulu Graeanog, ger Clynnog, gan iddo gymryd yr enw fel ansoddair yn disgrifo Rhys Wyn 'arianog' [sic], yn hytrach nag enw ei gartref. Ceir y ffurf 'graianog' fel ansoddair cyffredin, e.e. ffyrdd graianog', yn yr G16, gw. *GPC*, 1521. Yr oedd Rhys Wyn yn gyfoeswr i Hughes, ond yr englyn hwn yw'r unig eitem a geir yn y *Mynegai* wrth ei enw. Priodolir 18 o gerddi i'w fab, Robert ap Rhys Wyn, fodd bynnag, gan gynnwys cywydd marwnad i Richard Bwclai, Porth-aml yn 1637, ond englynion yw llawer o'r eitemau. Cysylltir ef â Richard Hughes gan yr englyn yn llsgr. LlB. Ych. 14892, 17v, ''Rwy'n ofni meddwi am vddvn – o gwrs/garowsio im herbyn' (gw. nod. ar rif 26), a briodolir iddo. Dilynir ei englyn ef gan englyn Hughes i Dwm Tegid (rhif 26), a rhydd hyn Robert ap Rhys Wyn yng nghanol y cylch o feirdd a gynhwysai Cadwaladr Cesail a Morys Berwyn yn ogystal. Gallent oll gyfarfod yn nhafarnau Pwllheli neu yn rhai o'r mân blasau a thai cyfrifol a frithai Eifionydd a dwyrain Llŷn ar y pryd.

1. lewdwr: amr. ar (g)lewder, dewrder
2. gentiaist: < cantiaf, berf, amgáu ag ymyl neu rimyn; ffurfiwyd y ferf o'r enw 'cant', ymyl cylch neu olwyn, 'rim'. *GPC*, 418; y mae iddo hefyd ail ystyr sef crymu, plygu, 'bow, bend'.
4. Hityn: un sydd wedi gwastraffu ei gyfoeth ar oferedd, person afradlon, hurtyn, *GPC*, 1879; yma, cyfeiria at Hughes. O gofio am ychydig o gyfeiriadau eraill at wisg yng ngwaith Hughes (gw. rhif 20), a'r tebygolrwydd y disgwylid iddo wisgo'n ffasiynol, nid yw'n syn ei fod mewn dyled i deiliwr.

2. [*I Richard Hughes*]

Llawysgrifau: *A* = LlB. Ych. 14888, 86v; *B* = LlB. Ych. 14891, 48.

Amrywiadau: Teitl. *A* Englyn o waith yr vn gwr pan gowse gilgwyth gan Rich. [Hugh Cefn Llanfair] [uwchben y geiriau blaenorol]. 2. *B* o ba blwy . . . 4. *A* . . . o bartti ir . . . *A* Cadwaladr Cesel. *B* Cad. Cesail yng ngharchar.

Copïwyd *A* gan amrywiol ddwylo o'r G16 a'r G17, gw. *Catalogue of Additions to Manuscripts in the British Museum* (London, 1850), 24, a cheir enw 'David Williams, Clerygog: Ano Dm. 1696', ar dudalen 6. Yn *A* ceir yr englyn yng nghanol englynion eraill gan Gadwaladr Cesail, a hanner y ffordd i lawr y ddalen ceir y nodyn ymddiheurol:

> Darllenydd na feiwch mor gormod o herwydd ni wnaeth y sawl ai scryfenodd fo ond i gymeryd o benn arall. Ao. dni. 1691.

Y mae'r datganiad hwn yn awgrymu mai ar lafar y trosglwyddwyd yr englynion hyn a'u bod yn amlwg lwgr erbyn diwedd yr G17. Ar yr un ddalen ceir copi o englyn Hughes, 'Ai clysd dyllog rog o eigion . . .' sydd yn rhan o gerdd rhif 28 (gw. nodyn ar y gerdd honno, 98–101).

Nid oes teitl yn *B* a cheir yr englyn wedi ei ysgrifennu i fyny'r ymyl ar hanner isaf ffolio 48, wrth ochr un arall o englynion Hughes, sef rhif 15. A ellir cysylltu'r ddau englyn, tybed, ac a oedd rhyw ffrwgwd fwrdeistrefol tu ôl i'r englynion hyn? Yn ôl *B* yr oedd Cadwaladr yn y carchar pan ganodd yr englyn hwn.

4. Soch: afon fechan a red i'r môr yn Abersoch.

3. *I ofyn Bwa a saeth dros Huw Llwyd, Cynfal*

Llawysgrifau: *A* = Llansteffan 133, 168; *B* = Caerdydd 84, [4.10] 97–8.

Amrywiadau: 2. *A* . . . aur . . . 5. *B* . . . phrwyth lonwas . . . 6. *B* A . . . 14. *A* . . . ganol . . . 19. *B* . . . rhwyddfael 22. *A* Tarw a . . . 23. *A* . . . llwyddiant . . . 28. *B* A Madog . . . 37. *A* . . . llawendeg 43. *A* . . . oeddych . . . 50. *A* . . . iaith . . . 52. *A* . . . moel . . . 53. *B* Esgwiair . . . 61. *A* . . . mawl . . . 62. *B* Ar . . . 73. *A* Cloc . . . 76. *A* Cloccaidd . . . 86. *B* Mleiriaid [sic] . . . 89. *A* . . . tyb . . . 95. *A* . . . gynt 106. *B* . . . garnu [sic] . . . 110. *A* . . . a saeth.

Y mae llsgr. *A* yn llaw Samuel Williams (c.1660–c.1722) a *B* yn llaw Dafydd Jones o Drefriw (1708?–85), dau gopïydd toreithiog.

Cyhoeddwyd y cywydd eisoes yn *BBAGB*, 220–3.

Y mae'r cywydd hwn yn cysylltu tri bardd adnabyddus, sef Hughes, y gofynnir ganddo, Huw Llwyd, Cynfal (c.1568–c.1630), y gofynnir drosto a Rhisiart Phylip (c.1565–1641), yr awdur. Os yw dyddiadau geni'r rhain yn weddol gywir, ac os 1565 oedd dyddiad geni Hughes (gw. Rhagymadrodd, t. xi) yna yr oedd y tri yn agos iawn at ei gilydd o ran oedran. Yr oedd Huw Llwyd yn gâr i Hughes (ll. 55) ac mae'n bosibl bod y ddau wedi crwydro'r Cyfandir gyda'i gilydd yn eu hieuenctid pan oeddynt yn dilyn y fyddin. Yr oedd Rhisiart Phylip, ar y llaw arall, yn ymweld â Chefnllanfair ar ei gylchoedd clera a thalodd deyrnged hardd i Annes, mam Hughes, yn y farwnad a ganodd iddi yn 1592; ymwelai hefyd â Bodwrdda, cartref Huw Gwyn Bodwrda, nai a ffrind agos Hughes, a chanodd ei farwnad yntau yn 1622. Rhydd y cywydd hwn ddarlun hyfryd o fywyd cefn gwlad mân uchelwyr Llŷn ac Ardudwy ar ddiwedd yr G16. Canwyd y cywydd cyn marwolaeth Elizabeth yn 1603, ac ar ôl i Hughes gael swydd yn y llys. Os cyfeirio at ei swydd barhaol y mae'r cywydd, yna yr oedd ar ôl 21 Rhagfyr 1599 pan ddyrchafwyd ef o 'footman extraordinary' i 'footman in ordinary', gw. Rhagymadrodd, t. xxviii.

Fel llawer cywydd gofyn y mae hwn yn ddifyr dros ben. Un o nodweddion y *genre* yw disgrifio'r gwrthrych y gofynnir amdano ac yn yr enghraifft hon ceir dyfalu cywrain yn enwedig ar y saethau'n hedfan drwy'r awyr fel haid o wenyn neu wybed, fel pelydrau'r haul neu bibonwy ac amryw eraill. Ar y cywydd gofyn yn gyffredinol gw. Bleddyn Owen Hughes, 'Golwg ar y Canu Gofyn', *YB*, 21 (1996), 37-50.

1. durgrys: crys dur, arfwisg, llurig; un o hoff eiriau'r beirdd wrth gyfeirio at ŵr a fu yn y fyddin.
2. Prins: dengys y diffyg treiglad 'ei Gras' (ll.4) sy'n cyfeirio at y Prins mai beynywaidd ydoedd, h.y. Elizabeth ac felly cyn 24 Mawrth 1603.

7-8. rhesau aur tawdd: gw. Rhagymadrodd, t. xi.

14. Soch: afon Soch sy'n rhedeg i'r môr yn Abersoch, un o brif afonydd de Llŷn.
Sieb: Cheapside; canolfan masnachol Llundain.

42-4. . . . rhyfel: un o'r cyfeiriadau sy'n awgrymu fod Hughes wedi bod yn y fyddin fel ei dad o'i flaen, ond ni wyddys ymhle y gwasanaethodd gw. Rhagymadrodd, t. xi.

45. arwain gnu euraid: cario, cludo, gwisgo, dwyn; cnu euraid a gipiodd Iason a chriw yr Argo, h.y. yr oedd yn ddewr ac yn fentrus ac yn canu yn y Gymraeg.

46-8. . . . Cymroaidd wyd: Ymhyfrydai gwŷr y Dadeni yn y syniad fod rhai uchelwyr dethol a siaradai Gymraeg yng nghylchoedd uchaf cymdeithas – y deyrnged enwocaf yw un Thomas Wiliems, Trefriw i William, Iarll Penfro (y cyntaf o'r ail greadigaeth), pan ddywedodd amdano yn ei gyflwyniad i'w Eiriadur Lladin-Cymraeg, 'nŷ 'mattaliai 'mysg goreu-gwyr y Deyrnas, adrodd iaith ei vam yn vlaenllym, groewber' . . . gw. Garfield H. Hughes, *Rhagymadroddion, 1547-1659* (Caerdydd, 1951), 114.

52. pennill . . . gan delyn: un gerdd yn unig o waith Hughes sydd wedi goroesi y gellir ei galw yn bennill telyn (gw. rhif 13); y mae'n bosibl mai cyfeiriad sydd yma at ei hoffter o ganu i gyfeiliant telyn neu i wrando ar ddatganiad o'r fath. Am gyfeiriadau eraill at fiwsig a chanu gw. Rhag-ymadrodd, t. xxxix-xl.

65. ysbyrsen: gwialen, cangen
[d]difreg: cyfan, perffaith, diffael, *GPC*, 984.

66. yw plân: ywen wedi ei blannu'n fwriadol – yw oedd y pren traddodiadol at wneud bwâu.
Apolonia: daeth y bwa o Apolonia, gwlad Groeg.

68. parchedig: plennid coed yw mewn mynwentydd ac yn agos i eglwysi.
74. cywarch: rhaff, llinyn y bwa, *GPC*, 829.
77. annel: tyndra neu densiwn y llinyn, *GPC*, 135.
79. aseth: gwialen flaenllym, *GPC*, 220.
83. dwylath . . .: bwa hir, chwe troedfedd o hyd yw'r bwa a chwenychir.
90. pinnau ia: pibonwy, *GPC*, 2794.
93. ednod: ll. edn, creaduriaid sy'n ehedeg, adar, gwenyn, gwybed, *GPC*, 1166-7.
94. ebillion: ll. ebill, tyllwr miniog, *GPC*, 1155-6.
97. cyrs: ll. corsen, calaf, coesau planhigion, *GPC*, 566.
103. ymwanwr: un sy'n ymwan, h.y. ymladd â gwaywffon yn null marchogion > ymladd yn gyffredinol.
104. annedd: dodrefn, celfi, *GPC*, 135.
107. esgud: cyflym, parod, deheuig, *GPC*, 1245.

4. *I Huw Bodwrda a Richard Hughes a hwy'n gleifion*

Un copi sydd o'r cywydd hwn a hwnnw yn llaw'r awdur Siôn Cain yn ei gasgliad mawr, Peniarth 117, 199-201. Ni roes Cain y dyddiad ar ddiwedd y cywydd fel y gwnâi weithiau, ond rhaid iddo gael ei ganu ar ôl 1605-6, blwyddyn siryfiaeth Bodwrda (gw. ll.12). Bu'n Ynad Heddwch o tua 1601 hyd ei farw yn 1622. Awgrymwyd mai afiechyd olaf Hughes yn 1619 oedd hwn, ond mae hyn yn annhebygol gan fod holl dôn y cywydd yn awgrymu fod y ddau glaf wedi troi ar wella; drwy'r cywydd y mae rhyw ysbryd optimistaidd y bydd y ddau 'ar fyrder' (ll.63) eto'n hela a heboca a charu. Geilw Cain y ddau yn 'Imp', sy'n golygu tyfiant ifanc, neu aelod ifanc o deulu bonheddig (cf. 'sprig' yn Saesneg). Ni ellir rhoi gormod o bwys ar y disgrifiad hwn gan fod y ddau yn siwr o fod yn tynnu at y canol oed, ond nid ydynt ar farw chwaith. Pe byddai Hughes wedi marw o'r clefyd hwn, yna marwnad a ganasai Cain iddo, nid y cywydd hwn.

Yr oedd Hughes yn ffrind i'r Ceiniaid, dad a mab (gw. yr englynion i'r ddau, rhifau 24 a 25). Edmygai Hughes Rys Cain, y tad, fel y dengys ei englyn mawl iddo, a'r cyfeiriadau canmoliaethus yn yr englynion i Siôn; yr oedd yn ddigon cyfarwydd â Siôn, hefyd, i hwnnw allu ei ddychanu ac iddo yntau gellwair yn ôl. Mae'n bosibl ei fod yn gweld tipyn ar y ddau nid yn unig ym mhlas Bodwrdda lle'r oedd y ddau yn clera, ond yn y Rug hefyd, gan fod Rhys Cain yn clera yno ac yn canu i'w hen ffrind y Capten Siôn Salesbury, gw. Rhagymadrodd a'r englynion iddo uchod.

Cyhoeddwyd y cywydd eisoes yn *BBAGB*, 293-5, a cheir llun yno o ddiwedd y cywydd gyda llofnod Cain, 292.

1. Ceir y llinell, 'Oer vraw yma ar vriw anial' yn y llsgr. yn ogystal.
5. alaeth: tristwch, galar, gofid, *GPC*, 73.
6. glaear: tirion, tyner, mwyn, *GPC*, 486.
7. ystig: dyfal, diwyd.
11. grest y sir: < SC. 'creste', llun neu ddyfais uwchben helm ar bais arfau – yma pais arfau sir Gaernarfon.

20. Elsbeth Gwyn: gwraig Bodwrda a merch Gruffydd Wynn, y Berth-ddu, Dyffryn Conwy.

31-2. Blaen waetiwr . . . i'r brenin: James I, 1603-25; apwyntiwyd Hughes yn 'footman' iddo, fel i Elizabeth o'i flaen ac yn ôl tystiolaeth Gruffydd Phylip gwasanaethodd James hyd ei farwolaeth yn 1619. Bod yn 'waetiwr', aros o gwmpas i fynd ar negesau, oedd un o brif ddyletswyddau'r ffwtman.

47. breisgedd: breisgaidd, praff, corffol, cryf, *GPC*, 318.
bris: < SC. 'pris', pris, gwerth, cyfrif, parch, *GPC*, 2899.

48. imp: tyfiant ifanc, aelod ifanc o deulu bonheddig – ymestynnir y syniad braidd gan Cain, gan fod y ddau yn siŵr o fod yn ganol oed ar ôl siryfiaeth Bodwrda.
palis: pared, gwensgod, *GPC*, 2674.

5. [*Englynion i Richard Hughes yn holi am Gapten Salesbury*]

Llawysgrifau: *A* = LlGC. 1553 A, 737-8; *B* = Don C.54, 44v.

Amrywiadau: Teitl: *A* I groesawu Richart huws i benllyn ac i gwyno iddo achos e fiase y kryd arno ag i ofvn newyddion am y kapten Salbri a oedd ef yn gwerthv bachymbyd, 1611 *B* Englynion o waith Jeuan llwyd Jeoffrey at Risiart Hughes ynghylch Cap: Siôn Salsbury.

Cyhoeddwyd yr englynion hyn eisoes gan Arwyn Lloyd Hughes, 'Rhai o Noddwyr y Beirdd yn sir Feirionnydd', *LlC*, 10 (1968-9), 173-4, a *BBAGB*, 214-5.

Dengys y teitlau mai gwir bwrpas yr englynion hyn oedd holi hynt Capten Siôn Salesbury, yn hytrach na chyfarch Hughes, a bod yr awdur, Ieuan Llwyd Sieffre, yn credu y byddai Richard Hughes yn gwybod am unrhyw helynt yr oedd Salesbury ynddo. O gofio bod Ieuan Llwyd yn byw yn y Pale, rhyw ddeng millitir i fyny dyffryn Dyfrdwy o'r Rug lle y cartrefai Salesbury, ac mai Llundain a phen Llŷn oedd cynefin Hughes yn y blynyddoedd hyn, y mae'r dybiaeth hon yn dweud llawer am gyfeillgarwch ac agosrwydd Hughes a Salesbury. Rhydd copïydd *A*, sef Thomas Evans, Hendreforfudd (yntau yn byw yn nyffryn Edeirnion nid nepell o'r Rug), y dyddiad 1611 ar ddiwedd yr englynion, sef blwyddyn marw y Capten Siôn (gw. Rhagymadrodd, xlv-xlvi). Yr oedd y Capten mewn dyled fawr ac wedi codi morgais o £12,000 ar Fachymbyd a dengys yr englynion hyn mai gofid mawr Ieuan Llwyd Sieffre (a oedd ei hun yn uchelwr yn ogystal â bardd ac achyddwr), oedd y posibilrwydd o orfod gwerthu hendref y teulu, sef Bachymbyd, rhwng Rhuthun a Dinbych. Ar farwolaeth ei frawd, Syr Robert yn 1599, apwyntiwyd y Capten Siôn yn warcheidwad y stad tra oedd ei nai, mab Syr Robert yn ward y Frenhines, ac ar ôl ei marw hi, James. Ymddengys fod John a'i fam, Eleanor Salesbury, wedi ymgartrefu ym Machymbyd a'r Capten yn y Rug, ger Corwen, lle y noddai feirdd fel Rhys Cain ac Ieuan Llwyd, a lle y cymdeithasai gydag uchelwyr eraill fel Siôn Fychan, Caer-gai, tad Rowland Vaughan, y Cafalîr. Bu farw John Salesbury yn 1608, heb ddod i'w oed ac etifeddodd y Capten y stadau yn ei hawl ei hun.

1. waetwyr: <S. 'waiters'.
5. cryd: yr enw cyffredinol ar amryw o glefydau a achosai gryndod a thwymyn. Ymateb greddfol pobl oedd gadael Llundain pan fyddai afiechyd yn taro, gan eu bod yn cofio am y marwolaethau dychrynllyd yn y pla yn 1603, er enghraifft; y llys brenhinol a arweiniai'r ffordd yn yr ecsodus.
20. gerth: < certh, gwir, cywir, sicr. *GPC*, 469.
30. miniwns: <S. 'minion' anwylyd, ffefryn, un a gerir, *GPC*, 2463
33. freules: < brau+lles, lles parod, hael, dibrin.
35. ffest: < HS. 'fest', 'fast'; dwys, diysgog, *GPC*, 1285.
42. setingau: < S. 'set(t)', tir wedi ei gau â pherthi, neu goedlannau.
46. mwnai: < Ff. Lloegr, 'moneie', arian bath, pres, arian treigl, *GPC*, 2509; yr oedd angen arian parod i dalu'r morgais a'r ddyled ar Fachymbyd.
47. heniar: cynhaeaf, cynnyrch y flwyddyn, cnwd, *GPC*, 1840.
garrai: darn hirfain o ledr i gau esgid; rhywbeth diwerth, *GPC*, 431.
ex abundantia cordis os loquitur: Mathew 12.34; cyfieithir gan yr Esgob Wiliam Morgan, 'o helaethrwydd y galon y lefara'r [sic] genau'. Diolch i Ceri Davies am ffynhonnell y dyfyniad hwn.

6. *Galar am Risiart Hughes*

Llawysgrifau: *A* = Don C.54, 59v; *B* = LlB. Ych. 31058, 72–4.

Amrywiadau: Teitl: *A* Galar am Risiart Hughes *B* yma y kalyn galar dick hughes ar fesvr englynion 1. *B* Ffi . . . 7. *B* Anhab . . . 23. *B* . . . dialedd . . . 34. *A* . . . gowraint . . . 41. *A* . . . twysog enwog . . . 52. *B* . . . dy golli . . . 54. *A* Nawdd . . . 80. *A* . . . hûn . . . 89. *A* . . . Hugh . . .

Cyhoeddwyd testun llsgr. *B* yn *BBAGB*, 114–17; yn haf 1997 tynnodd Daniel Huws fy sylw at lsgr. Don C.54, sy'n cynnwys gwell testun o'r englynion. Yn *BBAGB*, 364, awgrymwyd ei bod yn bosibl mai Hugh Roberts, Trelogan, sir y Fflint, oedd awdur yr englynion, yn bennaf oherwydd ei fod yn ŵr gyda chysylltiadau Llundeinig a chyfreithiol a allasai fod wedi dod i gysylltiad â Hughes oherwydd eu bod yn troi yn yr un cylchoedd yn Llundain. Nid oedd unrhyw gysylltiad amlwg rhwng Hughes a Huw Roberts, Llên, a oedd yn fardd llawer mwy adnabyddus na'r llall. Y mae cael yr englynion yn Don C 54, sydd yn rhannol yn llaw rhyw Hugh Roberts a oedd yn frawd i berchennog y llsgr., sef cyfreithiwr o'r enw Richard Roberts, ffrind arall i Hughes, yn awgrymog, a dweud y lleiaf. Awgrym arall mai marwnad Lundeinig yw hon, wedi ei hysgrifennu heb unrhyw wybodaeth am yr hyn a oedd yn digwydd yn sir Gaernarfon, yw'r ffaith fod Hugh Roberts yn awgrymu nad oedd marwnad wedi ei chanu i Hughes o gwbl, ac mai dyna pam yr oedd ef yn mentro i'r maes, a hynny'n hwyr yn y dydd (gw. ll. 9-16).

Y mae hon yn gerdd hollol wahanol i gywydd traddodiadol Gruffydd Phylip gan nad yw'n dilyn y confensiynau marwnadol arferol. Y mae'r cywydd yn y trydydd person drwyddo, ond try'r bardd hwn i'r person cyntaf pan fo'i deimladau yn mynd yn drech nag ef, e.e. ll. 13-14; 21-2; 49-50, etc., ac mae llawer o'r gerdd yn yr ail berson unigol pan fo'r bardd byw yn cyfarch ei ffrind, y bardd marw, yn uniongyrchol. A marwnad ffrind, yn hytrach na marwnad swyddogol bardd wrth ei swydd yw hon; y mae'n glaf oherwydd ei alar a chofia am achlysuron hapusach pan oedd y ddau mewn cystadlaethau cynganeddol â'i gilydd, a 'Dic' a enillai bob tro (ll. 31-2). Ond y tristwch a'r galar sydd amlycaf yn yr englynion hyn a cheir teyrnged hardd i Hughes yn yr englyn:

> 'Gŵr hawddgar a gwâr a gerit – degwch' . . . (ll.69-72).

Trwy'r englynion ceir darlun hyfryd o gymeriad Hughes fel yr ymddangosai i un a oedd yn ei adnabod yn dda ac a oedd wedi treulio amser yn ei gwmni. Y mae'r ansoddeiriau a ddefnyddir i'w ddisgrifio yn rhai sy'n rhoi darlun o ŵr tra arbennig – hoywedd, mwyn, afieithus, glân, glanfwyn, iraidd, addfwyn, hawddgar, gwâr – pob un yn disgrifio cymeriad deniadol a garai degwch ac na fynnai ddigio. Cyfeirir at ei 'gellwair a'i siapri' a'i fod yn 'felys ei fin/A siwgwr a gwresogwin'. Y mae hon yn deyrnged dra arbennig i hen gydymaith.

13. hysio: annos, annog, cymell, *GPC*, 1986
    hasard: <S. 'hazard', gêm; antur, perygl, *GPC*, 1825.
15. ebwch: griddfan, tuchan, ochenaid, *GPC*, 1157.
32. pric a'r pris: <S. 'prick and price/prize' = success and acknowledgement.
35. fwysedd: < mwysedd; amwysedd, defnydd bwriadol o eiriau amwys, *GPC*, 2524.
40. englynion filion: nid oes ond un neu ddau o englynion, fel y cyfryw, i ferched wedi goroesi – cerddi rhydd yw'r cerddi enwog am ferched.
41. twysog: y tywysog Henri a fu farw yn 1612; canwyd marwnadau lawer iddo gan feirdd o gwmpas y llys.
50. siapri: <S. 'japery', cellwair, hwyl, twyll.
54. naw chwiorydd Helicon:'nawdd' a geir yn llsgr. *A*, ond gan mai naw oedd nifer y chwaer dduwiesau a ysbrydolai'r celfyddydau, gall y naill neu'r llall fod yn gywir; trigent ar lethrau mynydd Helicon yng ngwlad Groeg.
61. alaeth: tristwch, galar.
77. sir: <S. 'cheer', llawenydd, ymborth.

7. *Marwnad Richard Hughes, Cefnllanfair*

Llawysgrifau: *A* = Peniarth 124, 42-3; *B* = LlGC. Ych. 18B, 15-19; *C* = Wynnstay 6, 98-9; *D* = LlGC. 672D, 34-5; *E* = LlGC. 2691D, 7; *F* = Cwrtmawr 485, 8.

Amrywiadau: 12. *A* . . . su yn i . . . 30. *D* . . . lan 37. *E* . . . mwynach . . . 38. *C* Bron ystad . . . *D* Bu o'n . . . *E* Bron ystad hen Brins Tewdwr 44. *AB* . . . gau'r . . . 50. *CDEF* . . . ddihyfrydwaith 66. *A* Ar . . . 79. *A* . . . o'r ieirll a garai 80. *ABE* . . . gorau . . . 104. *B* Prydain . . . pryd . . .

Copïwyd *A* gan Owen Gruffydd, y bardd o Lanystumdwy, ar ôl 1713 a hwnnw yw'r copi hynaf a erys. Copïwyd *B* gan David Ellis (1736-95), ficer

Llanberis ac wedyn Cricieth. Gyferbyn â ll.115-16 lle y cynganeddir dyddiad marw Hughes rhoes Ellis y dyddiad mewn rhifau, '1618'. Ysgrifennwyd nodiadau gan Gutyn Peris (1769-1838) yn y llsgr. yn ddiweddarach, ac ychwanegodd ef y dyddiad '1565' dan '1618' a thrwy dynnu'r naill o'r llall ceir y rhif 53. Awgryma hyn fod Gutyn Peris yn gwybod (neu'n credu) mai 1565 oedd blwyddyn geni Hughes a'i fod yn 53 pan fu farw. Dywed y marwnadwr (ll.44-6) nad oedd Hughes yn hen yn marw, ac mae popeth sy'n wybyddus am ei fywyd yn awgrymu nad oedd Gutyn ymhell o'i le. Copïwyd llsgr. *F* gan Mair Richards, merch ficer Darowen yng nghanol y ganrif ddiwethaf.

Cywydd marwnad traddodiadaol uchelwr yw hwn fel y gweddai i fardd fel Gruffydd Phylip ei ganu a cheir ynddo'r elfennau disgwyliedig mewn cywydd o'r fath – olrhain uchel achau'r gwrthrych a'i gysylltiadau â phrif deuluoedd Llŷn ac Eifionydd (ll.19-38); cyfeirio at ei deulu galarus, brodyr a chwiorydd, neiaint a nithoedd (ll.49-60) a rhestru ei gampau a'i lwyddiannau, yn enwedig ei gysylltiadau brenhinol yn llysoedd Elizabeth a James I (ll.66-90). Canmolir ef am ei haelioni (yn enwedig i feirdd, ll. 105-10); sonnir am alar ardal gyfan ar ei ôl (ll.93-6) a nodir man ei fedd, sef claddfa'r teulu yn eglwys Llanbedrog (ll.117-18).

Gan nad oes sôn am na gwraig na phlentyn yn fyw nac yn farw gellir bod yn lled sicr na fu'n briod ond cyfeirir at frodyr a chwiorydd, neiaint a nithoedd ac at '. . . wychion gymdeithion da' (ll. 63). Ni ddywedir llawer am ei farddoniaeth ar wahân i'r cyfeiriad at ei 'rywiog bêr awen' (ll. 106) ond cyfeirir at y miwsig a 'ddyfeisiodd' (ll.110). Trueni na roddir rhagor o fanylion am hyn. Pwysicach i fardd wrth ei swydd fel Gruffydd Phylip oedd ei fod yn . . . 'talu am ganu i gant', fel y gweddai i noddwr.

39. digel: amr. ar di-gêl, amlwg, enwog, *GPC*, 996.
52. gwyraidd: < cwyraidd, medrus, coeth, mwyn, *GPC*, 655.
54-6. oed yr hydd: gw. 'Chwedl yr Anifeiliaid Hynaf' yn 'Culhwch ac Olwen', Dafydd a Rhiannon Ifans, *Y Mabinogion* (Llandysul, 1980), 103-4. Yr oedd y chwedl yn goroesi fel stori annibynnol yn yn nwyrain sir Gaernarfon ar droad yr G17 pan gofnodwyd hi gan Syr Thomas Wiliems, Trefriw, gw. Thomas Jones, 'Chwedl yr Anifeiliaid Hynaf', *CLLG*, 7 (1950-1), 62-6.
89. dianael: <di- (neg) + anhael, haelionus, rhwydd, caredig, *GPC*, 948.

8. [*Dideitl*]

Yn Cwrtmawr 25, 116, ceir yr englyn hwn heb enw awdur wrtho, ond nid yw hynny'n anghyffredin yn y llsgr. hon a gopïwyd gan Wiliam Bodwrda. Nid oes unrhyw gopi arall yn cael ei nodi yn y *Mynegai*, ond wrth edrych ar y cynnwys mae'n ddigon posibl mai englyn i Hughes yw hwn.